国家科学技术学术著作出版基金资助出版

船用燃气轮机动力涡轮气动设计及流动机理

Aerodynamic Design and Flow Mechanism of Marine Gas Turbine Power Turbine

高 杰 岳国强 郑 群等 著

科 学 出 版 社

北 京

内 容 简 介

本书从船用燃气轮机对动力涡轮的设计要求出发，紧紧围绕动力涡轮的技术特点，较为系统地阐述了动力涡轮传统设计方法改进、端区密封结构泄漏流动及控制技术、上下游过渡段与排气蜗壳对动力涡轮的影响、动力涡轮的全通流设计计算及多维度试验验证等方面的研究结果。本书内容翔实新颖，提出的一些设计思想、概念与控制方法具有一定的创新性、先进性和实用性，且注重理论与实际应用相结合。

本书可供燃气轮机及相关领域的科研技术人员、大学教师参考，也可作为高等院校相关专业研究生及高年级本科生的参考书。

图书在版编目（CIP）数据

船用燃气轮机动力涡轮气动设计及流动机理 = Aerodynamic Design and Flow Mechanism of Marine Gas Turbine Power Turbine / 高杰等著. —北京：科学出版社，2020.7

ISBN 978-7-03-065073-3

Ⅰ.①船… Ⅱ.①高… Ⅲ.①船舶-燃气轮机-气体动力学-研究 Ⅳ.①U664.131

中国版本图书馆CIP数据核字（2020）第081292号

责任编辑：刘翠娜　朱灵真 / 责任校对：王萌萌
责任印制：师艳茹 / 封面设计：无极书装

科 学 出 版 社 出版
北京东黄城根北街 16 号
邮政编码：100717
http://www.sciencep.com
北京通州皇家印刷厂 印刷
科学出版社发行　各地新华书店经销

*

2020 年 7 月第 一 版　　开本：720×1000 1/16
2020 年 7 月第一次印刷　　印张：20 1/2　插页：4
字数：402 000

定价：168.00 元
（如有印装质量问题，我社负责调换）

前　言

　　燃气轮机作为海上战舰的主推进动力装置已成为世界海军装备的发展趋势，而船用燃气轮机至今仍是制约我国船舶工业尤其是大型舰船发展的瓶颈。目前，燃气轮机核心技术仍被欧美少数国家和地区垄断并严格封锁，使得我国无法通过技术引进来提升自身水平。此外，近年来我国面临的海上安全问题日趋突出。所有这些因素都迫使我国必须加大对船用燃气轮机自主研发项目的投入。由于船用燃气轮机与航空发动机的技术关联度较高，国家已决定实施"航空发动机及燃气轮机"重大科技专项。《中国制造 2025》也将燃气轮机作为重点发展领域之一。

　　随着现代船用燃气轮机向高性能、大功率方向发展，动力涡轮作为整个燃气轮机的一个重要部件，大功率、高效率、长寿命已成为其主要发展趋势。这些新出现的特征使基于常规叶栅造型和三维积叠的传统涡轮设计方法越来越难以满足现实需求。近年来，国内外学者针对涡轮传统设计中忽略的流动细节和特征开展了广泛研究，并在此基础上探讨了涡轮内部精细化流动组织方式，以期为涡轮气动设计增添新的自由度，从而改进涡轮设计方法和手段，最终实现涡轮气动性能的进一步提升。

　　哈尔滨工程大学是国内较早从事船用燃气轮机技术研究的高校之一。本书作者所在团队自国家"十一五"起着手船用燃气轮机动力涡轮气动技术的研究工作，遵循由易到难、由简单到复杂的原则，逐步地对动力涡轮传统设计方法改进、端区密封结构泄漏流动及控制技术、上下游过渡段与排气蜗壳对动力涡轮的影响、动力涡轮的全通流设计计算以及多维度试验验证等开展研究。本书即是对这些研究结果的整理和归纳，以期对船用燃气轮机高性能动力涡轮气动技术的发展有所裨益。

　　本书共分 6 章，第 1 章为绪论，第 2 章为动力涡轮气动设计及性能分析的研究方法，第 3 章为动力涡轮先进涡设计及流动机理，第 4 章为带冠涡轮叶片叶冠间隙泄漏流动及控制技术，第 5 章为不带冠涡轮叶片叶顶间隙泄漏流动及控制技术，第 6 章为动力涡轮全通流设计计算及流动机理。

　　第 1 章由高杰、郑群执笔，第 2 章由高杰、岳国强执笔，第 3 章由高杰、郑群、岳国强执笔，第 4~6 章由高杰执笔，全书由高杰统稿。

　　本书作者多年来一直从事船用燃气轮机涡轮气动设计及流动机理方面的研究，在此期间，得到很多老师与同行专家的关心、支持和帮助；本书部分内容得益于与同行专家的交流合作，并得到他们的大力支持，在此一并表示衷心的感谢。

本书内容参考了作者所在团队一些已毕业学生的学位论文，他们是李义进、邓庆锋、林奇燕、朱成龙、周恩东、王付凯、余子豪等，学位论文中出色的工作丰富了本书的内容。付维亮、魏明等在资料收集整理、公式和图片处理以及文字编辑等方面做了大量工作，在此感谢他们的辛勤付出。还要感谢科学出版社刘翠娜老师等，本书在他们的帮助下才得以顺利出版。

作者的研究工作得到了国防基础科研项目、海军预研项目、国家自然科学基金（51406039、51779051）、中央高校基本科研业务费专项资金、研究所委托项目等的资助，在此表示感谢。本书的出版还得到国家科学技术学术著作出版基金的资助，在此表示感谢。

由于水平有限，本书内容难免存在疏漏和不足之处，敬请广大读者批评指正。

高　杰

2019 年 12 月

目　　录

彩图

第1章 绪 论

1.1 船月燃气轮机简介

燃气轮机是关系到国防、电力、能源、环保、交通等领域的动力机械,是有巨大发展前景的先进制造业和高新技术产业。燃气轮机技术已成为一个国家整体工业水平和军事实力的重要标志之一。基于经济发展战略考虑和军事需要,许多西方发达国家已把燃气轮机技术作为本国科技优先发展的关键技术之一,并制定了相应的科技发展计划。在我国,燃气轮机也在国防、能源、电力等领域占有越来越重要的地位。

燃气轮机是以空气为介质,靠燃烧室内燃烧燃料产生的高温高压燃气推动涡轮连续做功的高性能、大功率动力输出机械。它主要由压气机、燃烧室和涡轮等部件组成,还包括进气、排气、控制、传动和其他辅助系统等。图 1.1 给出了简单循环燃气轮机的工作原理图。由图 1.1 可见,当燃气轮机起动成功后,压气机连续不断地从外界大气中吸入空气宀增压,被压缩后的空气进入燃烧室并与不断喷入的燃料进行混合、点火、燃烧,高温高压燃气在涡轮中膨胀做功,降压降温的燃气经排气装置排向大气。燃气在涡轮中所做机械功的大约 2/3 被用来驱动压气机,用于空气压缩;剩余的机械功则通过燃气轮机的输出轴带动外界的负载,如螺旋桨、泵、发电机等。

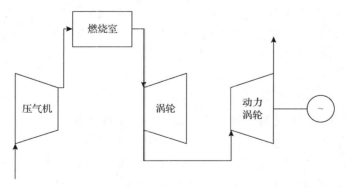

图 1.1 简单循环燃气轮机的工作原理图

由于具有功率密度高、尺寸紧凑、振动噪声小、机动性好、可靠性高等优点,简单循环燃气轮机在舰船中得到了普遍应用,但是它本身也存在弱点,主要是在部分负荷工况下耗油率过高。目前，间冷回热循环燃气轮机有较低的耗油率和优良的变工况性能，避免了简单循环燃气轮机的弱点，从而对大中型水面舰艇具有较强的吸引力。总体上，燃气轮机适用于作为以下三类舰船的动力：常规排水型舰艇（包括轻型航空母舰、驱逐舰、护卫舰、两栖攻击舰等）、特种高性能舰船（包括水翼艇、气垫船等）、快速军辅船（包括快速支援舰、快速运输舰等）。

1.1.1　舰用燃气轮机动力装置发展历程

　　燃气轮机是继蒸汽轮机和柴油机之后的新一代舰用动力装置。基于其自身的一系列优点，舰船动力装置使用方式已从早期的蒸汽轮机与燃气轮机共同使用（COSAG）发展到目前的柴油机与燃气轮机交替使用（CODOG）（见图 1.2，前者作为巡航动力，后者作为加速动力）、燃气轮机与燃气轮机联合使用（COGAG）等。目前，燃气轮机在大中型舰艇的动力中已处于主导地位，其应用已成为海军现代化的重要标志之一。

图 1.2　MT30 在军舰上的应用情况[1]

　　早在 20 世纪四五十年代，英国 Metropolitan-Vickers 公司将 F2 涡喷发动机去掉尾喷管改为燃气发生器，再加装 4 级动力涡轮使其成为一台分轴燃气轮机，功率为 1.84MW，随后安装在 MGB2009 舰艇上下水，成为世界上第一艘军用舰艇。在同一时期，美国莱康明公司将分轴的涡桨发动机 T53 改型后作为水翼艇的推进动力。

　　20 世纪 60 年代之后，涡喷和涡扇航空发动机问世，航空发动机舰改发展更为迅速。苏联和美国开始在舰艇上大量配备燃气轮机动力装置。英国在 70 年代以后新设计建造的中型水面舰艇几乎全部采用燃气轮机动力装置。世界上其他国家也纷纷在舰艇上采用燃气轮机动力装置，截至目前，已有 30 多个国家的海军全部实现船用燃气轮机动力化。我国曾试图将涡桨 6、涡扇 9 等改型的轻型燃气轮机用于气垫船和舰船，但由于种种原因没有最终应用。最新从自主研制的第三代航空涡扇发动机派生发展的船用燃气轮机已开始配装高性能舰船；引进生产的燃气轮机也已批量装船。

20 世纪七八十年代，世界上许多国家已生产出适用于舰船使用的 50 多种轻型燃气轮机，单机功率从 3675kW 增加到 36750kW，耗油率从 0.36kg/(hp·h)①降至 0.163kg/(hp·h)，每马力质量从二千克降到 0.26kg。基于它们组成的联合动力装置覆盖了 3675～117600kW 的功率范围，保证每挡功率都有可供选择的多种机组。这些机组的动力装置既保证了舰船具有较高的航速和较大的续航力，又保证了宽敞的舱室面积，比蒸汽轮机、柴油机动力装置具有明显的优越性。

20 世纪 90 年代以后，舰船动力推进应用要求单机功率大、效率高的燃气轮机，许多国内外大公司通过对航空发动机进行改装及技术移植，设计建造了多种性能更为先进的船用燃气轮机。与此同时，西方发达国家以燃气轮机为动力的民用船舶逐步兴盛起来，如双体船、冲浪船、气垫船等。有些高性能船舶的推进系统由螺旋桨推进改为由大功率燃气轮机带动喷水泵产生的喷水进行推进。由于喷水推进具有无振动、噪声低、污染小等优点，也已成为理想的动力之一，从而为燃气轮机开辟了新的船用市场。

当前，在世界各国的大中型水面舰艇中约有 3/4 的舰船采用了燃气轮机动力装置。综合各国燃气轮机的战舰情况来看，其使用方式有着明显的不同：美国以 LM2500 燃气轮机为基本型，采用 COGAG 方式；英国当前舰船用动力装置多采用全燃交替动力(COGOG)方式，如以 2 台 Olympus TM 3B(或 Spey SM 1C)用作加速机组，以 Tyne RM 1C 用作巡航机组；德、法、日等国由于本国柴油机基础雄厚，多采用 CODOG 形式。典型的燃气轮机战舰情况见表 1.1。从表 1.1 中可以看出，世界各国海军战舰使用的燃气轮机集中在极少数几个型号上，正向着一机多用、通用化、系列化的方向发展。

目前，中国海军的水面舰船动力装置仍以中高速柴油机为主，只有较少数量的水面舰船采用了燃气轮机。为了满足我国海防需求，今后还需要相当数量的以燃气轮机为动力的续航力大、机动性能较好的现代化水面舰船。

1.1.2 典型船用燃气轮机介绍

由于研制和制造船用燃气轮机的难度大，世界上真正能设计、生产的厂商为数极少，主要有美国 GE 公司(产品有 LM1600、LM2500 系列、LM6000 等)、英国 RR 公司(产品有 WR21、MT30、Spey 等)和乌克兰曙光公司(产品有 GT25000 等)。美、英等国有着先进的航空发动机技术和设计体系，其船用燃气轮机的发展以航改燃气轮机为主，而乌克兰主要采用船用燃气轮机专用化设计的技术途径。中国的专用化设计和航改型船用燃气轮机也已开始步入快速发展的黄金时期。

---

① 1hp=745.7W。

表 1.1　典型的燃气轮机战舰[2]

国家		舰级	满载/t	航速/kn	形式	公司	型号	台数	功率/kW
航空母舰	英国	"无敌"级轻型	20600	28	COGAG	RR	Olympus TM 3B	4	71490
	意大利	"约瑟夫·加里博迪"级轻型	13850	30	COGAG	菲亚特/GE	LM2500	4	59575
	西班牙	"阿斯图里亚斯亲王"级轻型	17188	25(+4.5)		GE	LM2500	2	34127
	泰国	"查克理王朝"级直升机母舰	11485	26	CODOG	GE	LM2500	2	32546
巡洋舰	美国	"提康德罗加"级	9590	≥30	COGAG	GE	LM2500	4	63253
	俄罗斯	"光通"级	11200	32	COGAG			4+2	64724+14710
	美国	"喀拉"级	9900	32	COGAG			4+2	80022+10003
驱逐舰	美国	"阿利·伯克"级（IIA 型）	9217	32		GE	LM2500	4	77227
	英国	42 型	4675	≥30	COGOG	RR	Olympus TM 3B	2	36775
	法国	"乔治·莱格"级	4580	30	CODOG	RR	Olympus TM 3B	2	33980
	日本	"金刚"级	9485	30	COGAG	GE	LM2500	4	75139
	日本	"朝雾"级	4200	≥30	COGAG	RR	Spey SM 1A	4	39202
	日本	"初雪"级	3800	30	COGOG	川崎/RR	Olympus TM 3B	2	36334
	印度	"德里"级	6700	28	CODAG	乌克兰曙光公司	AM-50	2	39717
	韩国	"玉浦"级	3900	30	CODOG	GE	LM2500	2	42806
	阿根廷	"布朗海军上将"级	3360	30.5	COGOG	RR	Olympus TM 3B	2	36775
	阿根廷	"大力士"级	4100	29	COGOG	RR	Olympus TM 3B	2	36775

注：CODAG 为柴油机与燃气轮机联合动力。

表 1.2 给出了常见的大功率船用燃气轮机的研发情况。由表 1.2 可见，随着对舰船技战术性能和舰船吨位级别要求的不断提高，船用燃气轮机越来越朝着高效率、大功率的方向发展，具体表现在：单机功率逐渐增长，其最大功率约为 43MW；效率也逐渐上升，简单循环效率达到 40%左右，复杂循环效率达到 42%左右。未来 10～20 年，国外大中型舰船将采用更多的高性能武器、探测设备和电子装备等，如最新型电磁弹射器的平均电功率为 10MW，未来的电磁炮的平均电功率为 5～10MW，相控阵雷达所需电力也达兆瓦级[3]。这些都要求有大功率、高功率密度的电力保障，也就直接促进了大功率舰用动力装置的发展。综上可见，30～40MW功率等级的船用燃气轮机可以满足未来 10～20 年内各国对大中型舰船燃气轮机主动力装置的需求。

表 1.2　大功率船用燃气轮机研发情况[4]

型号	ISO下出力/hp	热效率	耗油率/(kg/(kW·h))	压比	空气流量/(kg/s)	燃气初温/℃	比功/(kW/kg)	尺寸(长×宽×高)/m	排气温度/℃	样机运行年份	制造公司
Spey	26150	0.375		21.9	66738				458	1987	RR
FT8	36860	0.389	0.217	18.8	83.3					1990	PW
GT25000	42400	0.381	0.221	21	87.6	1250	315.1	6.4×2.5×2.7	500	1993	乌克兰曙光公司
WR21	33850	0.421	0.200	16.2	73.1					1997	RR
LM2500+	40500	0.391	0.215	22.2	85.8	1205	352.5	7.0×2.1×2.1	518	1998	GE
LM2500+G4	47370	0.393	0.214	24	92.9				549	2005	GE
MT30	48275	0.398	0.212	24	116.7		318.6	8.9×3.5×4.3		2001	RR
LM6000PC	57330	0.421	0.200	28.5	123.9	1243	345.5	7.3×2.5×2.5	456	2006	GE

1. WR21 燃气轮机

WR21 燃气轮机(图 1.3)是以英国 RR 公司的 RB211 和 Trent 航空发动机为基础,将间冷回热技术引入简单循环发动机中发展而来的。更为具体地,WR21 燃气轮机的低压压气机、高压压气机和低压涡轮改型于 RB211-535E 发动机,高压涡轮来自 RB211-524G/H 发动机,动力涡轮取自 Trent 航空发动机的低压涡轮(其中增加了可变面积的静叶片),而燃烧室则改自 Spey 舰用燃气轮机和 Tay 航空发动机。

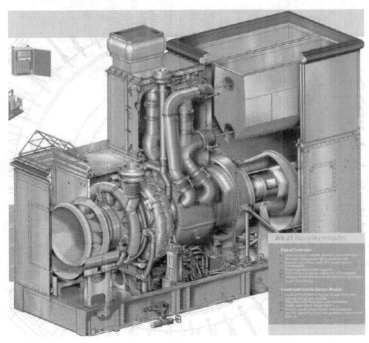

图 1.3　WR21 间冷回热燃气轮机箱装体结构

在典型的美国海军舰船运行模式下，与简单循环燃气轮机相比，由于 WR21 燃气轮机采用了间冷回热循环和变几何动力涡轮技术，不仅额定工况具有 42%的热效率，而且在 1/3 额定负荷下仍有接近额定值的效率，大约为 41.16%，接近中、高速柴油机的水平，特别适合舰船[5]。总体上，WR21 燃气轮机的全工况范围性能优良，并且紧凑而高效的回热器使其具有较低的排气噪声和红外特征，成为新一代舰船燃气轮机的象征。

WR21 燃气轮机现已安装于英国 45 型驱逐舰和"伊丽莎白女王"新航母的综合电力推进系统中。不过，虽然在 WR21 燃气轮机研制过程中曾得到众多国家海军的追捧，但当 WR21 燃气轮机正式面世时并没有得到预期的热烈响应。

2. LM2500 系列燃气轮机

LM2500 系列燃气轮机是美国 GE 公司发展得最为成功的一款船用燃气轮机（图 1.4），由 TF39/CF6-6 航空涡扇发动机改型而来，其保留了原航空发动机的核心机，去除了低压风扇，同时将原低压涡轮改为动力涡轮。这种改动方式最大限度地继承了该航空发动机系列已积累的上千万运行小时的可靠性，使 LM2500 在较短时间内就建立起良好的信誉。

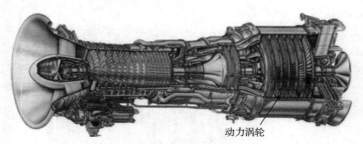

动力涡轮

图 1.4　LM2500 燃气轮机剖视图

LM2500 系列燃气轮机从 1967 年开始研制，1970 年第一台生产型 LM2500 燃气轮机开始运转并投入试用，其输出功率为 16.54MW，热效率为 36%。在此后 40 多年的时间里，对 LM2500 燃气轮机进行了系列改进完善，通过在压气机前加零级，高压涡轮采用新材料和新的冷却结构以及重新设计各叶片叶型等技术手段（图 1.5）而发展出了多个型号，且派生了 LM2500+、LM2500+G4 等性能提高型船用燃气轮机，形成了系列化的发展型谱。LM2500 已成为国际船用燃气轮机市场中最畅销的发动机之一。这一切皆得益于其成熟的航空发动机基础，也得益于 LM2500 利用先进且不断发展的航空发动机技术进行不断的升级改进。LM2500 系列燃气轮机的发展模式堪称经典。

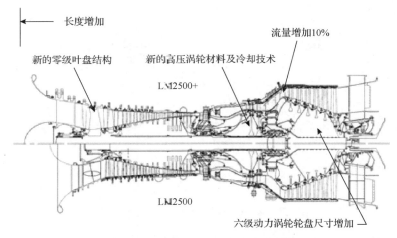

图 1.5　LM2500 与 LM2500+比较[5]

3. MT30 燃气轮机

MT30 燃气轮机(图 1.6)是英国 RR 公司根据 Trent800 航空涡扇发动机改进而来的三轴舰船用燃气轮机,可直接用于机械驱动,也可用于发电机组。需注意的是,MT30 与采用复杂循环的 WR21 不同,是简单循环,其有 1 个 8 级可变几何的低压压气机,高压压气机为 6 级,动力涡轮为 4 级,额定功率可达 36MW,热效率可达 39.8%[5]。

图 1.6　MT30 紧凑箱装体结构[6]

MT30 燃气轮机与 Trent800 发动机的比较如图 1.7 所示。为保证高的可靠性、效率和维护性,在 MT30 燃气轮机的设计中,除增添必要的舰船化涂层以适应盐雾环境和高硫含量的燃料外,还最大限度地保留了原航空发动机的部件(Trent800 发动机 80%的通用件),其热端部件设计大修间隔为 12000h,整机寿命为 24000h。

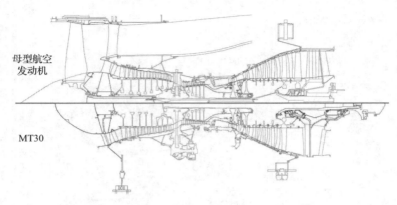

图 1.7　MT30 与其母型航空发动机比较[5]

MT30 船用燃气轮机于 2000 年 6 月开始研制，2002 年开始样机试验，2012 年首装于 DDG-1000 驱逐舰首舰服役，2013 年安装在英国海军"伊丽莎白女王"新航母上进行试验。由于其具有优良的特点，MT30 船用燃气轮机已装备于美国海军的战舰，也以发电模块方式联合 WR21 燃气轮机共同构成英国新航母的综合电力推进系统，并被业界公认为是当今世界最先进的大功率船用燃气轮机。

4. GT25000 燃气轮机

GT25000 燃气轮机是乌克兰曙光公司新一代的船用/工业用燃气轮机，如图 1.8 所示。该发动机包括燃气发生器、动力涡轮、辅助系统、箱体部分和机旁电子监控系统等。燃气发生器为高低压两轴结构：低压轴流压气机为 9 级，由 1 级低压涡轮驱动；高压轴流压气机也为 9 级，由 1 级高压涡轮驱动。燃烧室为环管型逆流式，有 16 个火焰筒、16 个喷油嘴和 2 个点火器。动力涡轮是四级反动式轴流涡轮，驱动输出轴。GT25000 总体性能参数见表 1.2。

图 1.8　GT25000 燃气轮机

GT25000 燃气轮机辅助系统为发动机的运行提供润滑、燃料、冷却并对其进行控制等，主要指滑油系统、燃油系统、气动控制系统、卸荷系统、通气系统和清洗系统等。箱体部分由发动机支掌、底架、主框架、可拆卸侧壁板、检修门、顶板、通风与加热系统、进气室、灭火系统和照明系统等组成。机旁电子监控系统由机旁电子监控柜、中间接线箱、机旁监控板、信号器、传感器和执行机构等组成。发动机由起动电机起动。该燃气轮机可用于天然气增压站、机械驱动、电站及舰船主动力等。

1.1.3 海洋环境条件对燃气轮机的影响

随着燃气轮机在大型水面舰艇上的广泛应用，燃气轮机动力舰艇的活动海域也越来越广阔，因而船用燃气轮机工作环境变化范围也越来越大。燃气轮机性能的一个显著特点就是对外界空气条件比较敏感，因此，这些活动海域范围的环境条件将直接影响燃气轮机的工作性能。

1. 海洋环境的特点

由于海洋环境的特殊性和特异性，其自然环境条件与内陆地区相比，具有以下几个显著特点[7]。

(1)高湿。海洋环境出现高湿性，主要原因在于：海洋内水资源丰富，在太阳光的照射下向空气中蒸发出水蒸气，导致海平面上的湿度远远高于内陆地区；海洋地区在降水方面也比内陆地区要频繁且降水量大，降水量大又进一步导致了空气湿度大。

(2)高盐雾。盐雾是海洋大气的一个显著特点。盐雾的形成主要是由于海风引起海水掀起阵阵海浪，加之浪击浪、浪拍礁岸而腾起的浪花水沫等，在海洋气流的作用下破碎为细微的液滴向海域二空飘散，从而在海风海浪长年累月的作用下，海洋大气的盐雾含量一直维持在较高水平。

(3)多雨雾。由于海洋大气中水蒸气含量较高，水蒸气上升遇冷凝结，很容易形成区域性降雨，并且海洋内的雨季也长于内陆。另外，有的海区经常被浓雾笼罩，尤其是春夏两季，而有的地区则全年有雾。

2. 海洋环境的影响

(1)大气温度的影响。由于海洋大气温度的增加，船用燃气轮机的性能特性会发生较大的变化。这主要是由于空气的密度随着大气温度的变化而变化，因此压气机吸入的空气流量也会发生变化。当大气温度升高时，密度减小，相同燃烧室出口温度下的空气流量减少，燃气轮机输出功率减少，反之功率升高。

(2)大气湿度的影响。与大气温度相比，大气湿度对燃气轮机性能的影响小很多，但也不能忽视。随着含湿量的增加，空气的比定压热容和气体常数增大，而绝热指数降低。因此，伴随着工作介质的热物理性质改变，燃气轮机的特性也发生了改变。

在相同相对湿度而大气温度不同的条件下，由于海洋大气具有不同的含水量，其物理性质变化程度不同，因而引起的燃气轮机特性变化也不一样。计算表明：如果空气温度为 55℃，当相对湿度从 0 增加到 100%时，燃气轮机的总体效率最大下降 11%；当温度适中时，湿度的影响实际上较小，例如，当空气温度为 15℃时，当相对湿度从 0 增加到 100%时，总体效率仅下降 2%[8]。

此外，海洋大气湿度的增加，浸湿了电气绝缘材料，因而降低了船舶燃气轮机动力装置中电气设备的绝缘电阻。

(3)大气含盐量的影响。船用燃气轮机吸入的海洋大气总是包含着海水的盐粒，这些盐粒以不同的粒径、形式存在于大气中，海洋气候条件不同，海洋大气中的含盐量也有所不同。一般地，风速、温度、湿度越大，含盐量越高。在舰船航行时激起浪花的情况下以及恶劣气候下，空气中的含盐量更高。

海盐可能以具有不同固相浓度水滴的形式进入燃气轮机的压气机通道之中。在压气机中，湿气通常会被蒸发，部分盐粒就会沉积到叶片上，对压气机叶片产生较强的腐蚀作用。海洋大气的高含盐量也会引起燃气轮机通流部分的污染加速。

此外，包含在海盐中的钠会与燃油中的硫起化学反应，并在有氧气、水蒸气参与的情况下形成硫酸钠和氯化氢；其他碱性金属硫酸盐的形成过程类似。溶化在涡轮静、动叶片表面的硫酸盐会引起明显的腐蚀，甚至会堵塞气膜冷却孔，降低冷却效果，造成叶片烧蚀，如图 1.9 所示。与此同时，硫酸盐和氯化物等的共同作用也会降低静、动叶片的耐热强度、耐热性和疲劳强度。随着燃气轮机静、动叶片的负荷增加和燃气温度的升高，涡轮叶片强度退化会更为强烈。

图 1.9　CFM56 高压涡轮静叶片堆积情况[9]

(4)海水温度的影响。在船舶上安装带有中间冷却循环装置的燃气轮机时，为了减少装置的体积，并降低成本，都会采用海水进行冷却，这样海水的温度将直接影响间冷度，从而影响循环比功和热效率。不过，在同一片海域，海水温度变化基本上可忽略不计，但是不同纬度的海水温差较大。另外，海水的含盐量对比定压热容有一定的影响，进而也会影响间冷器的间冷度。

1.1.4 船用燃气轮机的特点、技术发展趋势及发展途径

1. 船用燃气轮机的特点

与航空发动机相比，船用燃气轮机的工作环境和工作特性有很大不同，现代先进船用燃气轮机的设计必须满足舰船动力需要和海洋工作环境的特殊要求，不能简单地复制航空发动机和工业重型燃气轮机的设计方法与设计经验，其主要工作特点如下。

(1)高盐、高湿使得船用燃气轮机的工作环境更加恶劣，也对船用燃气轮机的设计提出更高的要求。

(2)航空发动机仅在飞机着陆时承受冲击载荷和机动载荷(一般小于 10g)，而船用燃气轮机则要经受水下爆炸引起的巨大冲击(经减振后也大于 15g)。

(3)航空发动机的工况通常只在 70%～100%变换，而船用燃气轮机的变工况范围为 0～100%，且在 90%以上的寿命期内处于低工况下工作，同时舰船机动性要求还导致其工况变化频繁，大范围变工况使得船用燃气轮机对于工作特性变化非常敏感。

(4)航空发动机全负荷工况工作时间一般只有 10min 左右，而船用燃气轮机全负荷工况持续运行时间一般要求不小于12h，长时间高负荷运行使得船用燃气轮机对工作稳定性要求更高。

(5)现代先进船用燃气轮机通常采用间冷回热等先进复杂循环方式，间冷器和回热器会产生较大的气动和热力惯性，对于部件的设计要求更高。

(6)船用燃气轮机通常燃烧柴油，与优质航空煤油相比，柴油的燃烧组织能力比较差，燃烧室出口温度分布不均匀度增强，容易形成热斑，而且柴油所含杂质多，燃烧形成的微小颗粒具有腐蚀性，在涡轮叶片表面沉积黏结形成的积灰还会使局部区域冷却失效，发生烧蚀，这都将对涡轮冷却和热防护结构的工作稳定性产生很大影响。

(7)船用燃气轮机在海平面大气特征下工作，海平面高度下空气密度大、压强高、气动负荷大，要求有更长的翻修寿命。

(8)船用燃气轮机一般为轴流式、紧凑箱装体结构，压气机进口通过进气蜗壳径向进气，动力涡轮通过排气蜗壳径向排气，气流方向的大转角改变对压气机和涡轮的气动与结构设计提出了特殊的要求。

由此可见，船用燃气轮机的工作条件比航空发动机更加恶劣，这也使得船用燃气轮机的气动和传热设计更加复杂。

2. 船用燃气轮机的技术发展趋势

近 20 年来，随着燃气轮机技术的快速发展、高性能航空发动机的改装以及在

燃气轮机热力循环方面深入系统的研究,船用燃气轮机的性能日益先进,技术日趋完善,其技术发展趋势主要有以下五个方面[10]。

(1)提高燃气轮机技术参数,改进部件设计,提高简单循环燃气轮机性能。

通过提高燃气初温和压比、改进关键部件性能等措施,在简单循环下燃气轮机效率超过 40%,如 RR 公司的 MT30 燃气轮机等。在推出新机组的同时,各大公司不断提高原有机组的性能,LM2500 燃气轮机的发展堪称典范,在此不再赘述。

(2)采用先进的复杂循环,提高燃气轮机性能。

采用回热循环、间冷回热循环等复杂循环,是提高燃气轮机性能的另一条有效途径。对于小功率、低压比船用燃气轮机,通过增加回热器来提高效率;对于高压比、三轴大功率船用燃气轮机,通过增加间冷器和回热器形成复杂的间冷回热循环,可增大功率、提高效率,如 WR21 燃气轮机等。

(3)采用燃蒸联合循环,提高燃气轮机的功率和效率。

在燃气轮机尾侧增加一个利用排气热量的余热利用回路,用来产生蒸汽并使蒸汽做功,然后蒸汽轮机与燃气轮机并车驱动螺旋桨。这种燃蒸联合循环装置可较为明显地提高燃气轮机的输出功率和效率。燃蒸联合循环的效率将达到 45%～50%,在使用低压蒸汽时,整个系统的能量利用率高达 80%。

(4)综合电力推进系统是未来船用燃气轮机的主要应用方向。

综合电力推进系统是大中型水面舰船动力的重点发展方向之一,其主要特点是融合推进动力与电站动力,为舰船装备高性能武器奠定电能基础。综合电力推进系统对电站总功率的需求大幅度增加,这就要求单台发电机组的功率成倍增长。传统的柴油发电机组已不能满足这种变化要求,而燃气轮机单机功率大、输出转速高,特别适合作为综合电力推进系统的原动力。

(5)低 NO_x 排放燃烧室的研制。

世界各国对陆地和空中动力推进装置的排放要求日趋严格,未来舰船的主动力装置必须满足今后的排放法规,以保证舰船在世界各国港口均能顺利入港。

3. 船用燃气轮机的发展途径

近 20 年来,大功率高效燃气轮机研制和系列发展主要有以下三条途径[11]。

(1)以现有的成熟可靠燃气轮机机型为基础,通过压气机模化设计或加级等方式增大空气流量和压比,并根据材料和冷却技术发展不断提高燃气初温,达到提高燃气轮机功率、效率及系列化发展的目的,如 LM2500 系列燃气轮机等,如图 1.10 所示。

(2)以性能先进、可靠的航空发动机为母型,通过舰用化改装得到船用燃气轮机,如 RR 公司的 MT30 燃气轮机等。

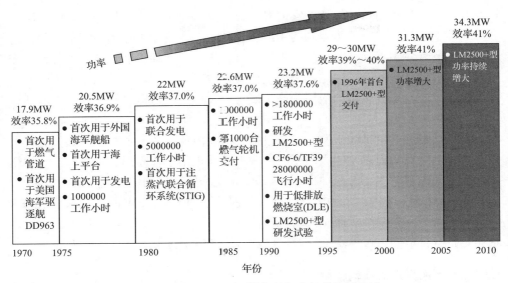

图 1.10　LM2500 系列燃气轮机产品的持续改进

　　表 1.3 给出了典型的船用燃气轮机及其母型。从表中可以看到，新近研制的 FT8、LM6000、MT30 等大功率高效船用燃气轮机均是由高效率、高利用率和高可靠性的航空涡轮风扇发动机改型得到的。

表 1.3　典型的船用燃气轮机及其母型[3]

船用燃气轮机	LM2500	LM1600	FT8	LM6000	MT30	WR21
母型航空发动机	CF6-6/TF39	F404	JT8D	CF6-80C2	Trent800	RB211
改装年份	1969	1987	1990	1991	2002	2004

　　(3)采用复杂循环，通过热力循环的改进实现更高的总体性能，如采用间冷回热复杂循环的 WR21 燃气轮机等。

　　鉴于我国船用燃气轮机技术相对落后，有学者提出利用成熟的简单循环船用燃气轮机将其派生为间冷循环大功率船用燃气轮机的新构想，并且原燃气轮机的燃气发生器通流部分和结构大部分保持不变，以继承原燃气轮机的可靠性[11]。目前看来，这是一条短时间内可实现的技术途径。

1.2　动力涡轮设计特点及要求

　　不像航空发动机是将发动机产生的高温高压燃气能量通过喷口转换成高速气体进而产生推力那样，燃气轮机则是将燃气发生器所产生的高温高压燃气能量转换成轴输出功驱动负载，而这种转换必须通过动力涡轮来实现。一般来说，恒定转速重型燃气轮机为单轴转子，它的燃气发生器涡轮和动力涡轮是一体的，不分开；而轻型燃气轮机一般为双轴转子或多轴转子，燃气发生器涡轮和动力涡轮是分开的，燃气发生器涡轮驱动压气机完成气体压缩，而动力涡轮完成外部设备需要的功率转换，也叫分轴输出，因而动力涡轮也叫自由涡轮。分轴输出这一特点大大扩宽了轻型燃气轮机的应用领域，既可以发电，又可以机械驱动，尤其适合用作船舶推进动力。

大挡功率燃气轮机的研发已成为包括我国在内世界各国海军船用燃气轮机发展的主流，这对动力涡轮的大功率、高效率设计提出了较高的要求。目前船用燃气轮机的动力涡轮主要有两种来源：一是继承航空发动机的低压涡轮或略做修改，如 LM2500、MT30 等；二是全新设计动力涡轮，如 FT8、PW4000、GTU-25PER等。至于动力涡轮是继承航空发动机的低压涡轮还是全新设计，取决于研究所、企业是否有合适的、可继承的资源，以及可继承的资源是否满足用户需求。

1.2.1　典型船用动力涡轮介绍

1. LM2500 系列动力涡轮

1) LM2500 动力涡轮

LM2500 动力涡轮（图 1.4）为 6 级轴流式、等内径通流涡轮[3,12]，由 TF39 发动机的低压涡轮衍生而来，所有 6 级转子叶片都有互锁式叶冠，以降低振动水平，并通过燕尾榫头与轮盘的燕尾槽相配合。卡在轮盘隔圈间的可更换的旋转密封圈与导向器固定密封圈相啮合，以防止过多的燃气从级间泄漏。第 2 级～第 3 级导向器的每 6 个导向叶片焊成一个扇形段；第 4 级～第 6 级导向器的最初两个导向叶片焊成一个扇形段，随后变为 6 个导向叶片焊成一个扇形段。第 1 级～第 3 级导向叶片由 Rene77 精密铸造，第 4 级～第 6 级导向叶片的材料为 Rene41，机匣材料为 In718，转子叶片材料为 Rene77，盘材料为 In718。涡轮后框架构成动力涡轮排气流道，并支承着动力涡轮后端和挠性联轴节的前端。

2) LM2500+动力涡轮

LM2500+燃气轮机（图 1.5）具有两种类型的动力涡轮：6 级低速动力涡轮和 2级高速动力涡轮。输出轴速在 3000～3600r/min 的 LM2500+低速动力涡轮通过改进现已应用的 LM2500 的 6 级动力涡轮来获得。LM2500+燃气轮机低速动力涡轮的流量将比 LM2500 增加 9%左右。这一变化使动力涡轮进口温度保持在或低于LM2500 目前的进口温度，因而避免了改进材料。LM2500+的 6 级低速动力涡轮的流量变化通过对第 1 级导向叶片和转子叶片重新进行气动设计获得。为了使涡轮后框架的额外压力损失最小，通过扭转第 5 级和第 6 级动力涡轮的静动叶片，以改善进入支架的出口气流角。同时，为了使其功率比 LM2500 增大 25%，对动力涡轮转子和静子内也做了很多微小改动，如增加轮盘的质量和输出轴力矩等。

LM2500+的高速动力涡轮具有航改燃气轮机易于维护的特点，如将转子和导向器组件设计成单个元件，以允许快速更换或在发动机上更换单个零件等。与上述的低速动力涡轮一样，为了使两台动力涡轮与燃气发生器可以完全互换，高速动力涡轮的设计也与整个LM2500+的研制计划是一体的。LM2500+高速动力涡轮在燃气发生器出口和动力涡轮第1级进口导向器之间没有过渡段，代之以选择一个与涡轮半径相匹配的轴速，该半径非常接近燃气发生器的平均出口环形半径。这一结构设置省去了过渡段和相关的支承，减少了流动损失，提高了气动效率。

3) LM2500+G4动力涡轮

LM2500+G4燃气轮机同样可以配装两种动力涡轮，分别为2级6100r/min的高速动力涡轮和6级3600r/min的低速动力涡轮。相比LM2500+动力涡轮，其结构上的改进主要包括以下4个方面。

(1) 第1级静子叶片：扇形外缘于大喉部面积，流量函数提高3%，使用新铸件。

(2) 第1级转子叶片：无空气动力学改变；材料由In738合金改为GT111定向凝固合金，以延长蠕变寿命，改进优化外部与叶根缘板整流片。

(3) 机匣：增加额外的冷却管路，空气来自压气机第9级放气，嵌入挡热板。

(4) 外部过渡进气道：材料改为Haynes230合金。

2. MT30动力涡轮

MT30动力涡轮为等内径、轴流式4级自由涡轮，改型于工业Trent和Trent800航空发动机的低压涡轮，其特征是静子叶片采用了正交化设计思想。另外，为适应舰船环境，对静子、转子叶片采取了适当的防护措施。其子午通流结构如图1.11所示。

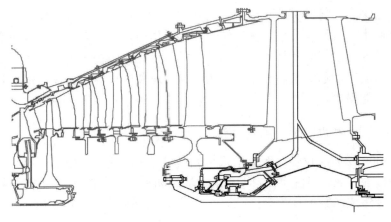

图1.11　MT30动力涡轮子午视图[6]

3. WR21 动力涡轮

WR21 动力涡轮是以英国 RR 公司 Trent700 和 Trent800 为基础新设计的 5 级带冠涡轮,如图 1.12 所示。第 1 级有可调进口导向叶片,第 2 级~第 5 级与 Trent 系列非常相似。该可调导向叶片借助一个环形齿轮结构,并用滑油液压作动,以确保所有可调面积导向叶片的喉部面积相同。每个可调导向叶片可以单独拆卸。可调导向叶片在 40%功率或低于 40%功率下关到最小,在 100%功率或在高于 100%功率时打开到最大。第 1 级在 40%功率下以冲动式涡轮工作,在全功率下以 100%反动式涡轮工作。动力涡轮的设计点选择在 67%功率下,以兼顾低输出功率下的燃油效率和全功率要求。

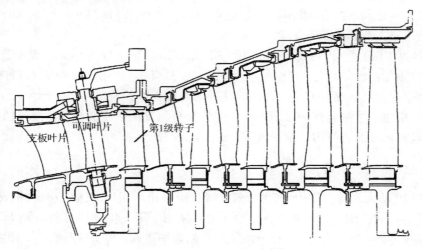

图 1.12　WR21 动力涡轮[13]

涡轮盘缘冷却通过引入与可调导向叶片一体的调节系统来实现。由于工作叶片扭转刚性小和表面载荷小,涡轮转子叶片采用成对焊接,而没有预扭锯齿冠。第 2 级~第 5 级静子叶片按 6 片一组整体铸造。另外,由于在低功率下密封压力低,在动力涡轮轴承区采用石墨和篦齿密封,避免采用常规篦齿所需的附加气流而带来的性能损失。

4. GT25000 动力涡轮

GT25000 动力涡轮是四级反动式轴流涡轮,把从燃气发生器排出的燃气能量转化成机械能,通过减速器驱动负载输出,由机匣、内导流罩、轮盘、静子叶片、转子叶片等组成,其特征为等内径通流、悬臂式结构,如图 1.13 所示。

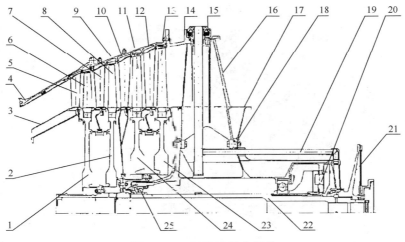

图 1.13 GT25000 动力涡轮

1、2、23、24-轮盘；3、17-内导流罩；4、9-机匣；5、7、10、12-静子叶片；6、8、11、13-转子叶片；
14-支撑环机匣；15-补偿器；16-支杆导流支板；18-轴承壳体；19-滚珠轴承；20-止推滑动轴承；
21-弹性联轴器；22-动力涡轮轴；25-滚柱轴承

从具体结构上看，动力涡轮静子叶片 5 固定在子午扩张机匣 4 上，内导流罩 3 固定在静子叶片 5 的下部，内导流罩 3 与机匣 4 组成由低压冷却涡轮到动力涡轮的扩压通流部分。静子叶片 7、10 和 12 固定在机匣 9 内。悬臂式动力涡轮转子由动力涡轮轴 22，成对固定的轮盘 1、2、23、24，以及转子叶片 6、8、11、13 等组成。在轮盘枞树形榫槽内安装转子叶片 6、8、11 和 13。

动力涡轮转子通过滚柱轴承 25、滚珠轴承 19 和止推滑动轴承 20 来支撑。弹性联轴器 21 位于转子端部，用来连接弹性轴，经过弹性轴把转矩从动力涡轮轴传至减速器，再传给螺旋桨轴，同时补偿轴安装的倾斜度和偏心度。动力涡轮支撑环由支撑环机匣 14、补偿器 15、九个支杆导流支板 16、内导流罩 17 和轴承壳体 18 等组成，动力涡轮转子支撑位于轴承壳体内。

5. LM1600 动力涡轮[3]

LM1600 动力涡轮结构如图 1.14 所示，其为 2 级轴流式通流，设计转速为 7000r/min，进气温度为 743℃。轴由 1 个滚珠轴承和 1 个滚柱轴承支承。动力涡轮的固定结构部分包括过渡机匣、涡轮机匣和排气机匣。过渡机匣内是过渡导管，该导管由内壁和外壁组成，两者是整体的，其由 360°的 Hastelloy-X 板料制造。过渡导管通过支承销连接到涡轮机匣上。这种材料不需要专门冷却。外壁和 In718 过渡机匣之间的空间采用压气机抽出的空气进行吹气，以防止机匣过热。

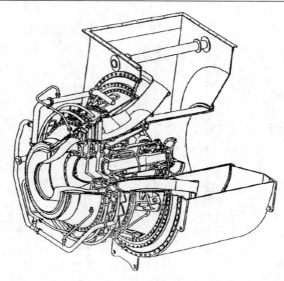

图 1.14　LM1600 动力涡轮结构

第 1 级静子叶片的安装角通过电子调节系统来调节，这可提高舰船燃气轮机的机动性。第 2 级静子叶片内径上隔板的设计是独特的，设计成两个呈 180°的螺栓连接的等分件，并用 3 个滑动凸缘在导向器内径上定位。因此，隔板与转子之间的间隔仅取决于它的温度和转子的径向伸长，其结果是缩小了它与转子的工作间隔，从而在其内径上通过篦齿密封减少泄漏，这有利于提高涡轮效率。

6. LMS100 动力涡轮

LMS100 间冷燃气轮机的动力涡轮为 5 级通流结构，如图 1.15 所示。考虑用

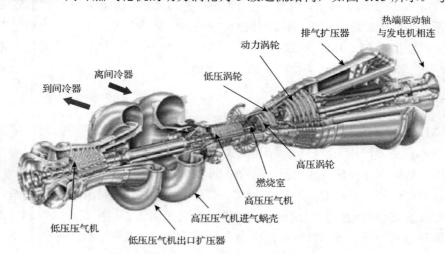

图 1.15　LMS100 间冷燃气轮机剖视图

于工业驱动，排气框架和后端输出轴等均采用重型结构设计。动力涡轮所连接的发电机可用于 50Hz 和 60Hz 发电，且可以采用气冷和水冷两种模式的冷却方式。LMS100 间冷燃气轮机在两种发电频率下运转并不需要齿轮箱进行调节，而是靠安装在"超级核心机"和动力涡轮之间的不同的 1 级动力涡轮静子来实现，即如果想改变输出转速，只需要更换 1 级静子就可以完成。这种设计降低了系统的复杂性，同时减少了占地面积和成本。但是，发电频率为 50Hz 时，燃气轮机的效率和输出功率要比 60Hz 时略低。

7. FT8 动力涡轮

FT8 动力涡轮的发电型为 4 级轴流通流，效率高达 93.4%，有两种输出转速供发电用：50Hz 用的输出转速为 3000r/min；60Hz 用的输出转速为 3600r/min，并且上述两种转速皆有正反转两种情况，以供双联机组使用。FT8 动力涡轮的机械驱动用转速为 2000～4000r/min，叶片材料除第 3 级和第 4 级导向叶片为 In718外，其余皆为 In738，轮盘材料为 Ir901。第 1 级和第 2 级涡轮叶片及导向叶片涂层材料为 PWA73 铝硅，轴材料采用 PWA110 铝涂层。

另外，德国曼恩集团在 20 世纪 90 年代初为机械驱动用燃气轮机设计了一台新的 3 级高速动力涡轮。该涡轮采用先进的气动设计，在防磨轴承之间设置支承，有一个低损失的排气扩散器/收集器系统，且 3 级转子既能顺时针旋转，又能逆时针旋转，转速为 2500～5755r/min。

1.2.2 动力涡轮结构及性能设计特点

船舶燃气轮机动力涡轮因其特殊的工作条件和设计要求，在气动设计、参数选择以及结构设计等方面有一系列的特点，具体如下。

1）较低转速和大扩张角流道

动力涡轮的转速选择要考虑到螺旋桨的推进效率问题，一般以获得高的推进效率和低的噪声水平为出发点，螺旋桨最好选择较低转速。为了简化齿轮传动装置，提高传动的可靠性，动力涡轮也应采用较低转速。动力涡轮的较低转速设计还会带来低应力的好处。另外，降低转速，在圆周速度一定的条件下，排气通流面积就要增大，余速损失可以减小。从涡轮设计点和效率的角度考虑，随着转速的增高，效率先增加，而后下降，因此存在一个最佳转速。不过，较低转速设计可能增加级数和重量，从而增加制造成本。

此外，为促使动力涡轮在较小涡轮载荷系数、较小流量系数的高效率区域内工作，就必须提高动力涡轮的切线速度。为此，设计人员尽力增加动力涡轮的平均直径，而这不可避免地造成大扩张角的动力涡轮流道，机匣扩张角可达 20°～35°。与此同时，为保证气流流畅地从低压涡轮流到动力涡轮，船用燃气轮机一般在低压涡轮与动力涡轮之间设计一个过渡段流道，而过渡段内部流动品质对下游动力涡轮的性能有着较为明显的影响。

2) 较多级数和低级负荷

动力涡轮总体膨胀比一般为 3~5，与之对应的级数通常设计成 4 级，也有 2 级或 5 级甚至 6 级的情况，如 1.2.1 节所述。动力涡轮级数选择要综合考虑以下因素的影响[14]。

(1) 支承：动力涡轮安装箱体要采取减振措施，用于船舶动力燃气轮机的轴承也要有承受 15g 左右加速度冲击的能力。因此，动力涡轮悬臂式转子的质量不能过大，即级数不能太多，否则轴径要加粗，切线速度增大，止推轴承要加大，滑油供油量也要随之增加。对于两端支承的结构则允许有较多的级数，如 LM2500 的 6 级动力涡轮。

(2) 效率与成本：动力涡轮级数增加，级负荷可相应降低，涡轮效率会有所提高，变工况性能也会变好，动力涡轮的径向尺寸也可得到有效控制。例如，FT4C-3F 的动力涡轮由原来的 2 级改为 3 级，降低了级焓降，使动力涡轮效率提高到 88%，功率增加了 6%，油耗降低了 4%。不过，制造成本也随级数增加而相应增加。

(3) 发展：考虑到燃气轮机可能的功率挖潜，级负荷选择应当有一定的裕度，强度上应当有一定的储备，因此，设计时级数宁可选多些。例如，Spey SM 1A 的 2 级动力涡轮使用时允许输出功率提高 15%。

(4) 用途：如果是加速燃气轮机，则其使用时间短，效率为次要矛盾。为降低成本，减少结构复杂性，有时倾向于减少级数。

3) 等内径通流形式

动力涡轮的通流形式采用等内径的居多，如 WR21、MT30 等。也有采用等中径设计的，如 Spey、ME990。少数采用等外径设计，如 LM2500 为等外径的通流形式，它由 TF39 航空发动机的低压涡轮衍生而来。

4) 低进口参数

动力涡轮的进口燃气温度和压力等参数都不是独立选择的，它取决于燃气发生器的参数。不管是航空发动机舰改还是专用化设计船用燃气轮机，与同类航空发动机相比，其动力涡轮进口燃气温度要低得多。例如，LM2500 动力涡轮进口温度只有 764.4℃，而母型机 CF6-6 发动机低压涡轮巡航工况进口温度为 782.2℃，前者比后者低 20℃左右。

1.2.3　对动力涡轮设计的总体要求

1) 高效率

在气动性能设计中，动力涡轮的设计与燃气发生器涡轮的设计没有本质的区别，设计体系可以共用。不同的是，动力涡轮一般都是多级的，级负荷较低，叶片也不需要冷却，因此效率可以设计得更高，这也是设计人员不懈努力的方向，效率通常为 0.9～0.93。考虑到舰船燃气轮机动力涡轮通常是在变工况条件下运行的，低工况多变特征易使动力涡轮性能恶化，一般地，在 30%功率工况下运行时，动力涡轮效率下降高达 3%～5%，这也对动力涡轮的变工况适应性提出了具体要求。

2) 长寿命

由于船用燃气轮机的燃气发生器采用"整体吊装"和"以换代修"的维修、使用方式，动力涡轮则由于工作温度、压力降低，通常设计成长寿命的，一般要求具有 10 万 h 以上的寿命。这样，动力涡轮可长期连续使用，有利于采用更换燃气发生器的检修方式，使燃气轮机动力装置达到很高的利用率。因此，在动力涡轮设计过程中，须综合考虑燃气轮机的使用环境、生产加工工艺、叶盘材料以及能够与主机更好地匹配等因素，分别对过渡段、静动叶片及轮盘、排气蜗壳等部件进行全新气动及结构设计。

3) 通用性

基于动力涡轮的长寿命设计要求，在动力涡轮设计中也希望其有一定的通用性，即适于配装多种燃气发生器及多种用途，以求降低成本。例如，Olympus TM 3B 和 FT4 的动力涡轮经适当改变后，分别可用于 RB211 和 FT9，以期降低成本。

4) 高可靠性

动力涡轮一般通过减速齿轮箱与船舶轴系和螺旋桨连接，总速比一般在 10 左右或更大。在海洋环境和作战条件下，风浪和水下爆炸对动力涡轮结构的可靠性提出了特殊要求。因此，在结构设计中，要攻克由工作应力、温差、材料、使用环境等因素引起的结构强度、抗氧化、耐腐蚀、长寿命等难题。此外，由于动力涡轮没有压气机抵消一部分轴向力，转子轴向力会比较大，因此，轴向力的平衡设计更显重要，涉及空气系统、结构强度、密封等专业的设计内容。

1.3　涡轮气动设计方法的历史发展

涡轮气动设计方法和设计体系的发展直接关系到燃气轮机涡轮的研究水平。从 20 世纪 40 年代到现在，涡轮气动设计大致经历了一维与简单径向平衡方程的半经验设计、准三维设计、全三维设计及计算分析(含非定常设计)和精细化流动组织与设计四个阶段，其设计体系也在不断完善和发展。整个涡轮气动设计经历了从一维到多维、从无黏到有黏、从简单到复杂的一般过程，每个历史阶段因流动理论的发展、流场认识的深入和研究手段的进步而具有典型的时代特色。

1.3.1　一维与简单径向平衡方程半经验设计

20 世纪 40 年代末至 50 年代初，受计算能力限制，叶轮机械的设计主要采用一维流动设计思想。基于基元级的一维流量连续、叶轮机械欧拉方程是设计过程中所采用的主要物理模型。以简化模型为基础，结合由大量试验获得的关联式，是这一时期设计体系的主要特征。一维气动设计方法是较为粗糙的，所以在 40 年代以前，涡轮叶片均是直叶片。在这个阶段，对涡轮的研究主要基于实验气体动力学。

进入 20 世纪 50 年代，简单径向平衡方程设计思想与设计方法被提出，此时的设计可以简单地考虑展向流动参数的变化，对于功率要求较高的燃气轮机的涡轮设计，这一设计思想是比较重要的。在此期间出现了以求解简单径向平衡方程为基础的等功设计、等出气角设计和等环量设计等流型。

综上可见，该时期科学家和工程师对 Navier-Stokes(N-S)方程进行了较大的简化，叶轮机械设计过程中所采用的物理模型主要有一维流量守恒方程、动量方程、能量方程以及简单径向平衡方程。以上述的简化模型作为设计基础，同时结合大量由试验数据得到的经验关联式，构成了这一时期叶轮机械设计的主要手段。需注意，这一时期对叶轮机械的设计，由于相关试验较多，设计周期较长，物理模型过度简化与设计理论不够完善等，所以设计误差较大、可靠性低以及性能较差。一维与简单径向平衡方程的半经验设计主要适用于设计早期阶段的低负荷、大径高比、流道变化不大的机型。

随着试验数据和设计经验的大量积累，一维设计所采用的经验公式得到了完善与修正。在现代的涡轮设计中，一维气动设计计算仍发挥着巨大作用。

1.3.2　准三维设计

随着计算能力的进步，一维与简单径向平衡方程的半经验设计体系也得到了快速发展，但是叶轮机内的三维流动异常复杂，仅依靠上述物理模型无法真正描述三维流动的真实情况，限制了设计方法的进步。针对这一现实情况，Wu[15]在 1952 年提出了基于两类流面(S_1 与 S_2 流面)的三元流理论，其中 S_1 和 S_2 流面的定义见图 1.16。

两类流面理论的理论基础是近似定常和简化的黏性运动模型，该理论使叶轮机械设计产生了革命性变革。单独使用 S_1 流面计算程序可以经济又迅速地完成大部分叶栅设计工作，单独使用 S_2 流面计算程序也可以快速且方便地获得气动参数沿径向的分布，随后通过这两类流面之间的相互迭代来获得叶栅通道内的三维流场。在工程领域中，绝大多数都采用平均流面准三维法来进行设计。平均流面准三维法是指用一个 S_2 流面(一般选择平均流面 S_{2m})和沿叶高分布的若干个 S_1 流面来进行迭代从而获得流场的三维解。在大多数情况下，这种平均流面准三维法

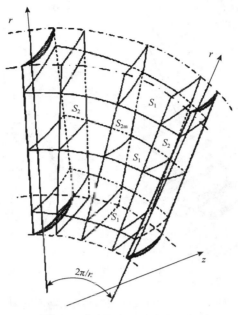

图 1.16　S_1 和 S_2 两类流面定义

和准三维解差别较小，因此平均流面准三维法的应用更为广泛。不过，尽管理论上通过 S_1 与 S_2 流面的相互迭代便可以得到叶片通道的三维解，但受计算能力限制，该设计思路仍难以实现。

在此之后，众多研究人员对完全径向平衡方程进行了深入研究，并且取得了一些较为实用的成果。Jennions 和 Stow[16]提出了以周向平均的流线曲率法为中心，对 S_1 流面计算后进行叶片积叠的设计流程，至此才真正意义上建立了准三维设计体系，此后叶轮机械的设计进入了准三维设计时代，并且准三维设计体系得到了补充与完善，如 F100 和 CFM56 等的研制工作，都是准三维设计体系的应用成果。

准三维设计的成功在很大程度上得益于在设计过程中所积累的试验数据与设计经验，进而对损失模型进行修正。正是由于这种积累与经验，在全三维计算盛行的今日，准三维设计仍然不可替代，众多知名公司依然采用准三维设计来考虑整体参数和参数沿叶高的分布，如 NASA Lewis 研究中心、Boeing 公司以及 RR 公司等在涡轮总体设计过程中依旧采用准三维设计中的流线曲率法来确定整体参数和参数沿叶高的分布。与采用一维与简单径向平衡方程半经验设计所得的叶轮机械相比，采用准三维设计体系得到的叶轮机械的效率得到明显提升。

综上可见，受计算理论限制，虽然准三维计算方法对于复杂的三维流动现象（图 1.17）不能进行准确模拟，如无法兼顾二次流的影响；无法考虑叶片排内部的气动参数；无法计算涡轮内部流场的三维性和非定常性等，但由于准三维设计体系抓住了某些主要的流动本质，目前其在叶轮机械设计过程中的作用仍是无法替代的。

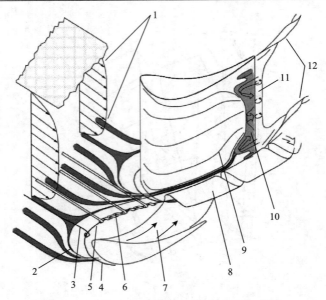

图 1.17　　涡轮叶栅通道二次流旋涡模型[17]

1-进口边界层；2-进口边界层分离线；3-马蹄涡，进口流动；4-马蹄涡吸力侧分支；5-马蹄涡压力侧分支；
6-进口边界层卷起；7-通道内横向流动；8-通道涡；9-吸力侧边界层迁移；10-回流；11-尾迹内涡流；12-尾缘涡

1.3.3　全三维设计及计算分析

20 世纪 80 年代以后，对叶轮机械总体性能的要求逐渐提高，众多设计和研究人员认识到只有对真实的三维流动有充分的认识，才能得到更有效的流动控制手段，从而提升叶轮机械设计的水平。此时的准三维理论由于忽略了叶轮机械内的三维流动特性，无法准确地描述真实流动，已不能满足设计人员的需求，设计人员迫切地需要有效的工具去认识叶轮机械内的真实流动。

在叶轮机械内部流动理论方面，基于吴氏三元流理论与准三维设计取得的成果，研究人员对流动理论与计算理论的探索并未停滞，但是叶轮机械内的流动是计算流体力学领域遇到的最复杂的问题之一，直到 1974 年 Denton[18]采用时间推进法第一次通过数值模拟得到了叶轮机械的三维定常流场。此后，叶轮机械三维流场的求解成为众多研究人员的主要研究方向。随后，三维流场计算终于突破了无旋、无黏的限制，多种求解方法得到了广泛应用，如流函数、压力修正法、时间推进法和大涡模拟等。Lakshiminarayana[19]充分总结了求解叶轮机械流场的各种方法，并且总结了各种求解方法的物理近似。

在 20 世纪 80 年代，叶轮机械的全三维数值计算得到了充分的发展，这源于此时出现的一系列经典数值格式和计算方法。在全三维计算经过近 20 年的快速发展之后，进入 90 年代，三维气动设计框架及体系已基本形成，此时对三维流场的模拟是对单个叶栅叶片进行的。其设计思路是将整个叶轮机分割为若干个叶片排进行孤立研究，因而忽略了相邻叶片上下游的影响，这样即便是在定常条件下，设计结果仍具有一定的风险性，尤其是对于负荷较高的叶轮机械。

为解决单叶片列三维计算无法模拟叶轮机械多级流动的问题，研究人员采用了混合平面法对叶轮机械进行多列流动模拟，迄今该动、静叶片列间数据传递方法仍是叶轮机械三维设计领域的主要方法之一。该混合平面法通过在交界面处传递相邻计算域的参数完成多列叶片联算，假定上游计算域内的流体在进入下游计算域之前，在计算域交界面处已周向掺混均匀，这样在将上游参数传递至下游后，可以保证交界面上下游周向平均的质量连续、动量和能量守恒。需注意，在周向流动的不均匀程度较低时，该方法相对有效，其计算结果与试验结果较为接近，符合当前工程设计需求。不过，人为地使交界面的参数周向平均化，不可避免地带来了计算误差[20]。

20 世纪 90 年代，多列叶片联算的计算问题解决后，三维气动设计体系得到了补充完善，三维设计的手段真正进入了工程实用阶段[21]。与准三维设计体系相比，采用三维设计手段(图 1.18)可以考虑弯掠叶片等技术手段导致的三维流动效应，因此三维气动设计体系更符合现代高性能叶轮机械的设计需要。采用三维设计手段可以使设计人员更深入地了解叶轮机械内部流动现象与流动机理，提升设计人员的设计水平，降低设计成本。三维气动设计体系首先在蒸汽轮机的叶片设计上得到了充分的应用，尤其采用三维设计思想对叶片进行叶型和弯扭联合成型，是蒸汽轮机第三代气动设计方法的核心体现。在航空发动机领域，全三维气动设计体系的价值更是在新型航空发动机的研制工作中得到体现，美国的军用 F119、欧洲的军用 EJ200、美国的民用 GP7000、欧洲的民用 Trent900 以及各自的衍生型号等高性能航空发动机的成功研制就是其典型代表。

近年来，基于各种正反问题的自动优化技术在叶轮机械气动设计领域也得到了较为快速的发展。许多研究人员利用试验设计法、正交设计法、神经网络及遗传算法和响应面法等，对各种叶轮机械的静、动叶片进行了优化设计，结果显示通过这些方法可以提高涡轮效率，降低内部流动损失(图 1.19)。这类方法的最大优点是能借助现有叶片设计的一切先进成果，对叶栅进行直接的修改；同时，这类方法不仅减少了设计人员对设计经验的依赖，而且设计人员能较容易地接受。不过，自动优化技术对于变量样本空间的选取也具有一定的随机性和盲目性，这就使得最终获得的优化计算结果也只能说是局部最优解；变量样本空间较为庞大，计算周期也较长；绝大多数的自动优化计算方法都不能使叶栅的某些重要几何参数，如叶片的安装角、气流角等在较大范围内变化；此外，现代气动设计与试验方法已使涡轮的效率达到了90%以上，通过数值优化来改善气动设计继而提高涡轮效率也具有一定的难度。

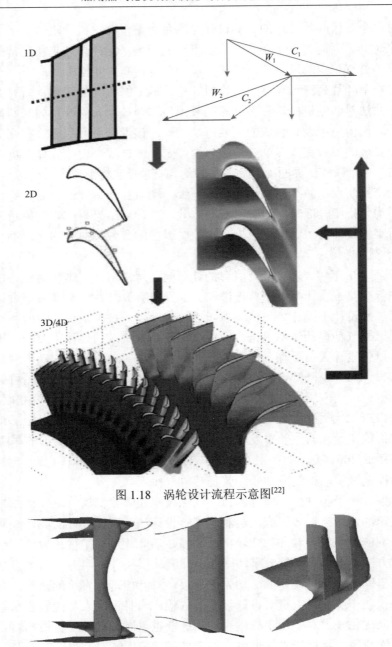

图 1.18　涡轮设计流程示意图[22]

图 1.19　T106 叶栅优化后的最小损失流道形状[23]

　　三维气动设计体系得到快速发展的同时，叶轮机械设计要求也逐渐提高，三维气动设计体系中忽略非定常效应的特点对设计水平的进一步提高产生了限制，尤其是针对大膨胀比、高气动效率、高喘振裕度的叶轮机械设计。在此背景条件下，时均气动设计体系应运而生[24]，其理论基础是通道平均流动模型，该模型将 N-S 方程转化为通道平均方程，从而得到无差别时均流动的精确模型方程，但方程形式较为复杂。时均气动设计可充分考虑叶轮机械内非定常流动的时均效应对性能造成的影响，部分消除了三维设计体系中由定常假设造成的影响。因此，时均气动设计体系的出现解决了三维设计体系在大膨胀比、高负荷、高裕度多级叶轮机械设计方面面临的部分困难问题。

另外，非定常设计体系的提出源于对流体非定常流动本质的探索与对叶轮机械性能要求的进一步提高，该设计体系的提出融合了当前对非定常流动本质的深入理解与高性能叶轮机械设计的需要，采用非定常设计手段对叶轮机械进行设计、优化以及开发新气动布局是其主要特点[25]。总体上，从当前对流动现象的理解来看，发展非定常气动设计体系是使叶轮机械设计能力获得较大突破的最有效手段。

从以上涡轮气动设计体系的发展历程中可以看到，计算能力的突飞猛进以及流动理论的发展总会给叶轮机设计理论与设计方法带来较大突破，但是三维气动设计体系的出现反而导致了对于数值模拟结果的过度依赖。应注意的是，迄今为止，完全依赖应用定常和非定常全三维 N-S 方程求解流场来提高燃气轮机性能还没有实现在任何情况下都给出较为满意的结果。在涡轮三维气动设计体系的框架下，计算流体动力学(computational fluid dynamics，CFD)仅是设计人员理解叶轮机械内部流动结构的一个较为有力的工具，最终的设计与改进工作往往更依赖于设计人员的理解与判断以及经验的不断积累。另外，受现有计算能力的限制，非定常设计体系离工程实用阶段仍有一定的距离，但可以预见的是，随着叶轮机械内部流动理论的逐步完善与计算能力的快速提升，非定常设计体系必将引导叶轮机械的性能得到进一步提升。

1.3.4　精细化流动组织与设计

经过几十年的发展，基于常规叶栅造型和三维积叠的传统燃气轮机涡轮设计技术已经较为成熟，涡轮设计能力和设计水平得到极大提升。但随着大型水面舰艇对动力的要求越来越高，传统涡轮设计技术已经难以满足未来大功率、高效率燃气轮机对涡轮性能进一步提升的需求。因此，有必要对传统设计体系中被忽略的流动细节和特征，如叶顶间隙、叶根轮缘密封结构、进口过渡段结构与出口排气蜗壳结构的影响等，进行深入系统的研究，并在此基础上有针对性地探讨涡轮内部精细化流动组织方式，为涡轮气动设计增添新的自由度，并改进涡轮设计方法和手段等，最终实现涡轮设计能力的进一步提升，这也是当今轴流涡轮气动领域研究的热点。

目前，涡轮精细化流动组织和设计技术主要针对以下几个方面开展：叶片端壁全三维融合、动叶叶顶精细流动组织、叶根轮缘密封优化、静/动叶片前缘修型、过渡段流道支板一体化设计、排气蜗壳与动力涡轮一体化设计及非定常效应的气动设计等。限于篇幅，感兴趣的读者可参阅相关文献。

1.4　本章小结

本章主要从船用燃气轮机简介、动力涡轮设计特点及要求和涡轮气动设计方法的历史发展等方面进行了概述。

燃气轮机在大型舰船上的应用已成为各国海军现代化的重要标志之一。随着对舰船战术性能和舰船吨位级别要求的不断提高，船用燃气轮机越来越朝着大功率、高效率的方向发展。鉴于船用燃气轮机的工作环境和工作特性有其自身的特异性和复杂性，现代先进船用燃气轮机的设计必须满足舰船动力需要和海洋工作环境的特殊要求。

动力涡轮担负着增大输出功率、提高效率的重要使命，大挡功率船用燃气轮机的研发自然对动力涡轮的大功率、高效率设计提出了较高的要求。船用燃气轮机对动力涡轮设计提出的总体要求为：高效率、长寿命、通用性和高可靠性，这使得动力涡轮在性能及结构设计上存在转速较低、流道扩张角大、级数较多、级负荷低等特点。

涡轮气动设计方法和设计体系的发展直接关系到燃气轮机涡轮的研究水平。随着流动理论的发展、对流场认识的深入以及研究手段的进步，涡轮气动设计已进入精细化流动组织与设计阶段。

参 考 文 献

[1] Pearson D, Newman S. The development & application of the Rolls-Royce MT30 marine gas turbine. ASME Paper GT2011-45484, New York, 2011.

[2] 杨立山, 郑培英, 聂海刚, 等. 航改大功率、高效率舰船燃气轮机的技术发展途径探讨. 航空发动机, 2013, 39(6): 74-78.

[3] 李孝堂. 航机改型燃气轮机设计及试验技术. 北京: 航空工业出版社, 2017: 47-64, 103-133, 167-174, 214-224.

[4] 闻雪友, 肖东明. 对发展大功率船用燃气轮机的新思考. 舰船科学技术, 2007, 29(4): 17-21.

[5] 张忠文. 舰船燃气轮机技术的发展途径. 航空发动机, 2009, 35(6): 48-51.

[6] Tooke R W, Bricknell D. Propulsion systems and the MT30 marine gas turbine-the quest for power. ASME Paper GT2003-38951, New York, 2003.

[7] 余又红, 刘云生, 张宁, 等. 海洋环境条件对船舶间冷循环燃气轮机性能的影响. 舰船科学技术, 2015, 37(4): 47-52.

[8] 柳爱利, 寇方勇. 海洋环境对舰载导弹贮存可靠性影响分析. 海军航空工程学院学报, 2013, 28(3): 285-296.

[9] Casaday B, Ameri A, Bons J P. Numerical investigation of ash deposition on nozzle guide vane endwalls. ASME Paper GT2012-68923, New York, 2012.

[10] 王世安, 吴穷, 王军, 等. 船用燃气轮机技术区发展方向及我国发展途径的思考. 热能动力工程, 2011, 26(4): 379-382.

[11] 闻雪友, 肖东明. IC 循环船用燃气轮机的可行性研究. 热能动力工程, 2009, 24(1): 60-64.

[12] 闻雪友, 肖东明. 现代舰船燃气轮机发展趋势分析. 舰船科学技术, 2010, 32(8): 3-6, 19.

[13] Cox J C, Hutchinson D, Oswald J I. The Westinghouse/Rolls-Royce WR-21 gas turbine variable area power turbine design. ASME Paper 95-GT-54, New York, 1995.

[14] 牛利民, 李淑英. 船舶燃气轮机结构. 哈尔滨: 哈尔滨工程大学出版社, 2007: 101-102.

[15] Wu C H. A general theory of three dimensional flow in subsonic and supersonic turbomachine in radial, axial and mixed flow types. NASA TN-2604, New York, 1952.

[16] Jennions I K, Stow P. A quasi-three-dimensional turbomachinery blade design system: Part II-computerized system. ASME Paper 84-GT-27, New York, 1984.

[17] Wang H P, Olson S J, Goldstein R J, et al. Flow visualization in a linear turbine cascade of high performance turbine blades. ASME Journal of Turbomachinery, 1997, 119(1): 1-8.

[18] Denton J D. A time marching method for two-and three-dimensional blade to blade row. ARC R&M 3775, New York, 1974.

[19] Lakshiminarayana S. An assessment of computational fluid dynamics techniques in the analysis and design of turbomachinery-The 1900 freeman scholar lecture. ASME Journal of Fluid Engineering, 1991, 113(2): 315-352.

[20] 卢少鹏. 具有气膜及气热耦合优化功能的涡轮气动设计体系研究. 哈尔滨: 哈尔滨工业大学博士学位论文, 2014.

[21] Giles M. An approach for multistage calculations incorporating unsteadiness. ASME Paper 92-GT-282, New York, 1992.

[22] Schmitz J T, Morris S C, Ma R, et al. Highly loaded low-pressure turbine: Design, numerical, and experimental analysis. ASME Paper GT2010-23591, New York, 2010.

[23] Nagel M G, Baier R D. Experimentally verified numerical optimization of a 3D-parametrised turbine vane with non-axisymmetric endwalls. ASME Paper GT2003-38624, New York, 2003.

[24] Damczyk J J. Model equation for simulating flows in multistage turbomachinery. ASME Paper 85-GT-226, New York, 1985.

[25] 季路成, 陈江, 黄海波, 等. 关于叶轮机时均(准四维)和非定常(四维)气动设计体系的初步诠释. 工程热物理学报, 2003, 24(4): 570-574.

第 2 章　动力涡轮气动设计及性能分析的研究方法

动力涡轮效率与通流部分的流动效率是紧密相连的，而通流部分流动效率的相对大小受到马赫数、进口边界层厚度、叶片几何参数、端壁型线等诸多因素的影响。为了提高涡轮性能，势必需要探究各方面因素是如何影响叶栅内部的流动的，进而在流动机理上不断加深认识，并找到提高效率的各种方法，从而改进涡轮设计方法，这对于缩短动力涡轮设计周期、降低设计风险、提高动力涡轮效率等都具有重要意义。

针对此类问题的研究通常有试验研究、理论分析研究和数值研究三种方法。随着计算机软、硬件和计算流体动力学的快速发展，商业软件被国内外研究人员广泛使用，使得通过数值模拟真实再现动力涡轮内部的复杂流动成为可能。目前，求解基于雷诺平均 N-S 方程的计算程序是进行叶轮机械内流场数值研究的主要手段。不过，其模拟精度受到计算网格、湍流模型等诸多因素的影响，尽管其仍能较为全面地揭示流场的细微结构，但计算结果还需开展试验研究来仔细验证。同时，已无法单独运用理论分析来解释叶轮机械中复杂的流动干涉问题，必须结合试验或者数值研究进行解释。

下面从动力涡轮设计工具、数值计算与优化方法以及动力涡轮试验方法三方面着重讨论动力涡轮气动设计及性能分析的研究方法。

2.1　动力涡轮设计工具

2.1.1　自编设计程序

为了动力涡轮设计的方便，课题组基于 Fortran 语言建立了具有自主知识产权的一维气动设计程序、叶片型线设计程序，并搭建了动力涡轮的准三维气动设计体系。下面简要介绍其设计流程。

涡轮一维气动设计流程如图 2.1 所示。该程序可用来进行涡轮一维气动优化设计与计算，具体包括计算和优化两个功能。该程序基于基元级和简单径向平衡方程的设计原理，采用半反问题的设计方法，适应于涡轮气动方案设计与方案优化设计过程。在损失计算中，该一维程序考虑了叶型损失、尾迹损失、二次流损失、间隙泄漏损失、冲角损失等因素的影响，同时也可考虑冷气掺混的影响。

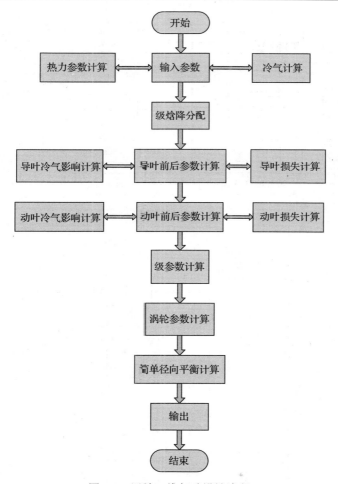

图 2.1　涡轮一维气动设计流程

涡轮叶片型线设计的数据接口如图 2.2 所示。该程序可借助 NURBS 曲线生成参数化叶型，并进一步离散成叶片型线离散点数据。该离散点数据可导入 NUMECA 进行流场计算，也可导入 Unigraphics NX（简称 UG NX）软件进行几何建模。不同叶高位置处的叶型也可借助所指定的积叠规律积叠形成三维叶片。此外，该叶片也可基于 S_2 流面计算获取叶片性能，并借助叶片编辑器微调不同叶高位置的叶型。

涡轮准三维气动设计体系如图 2.3 所示，其包含三个阶段：初始设计阶段，二维、准三维设计阶段和三维、准四维设计与分析阶段。初始设计即一维气动方案设计，是涡轮叶片综合设计的第一步，其设计依据来源于涡轮总体提出的对涡轮性能的要求以及各种约束条件，包括涡轮进、出口气动参数（流量、进口总温、总压和出口静压等）、涡轮结构参数（涡轮内外径、叶片数目、转子转速和涡轮级数等）、涡轮总体性能参数（涡轮总输出功率和有效效率等）、涡轮几何参数及气流

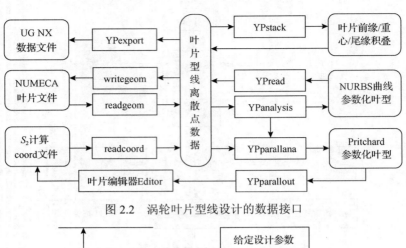

图 2.2　涡轮叶片型线设计的数据接口

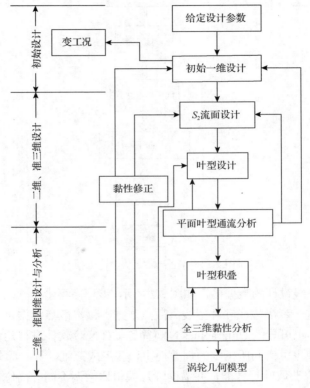

图 2.3　涡轮准三维气动设计体系

约束参数(最大外径、最大气流马赫数和最大出口气流马赫数等)。考虑到船用燃气轮机动力涡轮对变工况适应性有较高要求,在初始设计阶段还需评估变工况的影响。

　　紧接着进入综合设计阶段,即二维、准三维设计阶段,该阶段主要利用一维计算初步得到的气动参数进行二维通流分析。目前工程设计中普遍采用的思路是首先求解平均 S_2 流面，然后进行多个 S_1 流面计算，很少采用一簇 S_1 流面和一簇 S_2 流面的迭代解。此设计过程是通过给定叶片子午流道面内的"涡"分布来求解的，从而获得中心 S_2 流面的几何参数。这里的"涡"指的是课题组提出的基于可控涡设计思想的先进涡设计中的环量分布。经过 S_2 流面计算得到各叶片排间隙处的气动参数，从而确定各叶片排进出口处的速度三角形，为下一步的叶型设计提供必要的参数，如进出口气流角、进出口气流马赫数等。然后通过 S_1 流面计算获得从叶根到叶顶各个流面上的基元级二维叶型。

最后进入三维、准四维设计阶段，即将涡轮各基元级叶型按一定方式积叠起来便得到三维叶片叶身。待叶片雏形确定后，还需要对所设计的叶片进行评价。受试验条件和经费的限制，通常采用数值验证的方法。数值验证在保证计算边界条件和初始条件相同的情况下，用校验网格对叶片雏形进行求解。通过比较数值计算和设计方案的等熵效率、流量和压比，判断设计结果是否满意、气动性能是否提高。在此基础上还需要进一步验证流场是否合理、是否有流动分离。如果以上条件均满足，则说明设计结果比较成功，如果还没有达到要求，则需要考虑端区黏性的影响，适当调整给定的"涡"分布，重新进行叶片设计。如此反复，直到达到性能最优。

2.1.2　商用软件

目前，国内外同行进行涡轮气动设计的商用软件主要有 Concepts NREC 和 AxSTREAM 两种。NUMECA 软件也可进行叶片的造型设计及优化工作。下面仅就 Concepts NREC 和 AxSTREAM 进行简要介绍。

1. Concepts NREC

Concepts NREC 是全世界唯一的既开发和推广叶轮机械设计/加工的专用软件，也提供叶轮机械样机开发和性能测试的全方位高端服务公司。公司前身源于美国麻省理工学院的 3 位科学家 1956 年成立的北方研究工程公司(NREC)和美国工程院院士 Dave Japikse 博士于 1980 年成立的 Concepts ETI 公司。公司分支机构和服务体系遍布全球各个主要工业国家。

2000 年，将两家公司原软件集成为全新的敏捷工程设计系统(Agile Engineering Design System，AEDS)，致力于为业界提供以"敏捷设计"和"敏捷制造"为宗旨的透平机械研发一体化解决方案。Concepts NREC 还具备非常先进的样机试制和试验台位等硬件条件，能够快速实现从先进设计到高精密制造以及性能试验的完整研发过程。公司每年在美国机械工程师协会(American Society of Mechanical Engineers，ASME)等学术会议上发表诸多研究成果论文。

Concepts NREC 的应用行业包括航空发动机、燃气轮机、汽轮机、火箭涡轮泵、涡轮增压器、压缩机、透平膨胀机、能量回收装置、各种叶片泵和风机等产品领域，产品类型包括径流、斜流、轴流或组合结构。软件集成了 Concepts NREC 公司 50 多年的工程设计经验。主要功能包括：

(1)总体方案、一维方案设计；

(2)三维详细设计和全三元流 CFD 分析；

(3)有限元应力和振动分析；

(4)轴承设计和转子动力学分析；

(5)多学科多目标优化设计软件；

(6)直纹面侧刃加工、自由曲面点加工和闭式叶轮整体铣削专业软件。

Concepts NREC 软件集成了叶轮机设计、优化、加工等各个软件模块，其具体模块名称及功能简介如下。

(1)离心/斜流压气机设计点及非设计点平均流线性能预测程序：Compal。

(2)叶片泵设计点及非设计点平均流线性能预测程序：Pumpal。

(3)风机/风扇设计点及非设计点平均流线性能预测程序：Fanpal。

(4)径流涡轮设计及性能预测程序：Rital。

(5)轴流压气机/涡轮设计点及非设计点平均流线性能预测程序：Axial。

(6)三维流道和叶片几何设计，快速交互式流场分析和通流计算程序：AxCent。

(7)其他三维 CAD 软件叶轮数据的输入接口：CAD Translator。

(8)快速设计级 CFD 程序：PushbuttonCFD。

(9)自动有限元分析(finite element analysis，FEA)前后处理程序及解算程序：PushbuttonFEA。

(10)高温涡轮气冷叶片设计分析系统：CTAADS。

(11)多学科自动优化接口程序：TurboOptII。

(12)转子动力学及轴承分析软件：DyRoBeS。

(13)叶轮零件整体数控加工自动数控编程软件：MAX-PAC。

2. AxSTREAM

AxSTREAM 是由叶轮机行业享有盛誉的美国 SoftInWay 公司研发的旗舰产品，是一款具有多学科叶轮机综合设计、分析和优化功能的多功能商业软件，能够设计和分析以及优化轴流压气机、离心压气机、轴流涡轮、向心涡轮、风机及风扇等多种叶轮机械。AxSTREAM 主要进行叶轮机械的一维和二维初始设计与气动分析、优化，全三维叶片造型与三维 CFD 数值验算，全三维 FEA 强度、振动校核等。它采用了先进的项目数据库管理模式，基于优秀的工程经验损失模型，通过自动寻优算法进行优化设计与分析。

AxSTREAM 的主要特点如下：

(1)能通过热动力学计算和叶片角度分布优化计算,进行从草图开始的多级涡轮/压气机通流设计;

(2)进行从初始叶片/喷嘴叶型开始的逐级改进和优化;

(3)支持一系列的经试验验证的损失模型,包括型线损失、二次流损失、级间泄漏损失、冷却损失和湿气分离等损失模型,并支持用户自定义的损失模型;

(4)在设计和非设计工况情况下,进行涡轮级的轴对称二维和多级轴流涡轮中线一维分析;

(5)在设计和非设计工况情况下,进行压气机多级流道中线一维分析;

(6)进行涡轮/压气机性能曲线计算;

(7)在所有设计阶段,都有丰富的优化方法可用;

(8)具有基于试验设计(design of experiment,DOE)方法的功能强大的优化引擎;

(9)能生成涡轮/压气机叶栅的最佳气动叶型,并可通过在线流动计算进行互动编辑;

(10)进行基于包含结构标准的预定义规则和用户自定义规则的3D叶型积叠,并可进行精准的在线几何属性控制;

(11)可输出 3D 叶片几何模型,并通过 NUMECA、CFX 和 FLUENT 等进行详细的 CFD 分析;

(12)可以 iges 格式将 3D 叶片几何模型输出给 CAD 软件;

(13)可将叶片模型输出至 MinuteMeshTurbo 进行详细 FEA;

(14)支持团体协作特性,如可重用的级库、可重用的叶型数据库、自定义的材料数据库、自定义的损失模型、自定义的流体库。

2.2　数值计算与优化方法

2.2.1　自编计算程序

在动力涡轮内部流场数值模拟方面,课题组基于 Trilinos 程序包建立了具有自主知识产权的亚/跨声速涡轮叶栅数值计算程序、涡轮级数值计算程序。下面简要介绍其基本理论及数值计算方法。

叶栅内流动的可压缩流场可以用压力方法或密度方法进行数值模拟。基于压力方法求解流场问题,对马赫数没有限制,即任何马赫数的流动均是适用的。基于密度方法求解马赫数较高的流动问题已取得了很大的成功,但对于马赫数很小的流动计算,此法受到诸多限制,可用预处理方法来解决。

本小节首先给出相对坐标系下的 N-S 方程在笛卡儿坐标系下的详细表达式,研究了 SD-SLAU 格式、Van-Leer 迎风通量分裂格式和 Roe 通量差分分裂格式构造方法,并将其应用于叶栅三维黏性流场的计算中;其次,推导一种确定叶栅出口背压的方法，该方法考虑出口截面径向平衡方程对背压的影响；最后，研究在叶栅中使用的 Spalart-Allmaras(S-A)模型和 Menter 的 k-ω SST 模型的方法。

1. 在相对坐标系下矢量形式的控制方程

在相对坐标系下，根据质量守恒、动量守恒和能量守恒，可得到控制单元 Ω 积分形式下的控制方程组：

$$\frac{\partial}{\partial t}\iiint_{\Omega}\boldsymbol{W}\mathrm{d}V + \oiint_{\partial\Omega}\left[\boldsymbol{F}_I - \boldsymbol{F}_V\right]\cdot\mathrm{d}\boldsymbol{S} = \iiint_{\Omega}\boldsymbol{S}_{\omega}\mathrm{d}V \tag{2.1}$$

其中，$\mathrm{d}V$ 为控制单元 Ω 的体积；$\mathrm{d}\boldsymbol{S}$ 是控制单元 Ω 的包围面的外法线矢量；矢量 $\boldsymbol{W}$、$\boldsymbol{F}_I$、$\boldsymbol{F}_V$ 和 $\boldsymbol{S}_{\omega}$ 分别定义为

$$\boldsymbol{W} = \begin{Bmatrix} \rho \\ \rho w_1 \\ \rho w_2 \\ \rho w_3 \\ \rho E \end{Bmatrix}, \boldsymbol{F}_I = \begin{Bmatrix} \rho w_i \\ \rho w_i w_1 + p\delta_{1i} \\ \rho w_i w_2 + p\delta_{2i} \\ \rho w_i w_3 + p\delta_{3i} \\ \rho w_i H \end{Bmatrix}, \boldsymbol{F}_V = \begin{Bmatrix} 0 \\ \tau_{i1} \\ \tau_{i2} \\ \tau_{i3} \\ \tau_{ij}w_j + q_i \end{Bmatrix}, \boldsymbol{S}_{\omega} = \begin{Bmatrix} 0 \\ -2\rho e_{\alpha\beta 1}\omega_{\alpha}w_{\beta} + \rho\omega^2 r_x \\ -2\rho e_{\alpha\beta 2}\omega_{\alpha}w_{\beta} + \rho\omega^2 r_y \\ -2\rho e_{\alpha\beta 3}\omega_{\alpha}w_{\beta} + \rho\omega^2 r_z \\ \rho\omega^2(w_j r_j) \end{Bmatrix}$$

其中，ρ、w_i、E 和 p 分别是流体的密度、速度、单位质量的总能量以及压力；q_i 是热流量；τ_{ij} 是黏性应力张量，其定义如下：

$$\tau_{ij} = \left[\mu\left(\frac{\partial w_i}{\partial x_j} + \frac{\partial w_j}{\partial x_i}\right)\right] - \frac{2}{3}\mu\frac{\partial w_l}{\partial x_l}\delta_{ij} \tag{2.2}$$

其中，$\mu = \mu_c + \mu_t$，μ_c 为层流黏性系数，μ_t 为湍流黏性系数。

2. 数值模拟方法

ASME 控制数值精度的要求如下：控制方程各项在离散过程中所引入的截断误差的精度阶数包括扩散项、源项，特别重要的是对流项，计算区域的内部节点所采用的离散方法在空间上必须至少为二阶截断误差；应给出在相当宽的网格分辨率变化范围内所得到的数值解，以确认所得结果是与网格无关的或是网格收敛的；应清楚地说明停止迭代求解的准则，并给出相应的收敛误差；对于非稳态的数值解，应证明所得解的时间精度；应给定恰当的边界条件及初始条件。

在基于三维 N-S 方程的叶轮机械流场计算中，网格、空间离散格式、湍流模型、边界处理是影响模拟结果准确性的重要因素，下面对其进行说明。本小节数

值模拟方法是基于非结构网格离散的有限体积法，采用了 SD-SLAU 格式、Van-Leer 迎风通量分裂格式和 Roe 通量差分分裂格式，以及 Barth-Jespersen 限制器和 Venkatakrishnan 限制器等。

自编程序采用的网格为非结构网格，用商用软件 ANSYS ICEM CFD 直接生成非结构网格，但如果用 AutoGrid5、NUMECA 生成结构网格，则通过程序将其转换为非结构网格。自编程序采用的是有限体积法，采用了 SD-SLAU 格式、Roe 通量差分分裂格式和 Van-Leer 迎风通量分裂格式。为了计算数值通量，需要解决重构问题。

此外，该自编程序通过 Venkatakrishnan 限制器来计算叶轮机械内流流场，这个限制器比较灵活，因为此控制器有一个控制参数 k，根据不同区域流场参数不同的光滑性，适当选用不同的 k 值，就可以使光滑区达到二阶精度、间断点处达到一阶精度，使计算结果具有较高的分辨率和计算精度。值得注意的是，Venkatakrishnan 限制器是对 Barth-Jespersen 限制器进行的改进。

3. 定常流的时间步进法

该自编程序中耦合控制方程组在时间上的离散既可以用于定常计算也可以用于非定常计算。在定常计算情况下，进行时间步进计算直至达到定常解。耦合方程既可以用隐式时间步进也可以用显式时间步进来进行时间离散。然而，对于时间推进法，在这两种格式中，显式格式受 CFL（Courant，Friedrichs，Lewy）条件限制，时间步长不能取得太大，而对于隐式格式而言限制较小，可以较快收敛。为提高离散方程的稳定性，采用隐式格式处理源项、对流项、黏性项，从而得气相控制方程的离散形式如下：

$$\Gamma V_i \frac{\Delta \boldsymbol{Q}_i^n}{\Delta t} + \boldsymbol{R}_i^{n+1} = 0 \tag{2.3}$$

线性化处理残差 $\boldsymbol{R}_i^{n+1}$ 得

$$\boldsymbol{R}_i^{n+1} \approx \boldsymbol{R}_i^n + \left(\frac{\partial \boldsymbol{R}}{\partial \boldsymbol{Q}}\right)_i \Delta \boldsymbol{Q}_i^n = \boldsymbol{R}_i^n + \sum_{m=1}^{nb(i)} \left[\frac{\partial (\boldsymbol{F}_I - \boldsymbol{F}_V)_m \cdot \Delta \boldsymbol{S}_m}{\partial \boldsymbol{Q}_i} \Delta \boldsymbol{Q}_i^n\right]$$
$$+ \sum_{m=1}^{nb(i)} \left[\frac{\partial (\boldsymbol{F}_I - \boldsymbol{F}_V)_m \cdot \Delta \boldsymbol{S}_m}{\partial \boldsymbol{Q}_j} \Delta \boldsymbol{Q}_j^n\right] - \frac{\partial (V_i \boldsymbol{S}_\omega)}{\partial \boldsymbol{Q}_i} \Delta \boldsymbol{Q}_i^n \tag{2.4}$$

将式 (2.4) 代入式 (2.3) 得

$$\left\{\frac{V_i}{\Delta t}\Gamma + \sum_{m=1}^{nb(i)} \left[\frac{\partial (\boldsymbol{F}_I - \boldsymbol{F}_V)_m \cdot \Delta \boldsymbol{S}_m}{\partial \boldsymbol{Q}_i}\right] - \frac{\partial (V_i \boldsymbol{S}_\omega)}{\partial \boldsymbol{Q}_i} + \sum_{m=1}^{nb(i)} \left[\frac{\partial (\boldsymbol{F}_I - \boldsymbol{F}_V)_m \cdot \Delta \boldsymbol{S}_m}{\partial \boldsymbol{Q}_j}\right]\right\} \Delta \boldsymbol{Q} = -\boldsymbol{R}_i^n$$
$$\tag{2.5}$$

令

$$a_{ii} = \frac{V_i}{\Delta t}\Gamma + \sum_{m=1}^{nb(i)}\left[\frac{\partial(F_I - F_V)_m \cdot \Delta S_m}{\partial Q_i}\right] - \frac{\partial(V_i S_\omega)}{\partial Q_i}$$

当 $i \neq j$ 时,

$$a_{ij} = \sum_{m=1}^{nb(i)}\left[\frac{\partial(F_I - F_V)_m \cdot \Delta S_m}{\partial Q_j}\right]$$

$$A = (a_{ij}), \quad x = \Delta Q_i^n = Q_i^{n+1} - Q_i^n, \quad b = -R^n$$

则方程组(2.5)可写为

$$Ax = b \tag{2.6}$$

自编程序中的耦合求解器同时解连续性、动量、能量方程,并将它们作为一组控制方程或者方程的矢量来处理,随后会按顺序求解其他附加标量,如湍流模型的控制方程,也就是说这些附加标量方程相互之间是分离的,而且和连续性、动量、能量方程的耦合方程组之间是分离的。

采用 Krylov 子空间方法求解方程组 $Ax = b$。Krylov 子空间方法最主要的优点是不必精确计算雅可比矩阵,因此可用有限差分方法求解界面上通量的雅可比矩阵 $\frac{\partial(F_I - F_V)_m}{\partial Q_i}$ 及 $\frac{\partial(F_I - F_V)_m}{\partial Q_j}$,但是有限差分需要额外计算一次通量数值。

采用如下的有限差分形式:

$$\frac{\partial F_i}{\partial Q_j} \approx \frac{F_i(Q_j + h_j e^j) - F_i(Q_j)}{h_j} \tag{2.7}$$

其中,e^j 为第 j 个标准基向量;h_j 是一个小的增量,且 $h_j = \sqrt{\Upsilon}\max\{|x_j|, \text{typ}(x_j)\} \times \text{sign}(x_j)$,$\Upsilon$ 为机器精度,$\text{typ}(x_j)$ 为 x_j 的特征尺寸。

时间步 Δt 是从 CFL 条件计算得到的:

$$\Delta t = \frac{\text{CFL} \cdot L}{|w| + a} \tag{2.8}$$

其中,L 是单元网格的特征长度;w 为单元网格的速度;a 为单元网格的马赫数;CFL 为 CFL 条件数。

程序采用 Trilinos 程序包来计算式(2.6),Trilinos 程序包采用了"数据结构无关"的设计方法。在保持较高性能的前提下,改进了其易用性和软件复杂性管理。

在 Trilinos 框架中定义了一个线性代数对象模型 Epetra 作为 Trilinos 中的各种软件包的构建基础和沟通载体。运用 Epetra 时常涉及的主要类有 Epetra_Comm、Epetra_Map、Epetra_Operator 和 Epetra_MultiVector。

Epetra 对象的典型使用流程如图 2.4 所示。

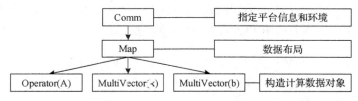

图 2.4　计算模型 Trilinos 中 Epetra 对象的典型使用流程

4. 涡轮叶栅流场计算流程

首先准备动力涡轮叶栅计算的网格，可以用网格生成软件来生成网格，例如，用 AutoGrid5/NUMECA 进行划分，然后准备程序读入文件，这两个文件准备好后，就可以进行模拟计算。

动力涡轮叶栅流场计算流程如下：

(1) 读入网格、边界条件、初场条件和方程离散参数，给计算初始化；

(2) 质量、动量和能量方程耦合计算；

(3) 湍流方程计算；

(4) 重复步骤(2)和步骤(3)，直到达到收敛条件。

5. 涡轮流场计算中网格交界面处理

在动力涡轮流场数值模拟时，为了保证网格质量，划分网格时经常对流域进行分块处理，即分块网格，这些网格之间就有交界面。需要对这种交界面条件进行处理。

1) 普通交界面的处理

普通交界面有的相连，有的不相连。相连的交界面分为一一对应的交界面；不相连的交界面分为一一对应的周期性交界面。处理普通交界面的一般过程为：①构建交界面单元所对应的虚单元的几何信息；②计算插值权系数。

(1) 构建交界面单元所对应的虚单元的几何信息。

如图 2.5 所示，在交界面两边，运用单元 1 对应单元 2 和单元 3，通过单元 2 和单元 3 按照交界面的重叠面积加权方式产生新单元 1′，则单元 1 对应新单元 1′形

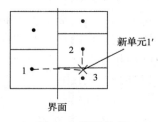

图 2.5　界面处理

成一对一的关系。这样对于单元 1 而言，其处理方式可与普通的单元处理方式相一致。

(2)计算插值权系数。

插值 GGI(general grid interface)能够在两个边界面之间满足守恒性的前提下进行插值计算。为了在两个不同网格的边界面之间进行插值，采用面积加权的插值方法。如果单元面片 S 和单元面片 M 为交界面，则

$$\Phi_{S_i} = \sum_n w_{M_n,S_i} \Phi_{M_n}, \quad \Phi_{M_j} = \sum_m w_{S_m,M_j} \Phi_{S_m} \tag{2.9a}$$

其中，$w_{M_n,S_i} = \dfrac{A_{S_i,M_n}}{A_{M_n}}$，$A_{S_i,M_n}$ 为单元 S_i 与单元 M_n 的重合面积，A_{M_n} 为单元 M_n 的面积；类似地，$w_{S_m,M_j} = \dfrac{A_{M_j,S_m}}{A_{S_m}}$，$A_{M_j,S_m}$ 为单元 S_m 与单元 M_j 的重合面积，A_{S_m} 为单元 S_m 的面积，并且 $\sum_n w_{M_n,S_i} = 1.0$，$\sum_m w_{S_m,M_j} = 1.0$。

快速计算两个单元间的重合面积为该方法的关键问题，重合面积的计算进而转化为多边形相交问题，可以采用 Sutherland-Hodgmanclipping 算法求解。为减少单元间的测试，可以运用 k 维树和分离轴理论快速判断两个单元是否相交。

在处理周期(1 对 1，非 1 对 1)问题时，先对周期面上点的坐标进行预处理，使两个周期面重合，之后其处理方法与相邻的交界面一样。

2) 混合平面法

在动力涡轮内部流场的计算中，由于叶轮的动、静叶片排之间是相对转动的，动、静叶片排之间存在一个人为的交界面。这就需要处理这个交界面上下游之间的流场信息传递，可以采用一种交界面掺混的方法，如混合平面法，对每个叶片排进行独立求解，在静、动叶片排间的交界面上、下游处传递经过周向平均的参数，这相当于把静、动叶片排的间距拉大，使上游出口产生的各种不均匀扰动到达下游出口时已经变成周向均匀扰动。

考虑到动、静叶片排之间有相对运动，在动、静叶片排网格处理上要采用多块网格。由于程序采用非结构网格计算，构造处理不同网格块交界面的数值方法比在结构化网格中的处理方法相对复杂。在叶轮机械中，某一列叶栅与其下一列叶栅相连的交界面的处理如下，某一列叶栅的出口(网格为 A)与其下一列叶栅进口(网格为 B)组成一对交界面，如图 2.6 所示。计算交界面数值通量的步骤如下。

(1)考虑到网格更容易映射插值到径向位置上，分别在网格 A 和网格 B 中构造由网格 A 和网格 B 的边界域构成的虚拟结构化规则网格 A′和网格 B′，这两个虚拟网格必须有相同的径向分布。

上游出口A	上游出口A	上游出口A′	下游进口B′	下游进口B	下游进口B
	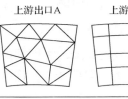		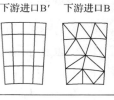		

图 2.6　混合平面法

(2) 通过插值计算出虚拟网格上的物理量的值：根据 GGI 插值算法，将网格 A 和网格 B 守恒通量映射到网格 A′和网格 B′上。

(3) 在虚拟网格上建立周向平均，对通量 F 进行混合面积平均，即

$$F_1 = \overline{\rho u_z} = \frac{1}{\text{Pitch}} \int_0^{\text{Pitch}} \rho u_z \mathrm{d}\theta \tag{2.9b}$$

$$F_2 = \overline{\rho u_z^2} + \overline{p} = \frac{1}{\text{Pitch}} \int_0^{\text{Pitch}} (\rho u_z + p)\mathrm{d}\theta \tag{2.9c}$$

$$F_3 = \overline{\rho u_z u_\theta} = \frac{1}{\text{Pitch}} \int_0^{\text{Pitch}} \rho u_z u_\theta \mathrm{d}\theta \tag{2.9d}$$

$$F_4 = \overline{\rho u_z u_r} = \frac{1}{\text{Pitch}} \int_0^{\text{Pitch}} \rho u_z u_r \mathrm{d}\theta \tag{2.9e}$$

$$F_5 = \overline{\rho u_z H} = \frac{1}{\text{Pitch}} \int_0^{\text{Pitch}} \rho u_z H \mathrm{d}\theta \tag{2.9f}$$

其中，Pitch 为节距。

解下列方程组：

$$\begin{pmatrix} \overline{\rho \cdot u_z} \\ \overline{\rho \cdot u_z^2} + \overline{p} \\ \overline{\rho \cdot u_z \cdot u_\theta} \\ \overline{\rho \cdot u_z \cdot u_r} \\ \overline{\rho \cdot u_z \cdot H} \end{pmatrix} = \begin{pmatrix} F_1 \\ F_2 \\ F_3 \\ F_4 \\ F_5 \end{pmatrix} \tag{2.10}$$

(4) 将所需计算的变量从网格 A′和网格 B′分别映射到网格 A 和网格 B，详细的计算过程如下。

①考虑到流量、动量、总能量、焓和熵的守恒性，选取 $\overline{\rho}$、$\overline{\rho u}$、$\overline{\rho v}$、$\overline{\rho w}$、$\overline{\rho p}$ 作为面积平均的处理量。这种平均模型可以保证流量在混合前后保持守恒，同时总能量在混合后减小的幅度和熵在混合后增加的幅度都比较小。

②混合平面法只考虑叶片展向流场的不均匀性变化，而忽略了周向的不均匀性变化。由于进出口边界与叶片的前后缘距离很近，在边界上存在着很强的周向不均匀，所以采用了外推周向不均匀性的做法，在混合平面上只保证其周向平均值等于上（下）游传递来的周向平均值，使本列的周向不均匀性在进出口边界上得到体现。

袁宁等[1,2]针对结构化网格进行处理交界面上 Riemann 解的构造，虽然其精度仅为一阶，但作为进口边界条件的处理已经足够了。本书将该方法推广到非结构网格中。在动力涡轮中对静叶与动叶交界面进行处理时，以动叶进口的边界面为例进行阐述。

上游静叶出口的平均参数记为： $\overline{\rho}_s, \overline{u}_s, \overline{v}_s, \overline{w}_s, \overline{p}_s$。

下游动叶进口的平均参数记为： $\overline{\rho}_r, \overline{u}_r, \overline{v}_r, \overline{w}_r, \overline{p}_r$。

考虑到动叶周向旋转速度 ω 则得到

$$\Delta\rho = \overline{\rho}_r - \overline{\rho}_s, \quad \Delta u = \overline{u}_r - \overline{u}_s, \quad \Delta v = \overline{v}_r - \overline{v}_s, \quad \Delta w = \overline{w}_r - \overline{w}_s + \omega r, \quad \Delta p = \overline{p}_r - \overline{p}_s$$

记与动叶进口面相连的单元参数为 $I=i$： $\rho_i, u_i, v_i, w_i, p_i$，构造 $I=i+1$ 时有

$$\rho_{i+1} = \rho_i - \Delta\rho, \quad u_{i+1} = u_i - \Delta u, \quad v_{i+1} = v_i - \Delta v, \quad w_{i+1} = w_i - \Delta w, \quad p_{i+1} = p_i - \Delta p$$

这样就通过 $I=i+1$、$I=i$ 在 $I=i+1/2$ 的交界面上构造了 Riemann 问题。

Denton 的混合平面模型可以保证质量、动量、能量的严格守恒，具有较好的鲁棒性，而加入无反射条件可用于交界面非常靠近叶片和交界面上有激波反射，以及周向流动的变化远小于平均值等情况。在运用混合平面法的过程中，最终使得控制方程的残差为三阶精度，从叶栅上下游得到的流量和经过周向平均的径向分布曲线都在一定的误差范围之内。

6. 涡轮流场数值模拟算法的验证

为了验证程序的有效性，本小节通过算例对程序进行校核[3]。

1）二维流场数值模拟

为了验证程序计算格式的有效性，本小节采用 SD-SLAU 格式、Van-Leer 迎风通量分裂格式和 Roe 通量差分分裂格式对不同马赫数下的圆弧凸包无黏流动进行模拟。圆弧凸包流动是一个内流问题。下壁面有圆弧凸包的管道无黏流动长期以来被作为检验程序和计算方法的经典算例。圆弧凸包通道示意图如图 2.7 所示。

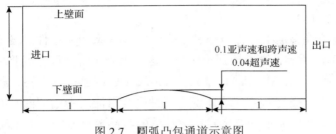

图 2.7　圆弧凸包通道示意图

图中数字仅表示比例关系

(1)亚声速流动。

给定圆弧凸包通道进口处的总温、总压及速度方向,以及出口处的静压。壁面采用无渗透滑移边界条件,此时的来流马赫数为 0.5。图 2.8 表示计算区域中的马赫数分布。马赫数关于圆弧凸包通道的弦线中点具有良好的对称性。SD-SLAU 格式计算结果相对而言较好。图 2.9 给出了亚声速流动时的壁面马赫数分布。

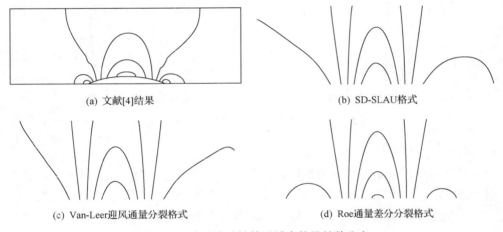

(a) 文献[4]结果　　　　　　　　　　(b) SD-SLAU格式

(c) Van-Leer迎风通量分裂格式　　　　(d) Roe通量差分分裂格式

图 2.8　亚声速流动计算区域中的马赫数分布

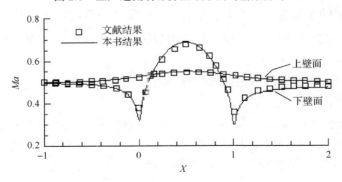

图 2.9　亚声速流动时的壁面马赫数分布

图中 X 轴数字仅表示比例关系

(2) 跨声速流动。

进口边界条件设定中隐含着马赫数为 0.675，其余边界条件的设定同亚声速流动。如图 2.10 (a) 所示，激波捕捉不明显，这是因为一阶迎风格式将激波抹平。如图 2.10 (b) ～ (d) 所示，SD-SLAU 格式、Van-Leer 迎风通量分裂格式和 Roe 通量差分分裂格式都能够捕捉激波。这体现了三种格式对流场中的间断具有良好的捕捉能力。Van-Leer 迎风通量分裂格式在上端壁面马赫数有波动，而 Roe 通量差分分裂格式在激波后马赫数有波动，相比 SD-SLAU 格式流场较好。

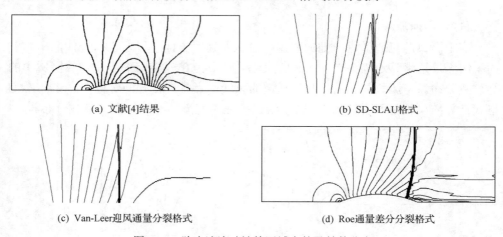

(a) 文献[4]结果　　　　　　　　　　　　　　　　(b) SD-SLAU格式

(c) Van-Leer迎风通量分裂格式　　　　　　　　　(d) Roe通量差分分裂格式

图 2.10　跨声速流动计算区域中的马赫数分布

2) 三维流场数值模拟

通过对有详细测量数据的涡轮后加载叶栅的流场进行数值模拟，并与试验数据对比，以便验证自编三维黏性流场求解程序的准确性及工作性能，并调试程序。

本验证算例所采用的几何参数与气动参数均来自文献[5]。涡轮叶栅的主要几何参数如表 2.1 所示。

试验给出的条件为：几何进气角 $\alpha_0 = 90°$（从周向算起）；几何出气角 $\alpha_1 = 12°$。栅前总压 $p_0 = 365$Pa（表压），叶栅中径上出口马赫数 $Ma = 0.235$，基于轴向弦长的叶栅出口雷诺数 $Re = 6.1 \times 10^4$。

本算例所采用的计算网格如图 2.11 所示。根据试验条件，进口给定总温、总压，出口给定静压。

采用 15 万、30 万、50 万、80 万和 100 万网格数对后加载叶型进行数值模拟以进行网格独立性检查。如表 2.2 所示，网格较少时计算结果对网格有依赖性；不过，当网格数在 50 万以上时，叶栅流量和总压比保持不变。

表 2.1　几何参数

叶片数/个		54
叶栅中径上出口马赫数 Ma		0.235
直径	内径 D_h/mm	1904.2
	中径 D_m/mm	2119.2
	外径 D_t/mm	2334.2
叶高 h/mm		215
展弦比 h/b		1.22
节距	叶根 T_n/mm	110.78
	中径 T_m/mm	124.8
	叶顶 T_t/mm	135.8
节弦比	叶根 T_n/b	0.629
	中径 T_m/b	0.708
	叶顶 T_t/b	0.771
轴向弦长 c/mm		115.1
弦长 b/mm		176.2

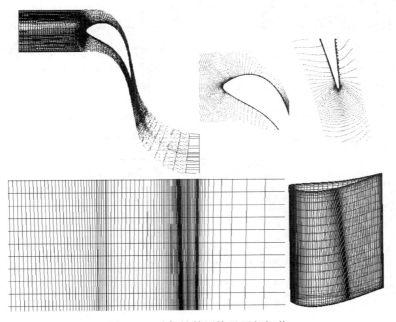

图 2.11　叶栅计算网格及局部细节

表 2.2　后加载叶栅计算网格方案

网格数/万	流量/(kg/s)	总压比
15	24.181	0.99705
30	24.259	0.99725
50	24.114	0.99738
80	24.114	0.99738
100	24.113	0.99738

静压系数的定义如下：

$$C_{ps} = (p_s - \bar{p}_{s1}) / (p_0^* - \bar{p}_{s1}) \tag{2.11}$$

式中，p_s、$\bar{p}_{s1}$ 和 p_0^* 分别代表当地静压、出口静压和进口总压，若进口为非均匀来流，则 p_0^* 选取中间截面的进口总压。

图 2.12 为不同叶高处叶片表面静压的试验与计算对比图 (z/c 表示相对轴向弦长)。从图中可以看到，计算与试验结果整体吻合得较好，特别是叶栅中部 (50%

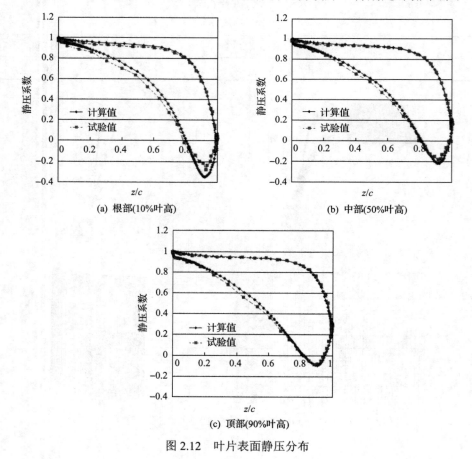

图 2.12　叶片表面静压分布

叶高)和叶栅顶部(90%叶高)，在压力面上计算值与试验值符合较好。不过，在叶栅根部(10%叶高)，吸力面轴向 90%处静压力的预测有一定误差，可能由于在该位置吸力面边界层低能流体集聚、增厚，并且在该位置附近开始转捩、分离。该问题可能需要针对湍流模型开展研究，可以增加考虑转捩影响的湍流模型以避免该计算误差。

从图 2.12 还可以看到，叶栅在压力面上从叶片前缘至大约 70%轴向弦长范围内的压力下降很小，说明边界层在此范围内加速比较缓慢。在叶栅后侧 30%轴向弦长位置压力下降较快，说明边界层在压力面尾侧有较大的加速。显然在整个压力面上边界层始终在顺压梯度的作用下，因而可能始终保持为层流状态。在吸力面上从叶片前缘至大约 94%轴向弦长范围内静压系数一直迅速减小，说明边界层在此范围内在较大顺压梯度的作用下加速，边界层的厚度增长缓慢，在下游的 94%轴向弦长位置压力迅速上升，边界层在较大的逆压梯度作用之下开始发生分离。由于最低压力点位于大约 94%轴向弦长位置，所以逆压梯度段很短，说明后部加载叶型减小了湍流区长度，因而在降低叶型损失的同时降低了二次流损失。

图 2.13 给出了试验测得的与本小节计算的叶栅上端壁表面静压系数等值线分布。从图中可以看出，静压分布基本一致，但是计算出的静压系数等值线与流道中心线的交角比试验测得的等值线更斜一些。由图 2.13 可见，试验测得的静压系数等值线与压力边几乎垂直，与吸力边斜交，交角都在 20°～30°，静压系数等值线与流道中心线的交角也较大；而计算的静压系数等值线与压力边有一定角度，

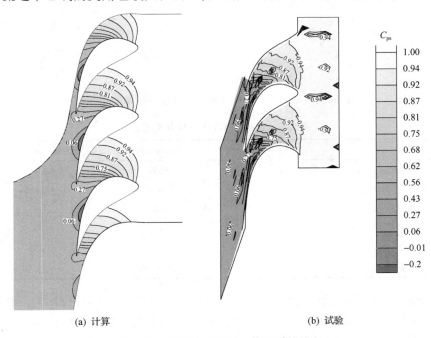

(a) 计算　　　　　　　　　　　　　　(b) 试验

图 2.13　叶栅上端壁表面静压系数分布

但吸力边与试验相似。由于端壁边界层沿静压系数等值线的法向流动，静压系数等值线与流道中心线的交角能说明端壁横向二次流的强弱。静压系数等值线与流道中心线的交角越小或越趋于正交，端壁横向二次流越强或越弱。这意味着计算预测出的二次流比试验偏大。

3）Aachen 1-1/2 涡轮级的计算试验

为了校核自编程序中的混合平面法，本小节的算例采用 Aachen 1-1/2 涡轮级来验证。试验装置、试验条件和试验涡轮的详细参数见文献[6]。

Aachen 1-1/2 涡轮叶片布置及测量位置如图 2.14 所示，测量位置 0 在第一列叶栅前缘 25mm，测量位置 1～3 在对应叶栅的尾缘下游 8.8mm。Aachen 1-1/2 涡轮级试验叶栅的展弦比低，其几何参数如表 2.3 所示。

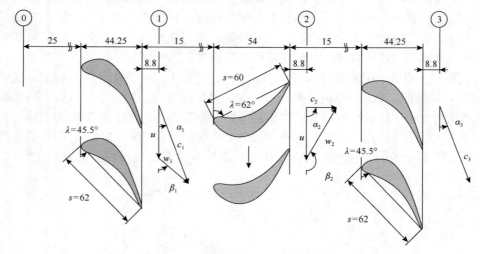

图 2.14　Aachen 1-1/2 涡轮试验叶片布置及测量位置示意图（单位：mm）

表 2.3　Aachen 1-1/2 涡轮几何参数

参数	第一排静叶	第一排动叶	第二排静叶
展弦比	0.887	0.917	0.887
中叶展弦长/mm	47.6	41.8	47.6
顶部间隙/mm	0	0.4	0
叶片数/个	36	41	36
叶顶直径/mm	600	600	600
雷诺数(基于弦长)	6.8×10^5	4.9×10^5	6.7×10^5

Aachen 1-1/2 涡轮级的计算网格拓扑结构首先采用了 H-O-H 型网格，然后通过自编程序转成非结构网格，其各叶片列的计算网格数分别为 29 万、39 万和 28 万。具体计算网格如图 2.15 所示。

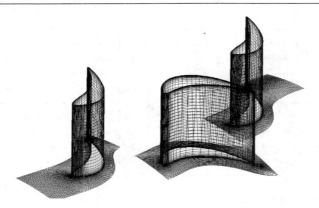

图 2.15　Aachen 1-1/2 涡轮计算网格

计算工质采用理想空气，采用 S-A 一方程湍流模型，进口条件给定总压、总温和气流角，出口条件给定平均静压。

表 2.4 给出了试验与计算结果的总体参数对比。由计算结果可知，流量为 8.36kg/s，流量偏差在 0.5%以内，这说明"混合平面"的处理很好地保证了流量的守恒。此外，对于每一列叶栅进出口总压比，试验与计算结果符合较好，但是计算流量比试验值偏大。

表 2.4　Aachen 1-1/2 涡轮总体参数的试验与计算值对比

	流量/(kg/s)	PT1/PT0	PT3/PT2	PT2/PT0	PT3/PT0
试验	8.02	0.993	0.986	0.842	0.829
计算	8.36	0.991	0.984	0.836	0.821

注：PT0～PT3 表示图 2.14 中 0～3 位置的总压。

图 2.16 给出了三个测量位置下叶片出口绝对气流角和绝对总压比沿相对叶高分布图。从绝对气流角的对比中可以看到，预测出的绝对气流角沿叶高分布规律与试验吻合较好。在第 1 测量位置，计算值与试验值相比，计算值偏小，相差 3°左右。在第 2 测量位置，计算值与试验值相比总体趋势一致，在端部略有差别。在第 3 测量位置，计算值与试验值相比误差偏大，这可能是由计算整体流量偏大造成的。此外，从绝对总压比的对比中可以看到，计算的绝对总压比沿叶高分布规律与试验吻合较好。在第 1 测量位置，计算的绝对总压比略微偏小，而在第 2 测量位置和第 3 测量位置，计算的绝对总压比略微偏大，这也可能是计算流量偏大所致。

2.2.2　商用软件

CFD 作为流体力学研究领域中的一门新兴学科，在工程和科研领域内发挥着越来越重要的作用。将 CFD 运用到叶轮机械内部复杂三维流动的研究中，也已成为工程技术人员改进设计、提高叶轮机械效率的有效手段之一。一些比较成熟的算法和计算模型也以商业软件的形式出现在工业及科研领域之中。

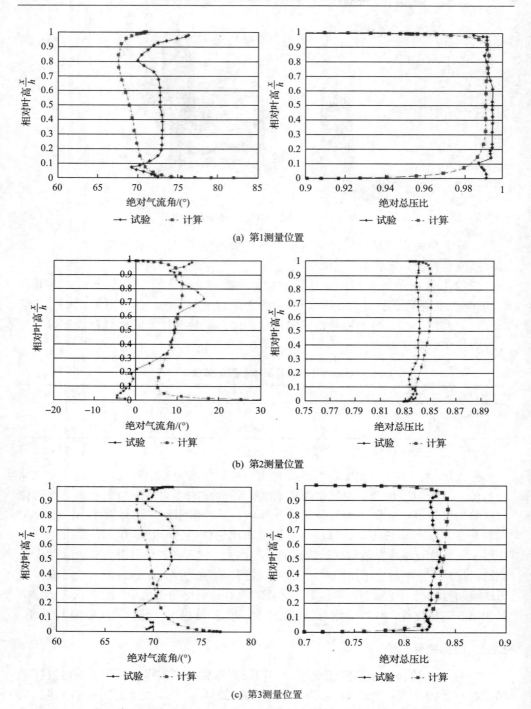

(a) 第1测量位置

(b) 第2测量位置

(c) 第3测量位置

图 2.16 不同测量位置下叶片出口绝对气流角和绝对总压比沿相对叶高分布

1. 控制方程及湍流模型

数值求解采用 Fine/Turbo 中的 Euranus 求解器或者商用 ANSYS CFX 软件，该计算流体力学求解器可以求解任何可压缩或不可压缩、定常或非定常、二维或三维、黏性或无黏、内部或外部流动。

1) 控制方程及其离散

控制方程采用 Reynolds 平均 N-S 方程。Reynolds 平均法的核心是将湍流的瞬态脉动量进行时均化，避免了直接求解瞬态的 N-S 方程，解决了直接数值模拟所带来的计算量大的问题。Reynolds 平均法在工程实际应用中已经取得了良好的效果，是目前使用最广泛的湍流模拟方法之一。基于时均化的 Reynolds 方程又称为雷诺时均方程，常简写为 RANS。

对于控制方程的求解，从数值格式上看可以分为有限体积法和有限差分法等；从参数解耦的方式上看可分为时间推进法和松弛迭代法等。在叶轮机械内部流场的数值求解中常用的数值格式是有限体积法和时间推进法。

对于做涡轮设计计算的 NUMECA 软件，空间离散采用 Jameson 中心差分格式的有限体积法，时间离散采用显式四阶 Runge-Kutta 格式的时间推进法。其中，有限体积法的空间离散格式采用 Jameson 等提出的格式及其相应改进格式。该格式的突出特点是方法简单，相对其他格式具有计算量小和鲁棒性好等特点，并且具有很高的精度，能满足工程实际的需要。多步 Runge-Kutta 方法由于具有较高精度，能有效扩大稳定计算范围，可使用较大的 CFL 数等优点，应用也较为广泛。

对于研究涡轮内部流场的 CFX 计算，控制方程采用基于 Reynolds 平均的三维 N-S 方程，并采用有限体积法离散 N-S 方程。空间离散格式为商用软件 CFX 的"高精度"格式，时间离散为二阶向后差分欧拉格式。

2) 湍流模型

湍流模型是依靠理论和经验把湍流的脉动值附加项与时均值联系起来的一些特定关系式，构造湍流模型实际上就是使方程组封闭，其具体可分为零方程模型（即代数模型）、一方程模型和两方程模型三种类型。NUMECA 或者 CFX 商业软件具有 Baldwin-Lomax（B-L）、S-A 和 Yang-Shih 低雷诺数 k-ω 等多种湍流模型可供选择。

本书中 NUMECA 计算所选用的湍流模型为 S-A 模型，是一方程模型，它被认为是连接零方程模型和两方程模型的桥梁。它属于非直接数值模拟方法中的涡黏模型，它通过建立一个附加的涡黏输运方程来计算流体的湍流黏性系数。与零方程模型相比，它的湍流黏性系数在计算域内是连续的，因此具有良好的鲁棒性，并且能够处理一些复杂流动。与两方程模型相比，其具有计算量小和稳定性好，且计算时初始参数易于控制等优点，因此近年来得到广泛应用。

本书中 CFX 计算所选用的模型为 $k\text{-}\omega$ 湍流模型，是两方程模型。该湍流模型由 Wilcox 提出，属于低雷诺数湍流模型，其特点是对于近壁面处湍流流动的模拟，$k\text{-}\omega$ 湍流模型在边界层网格较稀区域采用壁面函数法，而在较密区域则自动转用低雷诺数近壁处理方法，从而使得近壁面网格得到恰当布置，并且计算比较稳健，计算精度高。

2. 网格生成和交界面处理

1) 网格生成

控制方程组离散后，还需要在离散的网格点上进行求解，因此需要在计算域内构筑计算网格。本书中叶片列通道网格划分采用 NUMECA 公司开发的专门用于多块结构化网格生成的前处理模块 IGG/AutoGrid5，其可以自动生成各种复杂旋转机械的叶栅流道网格(包括任何轴流、径流和混流叶轮机械，可带端部间隙、分流叶片和倒角等复杂结构)。该网格生成器采用了多块结构化网格技术，不仅可以精确控制叶片流道中的网格节点，还可以对网格进行局部加密，以保证整体网格的最优控制和边界层网格的合理分布。AutoGrid5 提供 H 型、I 型和 O 型等多种结构化网格类型，可以满足不同类型流场网格的生成要求，还可以处理多排叶片网格，实现叶轮机械整机流道网格全自动生成。总的来说，AutoGrid5 模块生成网格所需时间比较短，而且网格质量很高。

由于叶轮机械向大气流折转、小叶片列间隙以及非常规叶型发展，叶片的进出口气流角和叶片安装角沿叶高的变化比较剧烈，此外叶片端部还存在间隙，子午流道也不是平直的光滑流道等，这些都为网格的生成带来了巨大困难。因此所生成的网格质量对求解精度就有了直接影响，甚至影响到计算结果的收敛性。要获得高质量的收敛解，就必须对网格质量有严格的要求。评判网格质量的标准有很多，在网格生成软件中，一般以网格单元的正交性、长宽比和膨胀比来判断网格质量。首先，网格正交性要好，避免网格畸变和网格线过度扭曲，一般要求所有网格单元的网格边夹角大于 10°，低于这个值将会使计算精度下降。其次，要求网格疏密程度合理，在参数变化剧烈的区域，网格要尽量密一些，才能保证计算的精度，这就要求网格单元长宽比小于 5000。对相邻网格尺度的膨胀比也有限制，一般要小于 5；所生成的网格还不能存在负网格，否则计算将无法进行。最后，对于湍流计算，为了捕获边界层中的流动细节，还需规定近壁面网格与壁面的间距。

不同近壁面网格尺度对湍流模型的选择也有所不同，一般通过 y^+ 值(一个计算壁面第一层网格厚度的无量纲量)来衡量所生成的网格是否恰当。表 2.5 给出了不同湍流模型对应的 y^+ 适用范围。在生成网格的时候，为了能更准确地捕捉附面层流动，需要给定合适的近壁面网格尺度。近壁面网格尺度有时也称为第一层网格到壁面的距离，该值可以通过式(2.12)来确定：

$$y = 6\left(V_{\mathrm{ref}}/\nu\right)^{-\frac{7}{8}}\left(L_{\mathrm{ref}}/2\right)^{\frac{1}{8}}y^{+} \tag{2.12}$$

式中，y 为第一层网格到壁面的距离，m；V_{ref} 为参考速度，m/s；ν 为流体的运动黏度，$\mathrm{m^2/s}$；L_{ref} 为特征长度，m。

表 2.5　不同湍流模型的 y^+ 适用范围[7]

y^+范围	1~10	20~50	20~50	
			高雷诺数	低雷诺数
湍流模型	低雷诺数：B-L 模型；k-ω 模型；S-A 模型	高雷诺数：标准 k-ε 模型；扩展壁面函数 k-ε 模型	非线性 k-ε 模型：适合于研究，不适合设计流程分析	
最适当的流动	三维，强压力梯度，曲率适中，分离流动	准二维，弱压力梯度，快速设计流程计算	三维，弱压力梯度，大曲率，无分离流动	三维，强压力梯度，大曲率，分离流动

在生成网格时，还需要对各块网格 i、j、k 三个方向上的网格数目加以限制，使其能利用多重网格方法。各个方向上的网格数目 M 必须满足以下条件：

$$M = \sum_{L=N}^{K} 2^L + 1, \quad K \geqslant L \tag{2.13}$$

需要说明的是，多重网格层数不是越多越好。一般地，当多重网格层数超过 4 层之后，计算的加速性能并没有进一步提高。相反地，各层数据之间的插值与传递还会引入一定程度的误差，使计算处理变得更为复杂。故而，在一般情况下选择 3 层网格就可以获得比较好的收敛效果。

鉴于 ANSYS ICEM CFD 商用软件在分块结构化网格划分方面的独特优势，其在本书计算中的小流动特征，如叶顶间隙、轮缘密封结构等的网格划分上也有所使用，具体的网格拓扑结构详见以下各章具体描述。

2) 交界面处理

定常计算交界面处理方法大致可以分为两类：一类是混合平面法，另一类是冻结转子法，而非定常交界面处理方法一般采用瞬态动静子法。混合平面法是将上游叶片排流动状态数据经周向平均后传递给下游叶片排，这相当于把上游出口和下游进口都假设成了均匀流。因此大大减小了计算量。冻结转子法顾名思义是转子不动，上下游叶片排的数据传递是直接进行插值，不再是简单的周向平均，这样可以充分考虑气流参数沿周向的不均匀性。总体上，在本书定常计算中，一般采用混合平面法。

3. 边界条件设置及加速收敛技术

1）边界条件设置

N-S 方程、湍流模型方程以及必要的热力学方程就构成了一个封闭的方程组。然而要获得一个定解问题，还需要加上初始条件和边界条件。由于初始条件只是一个初场设定问题，对于本书中的研究问题，只要初场给定得合理，都能获得相应的收敛解。因此这里主要介绍边界条件的设置方法。

在叶轮机械流场计算中，所给的边界条件一般有进、出口边界条件，固壁边界条件，周期性边界条件等。对于涡轮设计及流场计算，进口一般给定总压、总温及气流角，出口给定平均静压。在叶片压力面、吸力面、上/下端壁位置给定无滑移条件，并按绝热壁处理，同时保证壁面法向压强为零。工质一般选用理想气体（燃气），采用比定压热容计算，给定工质的比定压热容和绝热指数。需注意的是，对于多级涡轮计算，一般按照要求给定随温度改变的比定压热容。

2）加速收敛技术

涡轮流场计算的加速收敛技术包括多重网格技术、隐式残差光顺法以及并行计算技术等，下面逐一介绍。

多重网格技术是在细网格和粗网格之间进行循环推进计算，如图 2.17 所示。计算首先在细网格上进行迭代，然后逐步地使计算朝着网格变粗的方向进行，以便把各种误差消除掉。到最后一层最粗网格时，网格的节点数目已经不是很多，这时就可以在此层最粗网格上进行直接计算。然后计算又朝着网格变细的方向进行，将计算结果反馈到各层细网格上进行计算。如此反复，最终在细网格上获得所需要的解。

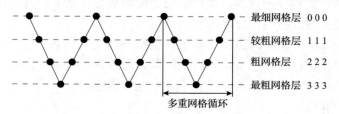

图 2.17　多重网格策略示意图

隐式残差光顺法主要是利用相邻点残差的加权平均值来替代每一点的残差，这一方法已经成为加速定常问题求解收敛的约定俗成的技术。该方法不仅可以扩大稳定求解的范围，还可以大幅缩减每一时间步上的残差，并能有效地消除误差的高频分量，消除数值振荡，从而使计算收敛速度加快。

并行计算技术不仅可以极大地缩短计算时间，还能充分利用单台微机的有限资源，从而实现复杂的大规模计算。Fine/Turbo 或者 CFX 一般基于信息传递接口（message passing interface，MPI）并行环境，支持分布式网络计算。MPI 并行机制高带宽和低延迟的特征，使得其网络并行计算效率较并行虚拟机和 Open MP 高。此外，MPI 对各微机控制采用了主从模式，在管理主机和各节点之间数据交互方面具有很大的优势。图 2.18 为一个 4 节点进行并行计算的任务分配示意图，其中主机也可以看成一个特殊节点，并参与到计算当中。可见，主机一般负责计算任务的准备工作(包括读入网格数据和相关的输入文件)，然后将计算任务分配到各个节点中央处理器(central processing unit，CPU)和内存上计算进行，并收集数据。当计算完成后，又将计算结果输出。

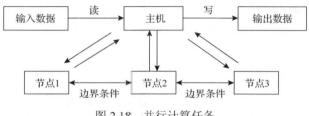

图 2.18　并行计算任务

课题组很早就开展了并行计算工作，并拥有一套并行计算集群系统，可用于叶轮机械数值模拟。该计算机集群是基于刀片服务器硬件架构、千兆以太网络、AMD 多核处理器、64 位 Linux 操作系统的多 CPU 并行计算平台。该集群系统还可以实现远程计算任务的分配和调度，并且在内存容量、处理器频率和节点数目上配置合理，大幅提高了数值模拟计算的效率，也为本书中的大规模计算提供了强有力的计算平台。

4. 动力涡轮特性及端区流场验证

1) 动力涡轮特性验证

动力涡轮特性验证采用德国汉诺威大学(University of Hannover)的一个四级试验涡轮，主要目的是考查 CFD 软件自身精度对数值计算结果的影响。该四级试验涡轮采用了自由涡设计方法，各级涡轮采用重复级设计方案，并且各级平均反动度为 0.5。各列叶栅均采用了重心积叠的规律，各列叶栅内径保持不变，内径为270mm。各级静叶数目为 29 个，动叶数目为 30 个，动叶顶部间隙为 0.4mm。试验测量了 7500r/min 和 5625r/min 两个转速下的不同流量工况。该试验涡轮基本气动设计参数见表 2.6。

表 2.6　汉诺威大学四级试验涡轮基本气动设计参数[8]

设计参数	数值	设计参数	数值
进口总温T^*/K	413	质量流量m/(kg/s)	7.8
进口总压p^*/Pa	260000	功率P/kW	703
出口静温T/K	319	效率η/%	91.3
出口静压p/Pa	102200	涡轮转速n/(r/min)	7500

数值计算采用 Euranus 气动数值求解器求解三维定常雷诺时均 N-S 方程组。CFL 数取 3.0,湍流模型选用 S-A 模型,计算中还采用了隐式残差光顺、多重网格以及并行计算等加速收敛技术。网格生成采用 Fine/Turbo 软件包中的 AutoGrid5 模块,图 2.19 为四级轴流涡轮计算网格。其中网格块总数为 30,网格节点总数为 302 万,近壁面第一层网格 y^+ 值约为 2。各级静叶沿径向采用了 49 层网格,各级动叶沿径向采用了 57 层网格,其中动叶顶部间隙采用了 9 层网格。周向守恒型连接面用来处理动静交界面的信息传递。进口边界条件给定各试验转速工况下的总压、总温及气流角,出口边界条件给定各试验转速工况下的平均静压,涡轮转速给定各试验转速。固壁采用绝热无滑移边界条件,工质采用理想气体,计算时动叶顶部间隙取 0.4mm。

图 2.19　四级轴流涡轮计算网格

图 2.20 给出了不同转速下涡轮特性曲线随工况的变化,其中流量系数 $\bar{m}$ 为各工况下流量 m 与设计工况下流量 m_0 的比值 (m/m_0)。这里给出涡轮内效率定义公式:

$$\eta_i = \frac{P}{m\Delta h_s^*} \tag{2.14}$$

式中,Δh_s^* 为涡轮等熵滞止焓降;m 为涡轮流过的质量流量;P 为涡轮发出的功率。

从图 2.20 中可以看到,数值模拟计算的多级涡轮等熵效率偏高,并且各个工况点数值计算所对应的流量值比试验值略小,这是因为数值计算忽略了一些客观因素的影响,如静叶根部漏气损失(动叶采用了毂式结构等)、机械损失以及燃气工质泄漏等。仅从涡轮特性曲线走势来看,在两种转子转速下采用 CFD 计算的涡轮特性曲线与试验数据吻合良好,效率特性变化趋势几乎相同。

图 2.21 为设计工况下第二级动叶出口总压、总温及气流角沿相对叶高分布,其中气流角是气流速度与轴向方向的夹角。从图 2.21 中可以看到,数值计算获得的总压、总温以及气流角与试验测量结果沿展向分布趋势基本一致,尤以总压和气流角吻合较好,总温数值计算的平均值比试验值小 3K 左右,但在误差允许的范围内。总体上,通过数值结果与试验数据的对比,可以得出 CFD 可较为准确地模拟涡轮内部流场。

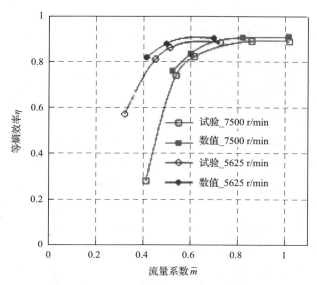

图 2.20　匹级轴流涡轮特性曲线

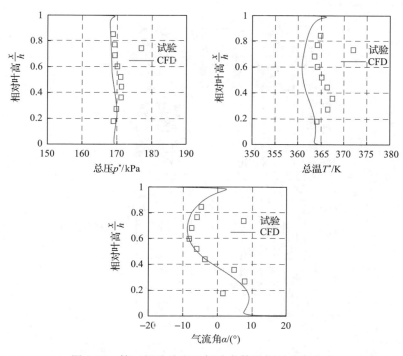

图 2.21　第二级动叶出口气动参数沿相对叶高分布

2)动力涡轮端区流场验证

本小节主要从计算网格和湍流模型等方面检验本书中计算所采用的数值方法预测端区流动,尤其是端区间隙流动的精度和可靠性。根据现有的叶栅试验和动态试验结果,从以下两个方面进行校验:一是反映涡轮性能的参数,如膨胀比、功率和效率等;二是反映间隙泄漏流场细节的流动图谱,如动叶机匣上的静压分布、动叶出口损失分布等。

(1)试验装置与涡轮主要参数。

该间隙流动可视化试验是在苏黎世联邦理工学院的"LISA"1.5 级轴流涡轮试验台上进行的,见图 2.22,其中轴功率为 292kW。非定常探针测试技术用来测试整个流场,下游静叶片列用来评估间隙泄漏对下游叶片列的影响。空气循环设备是准闭式的,包括一台离心压气机、一个两级水/空气热交换器,此外,还带有文丘里管用来测量质量流量。在气流进入涡轮试验段之前,气流首先通过一个 3m 长的直管,其主要目的是整流,从而获得一个均匀进口流场,而涡轮出口则连着大气环境。同时,交流发电机用来吸收涡轮功率,并控制涡轮转速。关于试验台的详细信息见文献[9]。

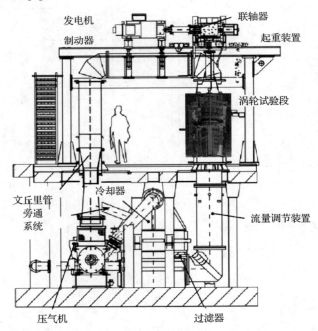

图 2.22　"LISA"1.5 级轴流涡轮装置示意图

"LISA"1.5 级轴流涡轮横截面示意图如图 2.23 所示,该 1.5 级轴流涡轮由两列静叶(36 个)、一列平顶动叶(54 个)和两列出口导叶组成,其中机匣形状为圆柱形端壁,转速为 2700r/min。表 2.7 给出了该 1.5 级轴流涡轮主要参数,该 1.5 级轴流涡轮动叶片进口气流角为 54°,出口气流角为–67°,动叶通道内气流折转角比较大(为 121°),属于高负荷叶片,其三个叶高处叶型如图 2.24 所示。

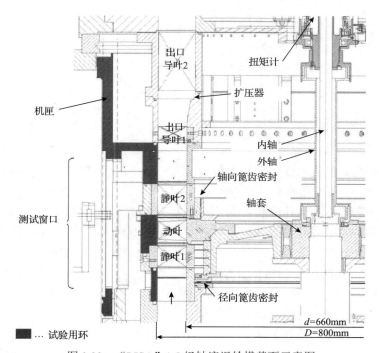

图 2.23 "LISA"1.5 级轴流涡轮横截面示意图

表 2.7 "LISA"1.5 级轴流涡轮主要参数

参数	静叶 1	动叶	静叶 2
进口气流角/(°),与轴向夹角	0	54	–42
出口气流角/(°),与轴向夹角	73	–67	64
展弦比	0.87	1.17	0.82
叶片列相对出口马赫数	0.54	0.50	0.48
雷诺数	7.1×10^5	3.8×10^5	5.1×10^5
1.5 级压比/(总压/静压)		1.6	
涡轮进口总温/℃		55	
轮毂/机匣直径/mm		660/800	

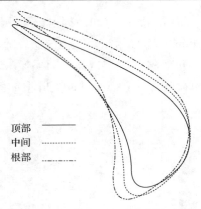

图 2.24　动叶片三个叶高位置叶型

(2) 数值方法与计算网格。

本小节采用数值求解三维 N-S 方程方法来研究商用 CFX 软件对间隙泄漏流场的预测能力，采用有限体积法离散 N-S 方程，以及湍流模型封闭 N-S 方程组进行求解，空间离散格式为计算软件的"高精度"格式。当动量方程、能量方程和湍流模型残差小于 10^{-5} 数量级、进出口流量差小于 0.1% 时，认为计算收敛。

计算网格生成使用了 IGG/AutoGrid5 模块，如图 2.25(a) 所示，静叶和动叶的网格都采用软件默认的网格拓扑结构，间隙区域采用蝶形网格来改善网格质量 (图 2.25(b))，间隙 (1%叶高) 内沿高度方向布置 33 层网格节点，壁面处网格 y^+ 值为 2 左右。计算域进口到静叶片前缘的距离为 1 倍轴向弦长，出口到下游静叶片尾缘的距离为 1.5 倍轴向弦长。进口边界给定总压、总温和进气角，出口边界给定平均背压，进口湍流强度设为 5%，固体壁面给定无滑移绝热边界条件，静叶和动叶之间采用混合平面法来插值传递数据。

(3) 网格与湍流模型对数值计算结果的影响。

本数值计算尽力达到两个目标：一是准确捕捉间隙端区小流动特征，并弄清楚间隙端区的流动机理；二是正确反映涡轮总体性能，为工程应用提供一些参考。关于计算网格的影响，由于计算域和网格拓扑结构已经确定，本小节中主要考查网格总数对计算结果的影响。为了研究计算结果对网格的依赖性，本小节分别采用 80 万、140 万及 186 万网格数对相同的计算域进行了数值计算。结果表明，在 140 万与 186 万网格下的计算值相差不大，因此，本小节计算采用 140 万网格数，计算结果不再依赖于网格。

对于湍流模型的影响，考虑到本书中计算对间隙端区二次流动特征精确模拟的要求，本小节选择了 $(k\text{-}\varepsilon)_{1E}$ 一方程模型，以及标准 $k\text{-}\varepsilon$ 模型和标准 $k\text{-}\omega$ 两方程模型，并在相同的计算域和边界条件下进行数值计算。表 2.8 给出了不同的湍流模型对 "LISA" 1.5 级轴流涡轮气动性能的影响，$(k\text{-}\varepsilon)_{1E}$ 一方程湍流模型对第一

(a) 1.5 级轴流涡轮计算域

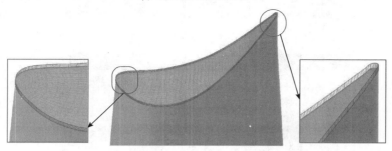

(b) 间隙内网格分布

图 2.25　"LISA" 1.5 级轴流涡轮计算网格

表 2.8　湍流模型对 "LISA" 1.5 级轴流涡轮气动性能的影响

参数	试验	$(k\text{-}\varepsilon)_{\text{IE}}$	$k\text{-}\varepsilon$	$k\text{-}\omega$
第一级压比(总压/静压)	1.35	1.3505	1.3557	1.3504
反动度	0.39	0.3885	0.3669	0.3882
流量系数	0.56	0.5878	0.6026	0.5907
扭矩/(N·m)	1029.5	1002.6	1034.9	997.866
第一级效率	91.0%	90.77%	90.60%	90.82%

级压比、反动度的模拟误差比较小,标准 $k\text{-}\varepsilon$ 模型对扭矩的模拟误差比较小,而标准 $k\text{-}\omega$ 两方程模型对第一级压比、反动度和第一级效率的模拟误差皆小,然而其对扭矩的模拟误差偏大,总体上来看,标准 $k\text{-}\omega$ 两方程模型下的计算结果与试验测量值误差较小。

(4) 间隙泄漏流场的计算值与测量值比较。

为了进一步检验本书所采用的叶顶间隙流场计算方法对间隙泄漏流场的预测能力,本小节使用更为详细的流场可视化测量数据来讨论数值模拟对动叶顶部泄漏流动的预测情况。需注意的是,本小节的数值计算选用的是标准 $k\text{-}\omega$ 两方程模型。

　　图 2.26 给出了动叶机匣表面静压分布，从图中可以清楚地看到低压区所代表的叶顶间隙泄漏流动区域，计算结果较好地预测了间隙泄漏流动，不过对于低压区范围，计算值比试验值略小。

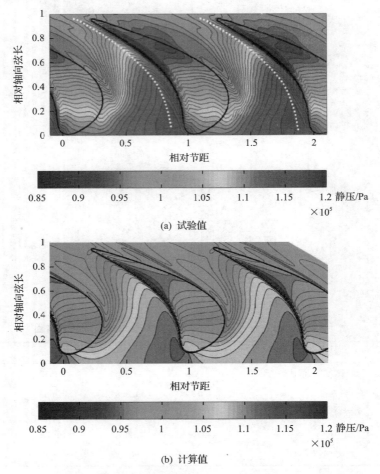

(a) 试验值

(b) 计算值

图 2.26　动叶机匣表面静压分布（文后附彩图）

　　图 2.27 给出了动叶出口总压损失系数分布，其定义为

$$C_{pt} = (p - p_{s,exit}) / (p_{t,inlet} - p_{s,exit}) \tag{2.15}$$

式中，p 为静压；$p_{s,exit}$ 为出口静压；$p_{t,inlet}$ 为进口总压。

　　从图 2.27 中可以明显看到，本书的数值计算方法对动叶通道内泄漏涡与双通道涡尺度的预测比较准确，整体上预测的叶片出口旋涡影响范围略微变小，这说明了本书所采用的数值计算方法可较好地模拟端壁附近复杂的间隙泄漏流动。

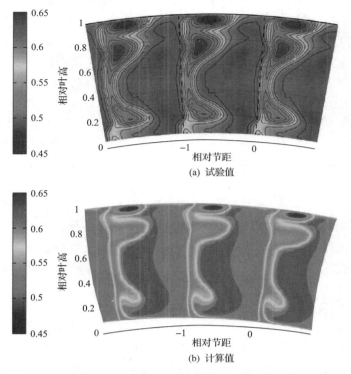

(a) 试验值

(b) 计算值

图 2.27　动叶出口总压损失系数分布(文后附彩图)

另外，本小节也给出了"LISA" 1.5 级轴流涡轮动叶顶部间隙流动图谱，如图 2.28 所示，从图中可以直观地看到涡轮间隙泄漏涡和通道涡等旋涡流动情况，不过试验则难以对其进行详细测量。

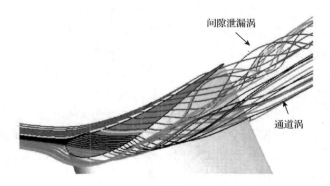

图 2.28　CFD 预测的三维间隙流动

综上所述，本书中所采用的数值计算方法在对轴流涡轮气动性能及内部复杂流场的模拟预测上具有较高的精度，利用它可以高效准确地研究动力涡轮先进气动设计方法、端区复杂流动结构及损失机制等。

2.2.3　数值优化平台

　　基于优化方法开展叶轮机械设计优化已是行业界常用的技术措施之一。为了利用优化方法以进一步提高动力涡轮气动性能，课题组基于 iSIGHT 软件搭建了针对动力涡轮的全三维优化系统。为建立此优化系统，课题组构建了几何模型自动修改模块、网格自动生成模块和自动数值计算模块，并将此三大模块集成到 iSIGHT 优化平台上，从而建立起一个完整的动力涡轮三维优化系统。

　　课题组搭建的数值优化平台的工作流程大致如下：由 iSIGHT 优化软件提出针对性的优化方案，几何模型自动修改模块将自动按照提出的优化方案对叶型进行修改并生成新的叶型；网格自动生成模块随后启动，对新生成的叶型生成计算网格；网格生成后将启动 CFD 计算模块对新叶型进行数值计算，得到计算结果以用来进行优化过程的对比和对计算结果进行分析。本小节着重介绍课题组搭建的优化平台中的叶片参数化造型、计算网格生成和数值求解设定等各部分的方法。

　　1. 叶片参数化造型

　　在叶轮的表达形式中，可以分为 CAD 模型、离散点模型和参数化模型。大部分叶轮造型最终形状都是以 CAD 模型或者离散点模型形式给出的。这样描述一个三维叶轮就需要很多复杂的三维曲面或者数量庞大的离散点坐标。然而，通过参数化造型及拟合，可以将一个复杂的叶轮用若干个简单的控制参数来表达，在这个基础上，使用人员可以很方便地通过控制几何参数的变化来实现叶轮的改型。

　　另外，对于三维叶轮的优化，如果直接针对以离散点模型形式或者 CAD 模型形式存在的叶型，则优化是无法实现的，因为需要控制的参数可能是成千上万个，而对于通过拟合得到的参数化叶型，在优化中，仅需要对某几个参数进行自动调整和控制，便可以得到对应的合理叶型。这样，控制过程比较直观且可靠。

　　叶轮机械叶栅几何形状的定义和控制是叶栅气动优化设计的一个重要步骤。叶栅参数化方法决定了所要求解问题的设计空间，气动优化设计中设计变量的个数和性质、几何型线约束的个数和类型等都依赖所选择的叶栅参数化方法。因此，叶栅气动优化设计的成败在很大程度上取决于叶栅参数化方法的选择。

　　叶片参数化造型方法是优化设计的基础，作用是对设计对象进行建模，并提供设计变量。设计变量的个数将直接影响数据库样本的规模，进一步影响优化时间。理想的叶栅参数化造型方法应当使用尽量少的设计变量准确模拟设计对象，并避免在设计空间中产生奇异的型线形状，其选择需要遵循以下几点原则：容易控制型线的变化；约束条件可以灵活处理；具有较强的型线细调和粗调能力；需要的设计变量少。

　　课题组搭建的数值优化平台就采用 Fine/Design3D 中的 AutoBlade 进行叶片参数化造型，然后通过 AutoBlade_Fitting 将参考叶轮进行参数化拟合，转化为可以参数化控制的叶轮，并为后续优化设计工作提供优化变量。

　　1）端壁型线定义

　　端壁型线包括轮毂线和轮盖线。本模块中用户可以采用五种方法来定义叶轮的子午轮廓：三阶 Bezier 曲线（4 个控制点）、高阶 Bezier 曲线（n 个控制点）、B 样条曲线（n 个控制点）、复合曲线（直线-Bezier-直线）、用户自定义，定义方式如图 2.29 所示。

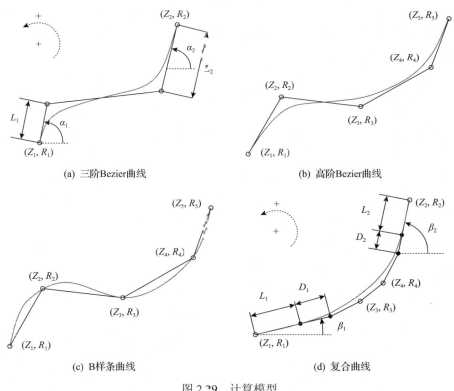

(a) 三阶Bezier曲线　　　　　　　　(b) 高阶Bezier曲线

(c) B样条曲线　　　　　　　　(d) 复合曲线

图 2.29　计算模型

　　船用燃气轮机动力涡轮的端壁型线如图 2.30 所示。由图可见：流道内径不变，外径沿流向逐渐增大，因此为了比较好地拟合端壁型线，并且迎合使用尽量少的控制参数以缩短拟合所需时间，针对研究对象，本书中优化选择五个控制点的三次 B 样条曲线分别拟合轮毂线和轮盖线，共用 10 个控制点、20 个控制参数。

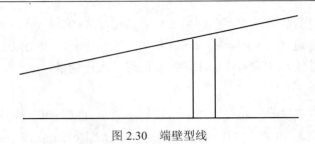

图 2.30　端壁型线

2）流面类型定义

　　由于叶型是定义在流面上的，所以在定义叶型之前先定义流面的类型。对于轴流式机械，可供选择的子午流面定义方式有三种：平面流面、圆柱流面和圆锥流面。本书中叶片优化采用的是圆锥流面，如图 2.31 所示。

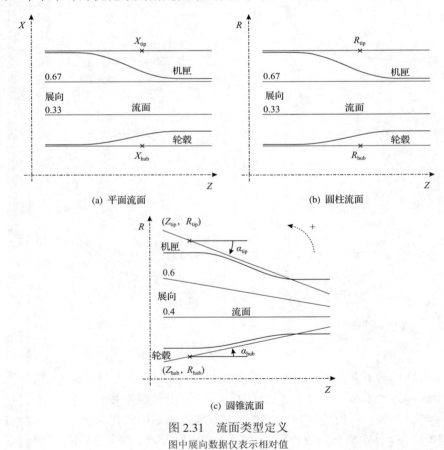

图 2.31　流面类型定义

图中展向数据仅表示相对值

3）积叠及弯掠规律定义

以前缘为积叠点进行径向积叠，弯掠规律的控制便是通过控制某规律下积叠点形成的积叠线的形状来实现的。

(1)子午定位。

子午定位用于定义子午面投影方向叶片的前后缘迹线位置以及变化规律，可以实现不同规律的前后掠叶片。AutoBlade 功能模块中子午定位规律分为两种。

①前后掠规律。

此方法在子午面中定义了一条从叶根到叶顶的积叠线，如图 2.32 所示。这条积叠线并不是直接定义在 (Z, R) 平面内的，而是定义在无量纲构造面 $(z,$ 展向$)$ 内。通过式 (2.16) 将积叠点位置转换到 (Z, R) 平面：

$$\begin{cases} Z = Z_{\text{ref}} + Z' \\ Z' = z \times (R_{\text{tip}}(Z_{\text{ref}}) - R_{\text{hub}}(Z_{\text{ref}})) \end{cases} \tag{2.16}$$

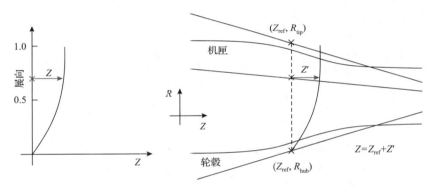

图 2.32　前后掠规律定义

前后掠规律有五种方式定义，如图 2.33 所示。

a. 线性变化规律，两个控制参数。

b. Bezier 曲线与直线复合线，八个控制参数。

c. 三控制点 Bezier 曲线，三个控制参数。

d. n 控制点 Bezier 曲线。

e. n 控制点 B 样条曲线。

②前后缘迹线位置以及形状定义。

这种方法与前后掠规律不同，它是将前后缘迹线直接定义在子午平面 (Z, R) 内。并且此方法没有用到积叠点，因为前后缘迹线能够很好地确定叶型在子午面内的位置。此方法同样有五种方式定义，如图 2.34 所示。

a. 线性变化规律，四个控制参数(两组坐标点)。

b. 单角度控制规律，五个控制参数(两组坐标点及一个角度)。

c. 双角度控制规律，八个控制参数(两组坐标点、两个角度及长度参数)。

d. n 控制点 Bezier 曲线。

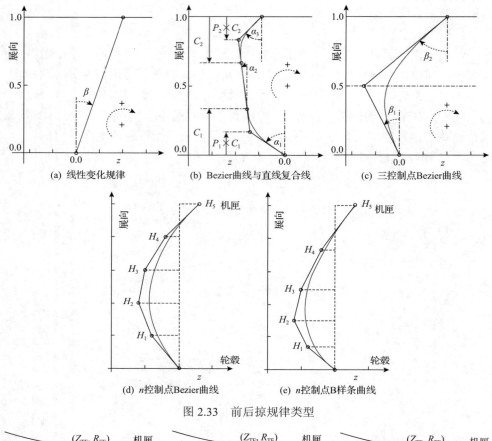

图 2.33　前后掠规律类型

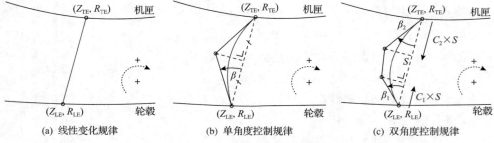

图 2.34　前后缘迹线定义规律类型

e. n 控制点 B 样条曲线。

n 控制点 Bezier 曲线和 n 控制点 B 样条曲线控制类型如图 2.33（d）和（e）所示。本书中叶片优化选择前后缘迹线的 n 控制点 B 样条曲线控制规律。

（2）周向定位。

周向定位用于定义叶片沿周向的弯曲规律。与前后掠规律相似，弯曲规律线同样分为五种控制方式：线性变化规律，两个控制参数；三控制点 Bezier 曲线，三个控制参数；Bezier 曲线与直线复合线，八个控制参数；n 控制点 Bezier 曲线；n 控制点 B 样条曲线。周向规律将 θ(弧度)定义为叶高的函数，截面的旋转由参数 Blade_Rotation 控制，如图 2.35(a)所示。如果选取的是平面流面，就需要另外加一个偏移角度，因为截面并不真正地在旋转面上，如图 2.35(b)所示。因此，当选用了平面流面的时候，就要外加一个的角度参数 Lean_Offset，如图 2.36 所示。本书中优化的周向定位选择的是前缘积叠线为 n 控制点 B 样条曲线的控制规律。

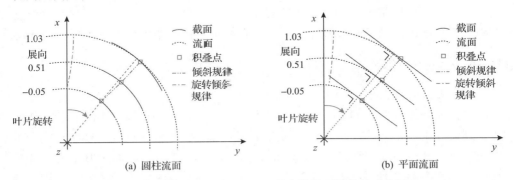

图 2.35　由参数 Blade_Rotation 控制的截面的旋转示意图

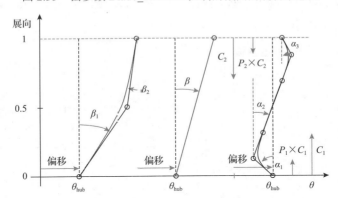

图 2.36　外加偏移角度后各种周向定义方式的旋转控制

4) 二维叶型定义

叶型的位置和范围一旦确定，就可以构造叶型型线，并确定其在流面上的位置。叶型参数化方法有两种定义方式。

(1) 厚度控制模式，即给定从前缘到尾缘的厚度分布值，结合中弧线形状，生成截面叶型。该方法主要用于离心叶轮设计。

(2) 构造线定义模式，即用控制点分别控制压力面和吸力面型线，结合中弧线形状，生成截面叶型。该方法主要用于轴流式叶轮设计。

另外，还可以对前后缘的形状(圆头、钝头结构)进行相应的处理。由上所述可知，叶片的造型主要是中弧线、厚度分布或者是压力面/吸力面型线的构造。基于动力涡轮特点，本书中优化采用后一种方法，故而在此只介绍这种叶型参数化方法。

（1）中弧线定义。

在构造线定义模式下，二维叶型的压力面和吸力面都是关于中弧线的高阶Bezier 曲线，因比为了构造二维叶型首先定义中弧线。

①中弧线构造基准面。

中弧线的作用是定义叶型型线的安装、走向以及总体形状。中弧线直接定义在构造基准面内，然后转换到流面上。中弧线可以在四个构造面上生成：(Z,Y)、$(M, R\times\beta)$、(M,β)、$\left(\int\dfrac{\mathrm{d}m}{R},\theta\right)$。

②中弧线构造方法。

中弧线是根据给定的参考长度或子午面范围在无量纲构造面中定义的，然后转换到流面上。中弧线的形状可通过几个控制点或者角度来进行调整和控制。本模块提供三种中弧线构造方法：Bezier（GA，B1，B2）曲线、等间距 Bezier 曲线和等间距三次 B 样条曲线，如图 2.37 所示。本书中优化采用的是圆锥流面，因此选择在 $(M, R\times\beta)$ 面上构造五个控制点、四个控制参数的 4 次 Bezier 曲线，其中第一个控制点位于原点。

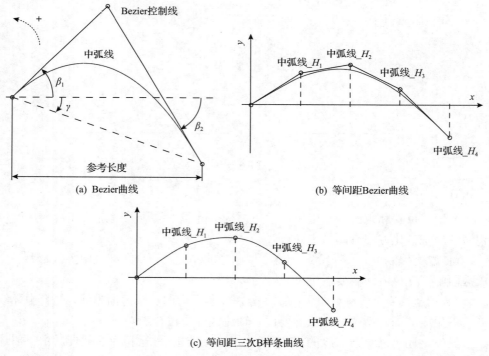

(a) Bezier曲线　　　　　　　　(b) 等间距Bezier曲线

(c) 等间距三次B样条曲线

图 2.37　中弧线构造方法

(2) 压力面/吸力面型线构造。

在构造线定义模式下，可以对压力面和吸力面分别进行控制。此时，对于压力面和吸力面分别有两个控制参数：控制点数目和点间距控制参数。控制点数目是指控制型线所添加的控制点数目(前后缘点、扩张角控制点除外)，而点间距控制参数则是指所添加的控制点之间的拉伸因子。这样控制点在中弧线上的位置(即构造点的位置)就确定了。

在此模式下，压力面和吸力面曲线有两种定义方式：没有尾缘直线和有尾缘直线。压力面和吸力面都是关于中弧线的高阶 Bezier 曲线。图 2.38 为圆形尾缘的吸力面曲线定义方式，Bezier 控制点均位于通过构造点的中弧线的垂线上，压力面曲线与此类似，前缘和尾缘控制点构造见图 2.38。其中第一个 Bezier 控制点 C_1 位于中弧线上的前缘点，第二个 Bezier 控制点 C_2 的位置满足两个条件：第一，吸力面曲线在起点处与中弧线垂直；第二，在起点处吸力面曲线的曲率半径与前缘一致。因此 C_1C_2 的连线与中弧线垂直，且

$$|C_1C_2| = \sqrt{\frac{n-2}{n-1} \times R_{\text{TE}} \times b} \tag{2.17}$$

式中，R_{TE} 为前缘曲率半径。

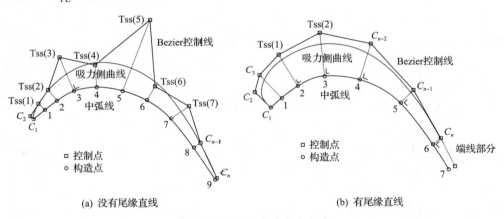

图 2.38　吸力面曲线定义方式

在图 2.38 中，$\text{Tss}(i)$ 为 Bezier 由线控制点到构造点的距离。为了有效控制前缘形状，本书中采用的是图 2.38(b) 所示的方法。另外，还可以对端缘型线进行控制，对前后缘形状进行特殊处理，有圆形前缘/尾缘及钝前缘/尾缘两种形式。在本书中，采用的是圆形前缘/尾缘形式，如图 2.39 所示。

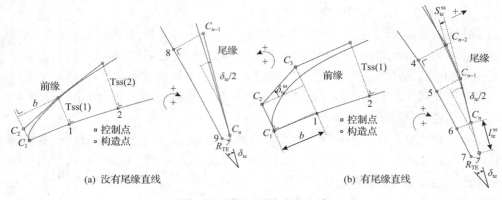

图 2.39　前缘/尾缘定义方式

5) 几何分析

AutoBlade_Fitting 模块还可以为使用人员提供对该叶轮进行几何分析和检测的途径。例如，可以提取叶轮的几何特性进行几何分析。其中包括叶型几何角分布、厚度分布、喉口面积、转动惯量、扭曲惯量、截面积、叶片压力面/吸力面曲率变化、通道宽度变化等。这些可为接下来的叶片优化方向提供参考。

2. 计算网格生成

本书中优化采用 IGG/AutoGrid5 生成 H-O-H 网格，转子通道内使用 O 型贴体网格，进出口延伸段使用 H 型网格，在叶片前后缘处进行网格局部加密。在数值优化过程中，由于叶型几何参数需要变化，以便生成不同的几何叶片，为了防止出现网格质量太差甚至不能生成网格的情况，所以在一开始生成网格的时候需要仔细调整以生成高质量的网格，并以此为模板在优化过程中生成新网格，从而保证网格质量及优化过程的顺利进行。对于本书中优化生成的叶片单通道网格，转子通道网格数为：$29 \times 33 \times 133$（展向×周向×流向），进口延伸段网格数为：$33 \times 33 \times 13$（展向×周向×流向），出口延伸段网格数为：$29 \times 33 \times 13$（展向×周向×流向），整个计算区域网格数为 153879。虽然这样的网格数量在现在的计算水平中已属较粗网格，但是鉴于优化设计非常耗时，必须要求在较粗的网格下才能较准确地捕捉流动特点、流动参数，随后利用细网格进行校核。本书中优化用网格质量的各项指标都很好地满足了软件的各项要求，且采用的"粗网格优化、细网格校核"方法可快速有效地优化生成性能满足要求的动力涡轮叶片。

3. 数值求解设定

数值计算选用理想气体作为计算工质，并选用 S-A 湍流模型进行求解。在流场计算中，必须给定定解条件才能保证流场状态的唯一。定解条件对计算精度、收敛速度和计算的稳定性都有很大的影响。定解条件主要包括边界条件和初始条件。

1）边界条件

实际问题的计算一般是针对有限区域的，因此在区域的边界上需要给定边界条件。边界条件不能随意给定，它要求在数学上满足适定性，在物理上具有明显的意义。计算域边界可以分为物理边界和人为边界两种。物理边界由计算问题本身所决定，也就是说一旦所求问题确定，那么这个问题的物理边界也就确定了。例如，在叶轮机械流场计算中的壁面边界是固定的，而人为边界通常是由人们对计算域进行选取带来的，有一定的可选择性。在叶轮机械流场计算中，所要处理的边界条件有进、出口边界条件，固壁边界条件，周期性边界条件，交界面边界条件等。需注意的是，在优化计算中取一个叶片通道作为计算域，在叶片前后延伸区的周向边界上，出于物理上的考虑，在转子叶片排通道的上游和下游延伸段以及顶部间隙的吸力侧施以周期性边界条件。

2）初场设定

一般而言，用时间推进法求解流场时，N-S 方程对初始条件并不是很敏感。大量的试验研究表明，初场的不同选择在一般情况下并不影响最终的数值结果，但是对达到计算收敛所需的时间有一定的影响。同时，初始条件选择不当可能会导致计算进行不下去或计算不收敛。在利用 Fine/Turbo 模块进行数值计算时，初始条件给定为均匀的速度场、温度场和压力场等。

3）收敛标准

（1）全局残差下降六个量级以上。

（2）进出口流量稳定，并且进出口流量相对误差小于 0.5%。对于有大分离涡的流动（尤其在进出口处），流量收敛曲线会发生振荡，此时由于迭代中分离涡的位置和强度都会发生不同程度的变化，呈现非定常特性，因此流量也会随之发生变化（但这种变化近似为周期性的）。在这种情况下，也可认为计算收敛。

（3）对于定常计算，所有的总体性能（效率、扭矩、推力等）都应当变为恒定值，不再随迭代步数而发生变化或有微小变化。对于有大分离涡的情况，这些参数则会呈现周期性变化，这两种情况下都可认为计算收敛。对于非定常计算，所有的参数都应当呈现近似周期性的变化，且变化连续 3 个周期以上。

4. 优化平台的集成

优化平台所需构建的三大模块为：AutoBlade 构建的几何模型自动修改模块、AutoGrid5 构建的网格自动生成模块和 Fine/Turbo 构建的自动数值计算模块，在构建完毕之后还需一起集成到 iSIGHT 优化平台上，从而形成一个完整的优化系统。

各个模块都是以控制语句的形式镶嵌到 iSIGHT 平台上的。各模块的控制语句分别为：

(1) X\bin\design3d.exe -par <par file> -geom5 <geomTurbo file>；

(2) X\bin\igg.exe -autogrid5 -batch -trb <template file> -geomTurbo <geomTurbo file> -mesh <mesh file>；

(3) X\bin\euranus.exe <run file> -seq。

其中，X 表示 NUMECA 软件中的完整安装路径；<>内的内容表示文件的类型及详细位置路径；-par 文件是参数化叶型文件，此文件用作参数化修改，修改后的-par 文件通过语句(1)的操作可以生成离散型叶型文件；-geom5 文件是离散型叶型文件，AutoGrid5 只能识别此类型的文件，通过语句(2)的操作，AutoGrid5 将读取-geom5 文件，并按照预先准备好的网格模板文件对叶型进行网格的生成；-batch 是批处理命令；-trb 文件是网格模板文件，此文件需要事先准备好，其中记录了网格的划分原则，优化过程中所使用的计算网格都通过此网格的划分原则生成，这样既保证了网格生成的自动化，又保证了优化过程中所使用的网格标准的统一，避免了由于网格划分不同而造成的计算偏差，所以对网格模板的质量要求很高，本书中优化所使用的网格模板的质量都达到了很高的水平，且都为三重网格；-mesh 文件为生成的网格文件，由求解器读取并进行计算；run 文件记录了所有计算信息。

这样，一个完整的优化系统就成功建立起来，各个模块已集成到 iSIGHT 优化平台上。整个系统只有唯一的启动入口，就在 iSIGHT 操作界面上。另外，整个系统将参数化叶型文件作为整个系统的输入文件，启动系统后，iSIGHT 将自动按照选择的优化方法提出优化方案，改进参数化叶型文件。随后启动叶型修改模块，将改进后的参数化叶型文件转化为离散型叶型文件。离散型叶型文件生成后将启动网格自动生成模块，对新叶型按照模板的样式生成网格。生成网格后启动求解器进行数值计算，优化过程中的所有求解过程都使用相同的设定(边界条件、初场、收敛标准、计算输出量等)。系统将计算后所得的 mf 文件作为总的输出文件，其中记录着每次计算的最终结果。本书中优化以叶轮效率为优化目标，系统将读取每次运行的效率，系统根据效率值的改变重新提出优化方案，以再次进行下一个周期的优化设计。每次运行周期的叶轮效率也可以通过监视器输出，生成一个直观的优化过程曲线，为用户操作提供参考。

2.3　动力涡轮试验方法

2.3.1　平面叶栅试验

平面叶栅试验可用于验证所设计动力涡轮静/动叶片叶型的压力特性、损失特性等，平面叶栅试验件如图 2.40 所示；其也可用于测试动叶片叶栅顶部间隙泄漏流动损失特性，并可以验证间隙泄漏控制方法等，包括带冠和不带冠平面叶栅的叶顶间隙泄漏流动及其控制，带新型叶冠平面叶栅试验件叶片如图 2.41 所示。

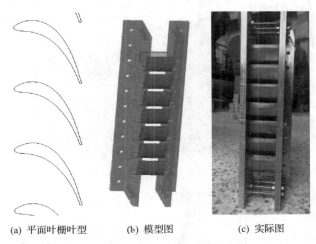

(a) 平面叶栅叶型　　　　(b) 模型图　　　　(c) 实际图

图 2.40　平面叶栅试验件

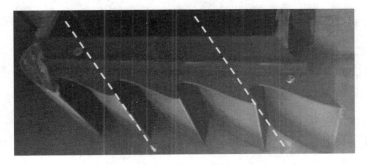

图 2.41　带新型叶冠平面叶栅试验件叶片

　　图 2.42 为课题组低速平面叶栅试验用压缩机气源，其中电机功率为 560kW，电机与压气机的转速比为 1∶24，试验中通过调整电机转速实现压气机转速的比例变化，设计空气流量为 4kg/s，设计压比为 2.2。

　　涡轮平面叶栅试验装置如图 2.43 所示。试验时，由气源出来的空气进入扩散段、稳定段，稳定段的作用是使气流平稳，消除压气机出口气流参数的波动，稳定的气流经过收敛段加速后，进入平面叶栅。通过更换具有不同栅前连接段配合面朝向的连接段以调整叶栅进气冲角，试验叶栅一般由多个叶片组成，为消除试验叶栅受两侧壁面的影响，一般只取叶栅中部的 1~2 个流道进行测试。

图 2.42　试验用压缩机气源

图 2.43　涡轮平面叶栅试验装置

　　一般地，栅前测量截面一般位于叶栅进口前的 1 倍叶栅弦长处；栅后测量截面一般位于叶栅出口的 40%弦长位置附近。在叶栅前截面测量气流的进口总压、静压、总温，由于该截面的气动参数分布一般是比较均匀的，因此在试验时，一般只测量该截面上中部某一点的参数即可。

　　在叶栅出口截面，使用五孔探针测量气流的出口总压、静压以及出口气流速度的大小和方向。五孔探针的布置借助于坐标平移结构以改变其测量位置，如图 2.44 所示。另外，五孔探针的五个孔的压力，以及端壁静压孔压力由软管导入设计制作的压力测量系统进行采集，其工作界面如图 2.45 所示。需注意的是，由于该截面的气流参数分布不均匀，为了得到气流各参数的平均量、各参数沿叶高和节距方向的分布规律，需要进行多点测试，一般需要根据实际情况在局部进行加密测量。

图 2.44　五孔探针安装位置

图 2.45　涡轮叶栅压力测量系统界面

平面叶栅试验存在的问题及注意事项主要有以下几个方面。

(1)在试验测试时,首先要分析压力和温度测试系统的系统误差,进而根据测量参数的变化范围选择合理的测试方法,进而明确测试结果数据的有效性和精度。

(2)在叶栅进口截面测量时,要注意气流参数的分布在进口截面是否一致,流场是否有旋。

(3)在叶栅出口截面测量时,不可避免地受到叶栅尾迹的影响,在采用五孔探针非对向测量时,要注意尾迹区域的气流角是否超出了五孔探针的适用角度范围。如果尾迹区域的气流角过大,可以采用在局部旋转五孔探针的方式调整探针的安装角度,但要注意此时该点的测点位置发生了改变,在数据处理时需修正个别测点的位置。

2.3.2　大扩张角扇形叶栅试验

采用平面叶栅进行试验,固然有方法简单、测试结果直接的好处,但有一个无法解决的根本问题,就是实际上在叶轮机械中的叶片通道为环形的,由于自叶片顶部至叶片根部存在径向压力梯度,气流参数沿着叶高方向的分布不均匀问题无法在平面叶栅试验中体现出来,尤其对于大子午扩张动力涡轮,这一问题更为严重。为了切实解决这一问题,可以在叶栅风洞上进行环形叶栅的静止吹风试验。课题组开展高速环形叶栅试验的压缩机气源如图 2.46 所示,其为两级离心压缩机,气源电机功率为 1500kW,流量为 10.5kg/s,压比为 2.2。高速环形叶栅试验台主要配置有试验气源、试验风洞(图 2.47)、扇形叶栅试验段(图 2.48 和图 2.49)和试验测量仪器等。同样地,通过更换具有不同栅前连接段配合面朝向的连接段以调整叶栅进气冲角[10]。

在设计加工大子午扩张扇形叶栅试验件时,为保证轮毂与机匣型面的通流尺寸,根据设计叶栅的轮毂面和机匣面的曲面型线通过铣加工确定轮毂与机匣端壁的形状。在具体装配时,将各个叶片按照尺寸约束装配到机匣和轮毂之间,然后在距最外侧两个叶片一定距离的位置分别用两组双头螺柱拉紧。这两组螺柱一方面固定了轮毂、机匣,限制了叶片和两层轮毂面的轴向和周向位置,另一方面保证了内外端壁的径向半径和同心性,防止了端壁翘曲。为了保证扇形连接直段与试验段之间不漏气,在叶栅前缘安装两个侧板,并考虑到在叶栅尾缘存在一定角度的出气角,在最边缘的两个叶片旁边必须留有足够的安装空间以避免阻挡叶栅出气。

(a) 整体气源

(b) 试验气源电机

(c) 试验气源压缩机

图 2.46　大流量气源

图 2.47　涡轮叶栅试验风洞稳压段

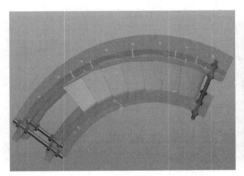

(a) 模型图

(b) 实物图

图 2.48　扇形叶栅试验段

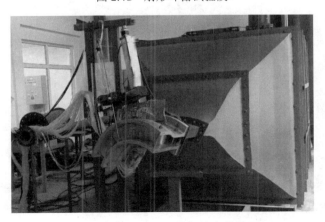

图 2.49　扇形叶栅五孔探针安装位置

2.3.3　1.5 级涡轮动态试验

涡轮在高温、高压、高转速下运行时，燃气在涡轮中的流动为复杂的、非定常的、有黏的三维复杂流动。通常情况下，所设计的涡轮都必须在涡轮试验器上进行气动性能试验。试验涡轮可以是单级涡轮、多级涡轮、全尺寸涡轮和模型涡轮。由于压缩机气源和水力测功器吸收功率的限制，目前很难进行涡轮的全温全压试验，只能进行气动模拟试验，其理论基础即相似理论。

为改善现有的试验条件，课题组从 2006 年就组织建造了一个全尺寸 1.5 级亚声速试验台，主要目的是研究叶轮机械内部的能量损失机理和非定常流场，改进现有的叶轮机械定常和非定常气动设计理论，提出更符合叶轮机械内部流动特性的叶栅成型理论。课题组建设的 1.5 级涡轮动态试验台是基于奥地利格拉茨技术大学和美国圣母大学试验涡轮而建成的，由一台轴流试验涡轮和一台直接耦合、能回收绝大多数驱动涡轮用压缩空气的制动压气机巧妙组合而成，如图 2.50 所示。该试验台属于卧式、开放式试验台，易于拆装，进排气与外界大气相通，适合进行级环境下的涡轮气动试验，既可用于涡轮教学，又可用于科研试验。该试验台既可以开展涡轮的稳态试验研究，也可以进行涡轮叶栅内部动态流场的测量。此外，在该试验台上，不但可以进行单级涡轮试验，也可以进行多列叶栅试验，以研究涡轮动、静干涉效应以及涡轮级的匹配特性。目前涡轮叶片的布置形式属于长叶片，因此一些大尺寸涡轮也可以通过相似模化进行一定的缩放，从而可以在试验台上进行试验。整个试验系统具有很宽的测试范围，在试验功能上接近世界先进水平。

图 2.50　1.5 级涡轮动态试验台

1.5 级涡轮动态试验台主要设计参数如表 2.9 所示，主要装置包括压缩机气源、热交换器、掺混器、试验涡轮、调节系统、控制系统、保护系统和测量数据采集系统等，其中进入涡轮的压缩空气由空气压缩机和制动压气机两部分组成。图 2.51

为试验装置原理图，该试验涡轮通过离合器与一台制动压气机连接，用以维持预定的涡轮工作转速，同时也为涡轮提供一部分压缩空气；其余的空气量则由一个单独电机驱动的压缩机站送入涡轮，以弥补循环过程中的能量损失。进入制动压气机中的空气首先通过过滤器，经制动压气机压缩后进入掺混器，与来自压缩机站的空气在掺混器中进行掺混，并在垂直方向进行调直，通过串联叶栅一并进入涡轮入口导流罩，经进一步加速最后进入涡轮静叶片推动涡轮转子做功。从涡轮出来的废气经废气管道和消声装置再排入大气。

表 2.9　1.5 级涡轮动态试验台主要设计参数

设计参数	进口总温/K	进口总压/kPa	涡轮转速/(r/min)	出口静压/kPa	设计流量/(kg/s)	叶片高度/mm	机匣直径/mm	轮毂直径/mm
数值	402	220	7000	101.3	15	80	500	340

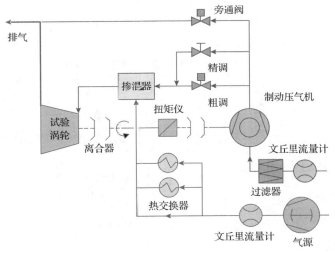

图 2.51　1.5 级涡轮动态试验台组成

1.5 级涡轮动态试验台使用一台制动压气机代替了水力测功机，不仅可以回收绝大部分的制动功率，还增加了可用的压缩空气量，这对试验高负荷涡轮级是一个很大优势，可以充分满足流动的相似性。来自空气压缩机的空气可以通过调节冷却器进水阀的开度控制进入冷却器的循环水量，实现对涡轮前温度的调节，来自制动压气机的空气温度则取决于制动压气机的压比。每一个压缩空气流路均装有文丘里流量计，用来测量和调节空气流量，在试验台操作的时候，还可以用来调节和控制涡轮转子转速。由于制动压气机和试验涡轮具有相同的轴转速，在某测试转速下，如果试验涡轮进口压力大于制动压气机最大可能的出口压力，在此工作条件下，一部分制动空气则需要旁通至排气管道，防止压气机超转，从而保证了试验台的运行安全，使制动压气机能正常工作。

　　试验涡轮为 1.5 级轴流亚声速涡轮，由两排不同的静叶和一排动叶组成，采用轴向进气、周向排气结构，涡轮子午流道结构如图 2.52 所示。第一排静叶可转，转动角度为±10°，考虑到转动机构的布置，第一排静叶最大厚度不小于 8mm，叶片数目不多于 30 个。为方便布置各种测试装置，叶片排轴向间距比较大。此外，各轮盘之间的轴向间距和两静子之间的周向相对位置均连续可调。这就要求转子轮盘宽度不能太宽，否则可能造成动叶片的轴向弦长相对较短，叶片数目增多。从第一排静叶入口段至第二排静叶出口段的机匣开有光学测量窗口，覆盖了整个流动区域，可以很好地接入光学测量设备，如激光多普勒测速仪等，以观察整个试验涡轮的流动状况。此外，除扩压器外，涡轮机匣采用了水平中分结构，两静子轮盘也采用水平剖分结构，便于试验台的安装和日常维护。转子轮盘采用悬臂式结构，该结构为涡轮上游节省了空间，有利于涡轮内流场的测量。整个试验装置采用了模块化设计，便于拆卸或者更换试验件。在现有条件下，该试验台还可以快速改造成跨声速或者超声速试验台，节省试验台的相应建造成本。总体来说，子午流道、涡轮级和扩压器都有较大的适应范围。

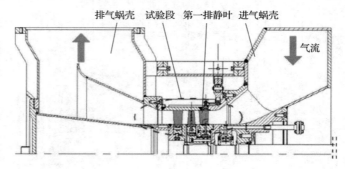

图 2.52　1.5 级涡轮子午流道结构

2.4　本章小结

　　本章主要从动力涡轮设计工具、数值计算与优化方法以及动力涡轮试验方法等方面阐述了动力涡轮气动设计及性能分析的研究方法。

　　为了动力涡轮设计及性能分析的方便，课题组基于 Fortran 语言编制了具有自主知识产权的一维气动设计程序、叶片型线设计程序，继而搭建了动力涡轮的准三维气动设计体系，并基于 Trilinos 程序包编制了亚/跨声速轴流涡轮叶栅/涡轮级流场数值计算程序，且得到了试验验证。此外，课题组还搭建了高低速叶栅试验平台和 1.5 级涡轮动态试验平台，以验证动力涡轮设计方法、校核数值计算方法、获得新设计的涡轮特性等。

　　一些比较成熟的商业 CFD 软件在叶轮机械内部复杂流动研究上的成功应用已成为设计人员改进设计、提高叶轮机械效率的有效手段之一。课题组基于 iSIGHT 优化平台，借助于 NUMECA 商业软件，搭建了动力涡轮的全三维气动优化系统，可较为快速地完成涡轮叶片性能提升的优化工作。不过，商业 CFD 软件的模拟精度目前仍受到计算网格、湍流模型等诸多因素的影响，计算结果还有待于开展各层次涡轮气动性能试验(包括平面叶栅、扇形叶栅和涡轮级试验)进行仔细验证。

参 考 文 献

[1] 袁宁, 张振家, 王松涛, 等. 某型两级涡轮变比热容三维定常流场的数值模拟. 推进技术, 1999, 20(1): 33-37.

[2] 袁宁, 王松涛, 张振家, 等. 涡轮级三维粘性流动的数值模拟. 航空动力学报, 1999, 14(2): 135-138.

[3] 郑群, 李义进, 孙兰昕. 利用开源 CFD 程序计算可压缩流场. 哈尔滨工程大学学报, 2011, 32(6): 748-753.

[4] Karki K C, Patankar S V. Pressure based calculation procedure for viscous flows at all speeds in arbitrary configurations. AIAA Journal, 1989, 27(9): 1167-1174.

[5] 周逊. 具有后部加载叶型的涡轮叶栅气动性能的实验研究. 哈尔滨: 哈尔滨工业大学博士学位论文, 2004.

[6] Martin A, Charies H. Numerical investigation of a 1-1/2 axial turbine stage at quasi-steady and fully unsteady conditions. ASME Paper 2001-GT-0309, New York, 2001.

[7] ANSYS Inc. ANSYS CFX User's Guide. New York: ANSYS Inc, 2013.

[8] Fottner L. Test Cases for Computation of Internal Flows in Aero Engine Components. Virginia: Defense Technical Information Center, 1990: 365-375.

[9] Sell M, Schlienger J, Pfau A, et al. The 2-stage axial turbine test facility "LISA". ASME Paper 2001-GT-049, New York, 2001.

[10] Ledezma G A, Allen J, Bunker R S. An experimental and numerical investigation into the effects of squealer blade tip modifications on aerodynamic performance. ASME Paper TBTS2013-2004, New York, 2013.

第 3 章　动力涡轮先进涡设计及流动机理

3.1　涡轮先进涡设计思想及体系

可控涡设计是通过环量控制来改进涡轮气动性能的一类实用方法，它将环量分布与叶片的几何参数相关联，进而得到叶片的几何型线。因此，可控涡设计方法的重点在于如何给出合理的环量分布规律。这不仅需要设计者具有丰富的设计经验，也需要设计者在设计过程中对设计结果不断改进以符合可控涡设计的环量分布规律，以期最终设计出高效率的涡轮。

对于叶轮机械来说，气动设计是其核心技术，没有高水平的气动设计就不可能有高水平的性能。自从可控涡设计方法，即控制环量沿叶高的适当分布以便获得沿叶高缓慢变化的反动度，被 Dorman 等[1]提出之后，可控涡设计越来越受到众多学者的追捧以进行理论研究，并已经广泛应用于工程实践中。如何给出合理的环量分布规律对于可控涡设计至关重要，而国内外学者大多机械地照搬可控涡设计方法，所设计出来的涡轮不是很合理，一些采用可控涡设计的涡轮并没有实现效率和功率的再提高。因此，只有对可控涡设计原理和方法进行广泛深入的研究，才能较好地设计出效率高、气动性能良好的涡轮。

课题组在对涡轮内部流动深入认识的基础上提出了一种涡轮先进涡设计体系框架，该设计技术是在综合了无黏压力可控涡设计、黏性可控涡设计以及先进叶型、弯掠叶片、端壁造型等技术的基础而形成的一套完整的高性能动力涡轮设计框架，并进行了分层次设计验证。此外，针对动力涡轮的大子午扩张特点，在研究端区复杂流动机理的基础上，开展了大扩张端壁造型优化研究，并进一步进行了大子午扩张动力涡轮的正交化设计，以期有效降低大子午扩张涡轮端区流动损失。

3.1.1　无黏压力可控涡设计理论

与传统可控涡设计不同的是，压力可控涡设计并不直接求解轴向速度 c_z 和环量 $c_u r$ 的分布，而是确定轴向速度 c_z 和静压 p 之间的关系，通过不同的轴向速度 c_z 和静压 p 来组织涡轮级内的流动。从设计角度来看，压力可控涡设计根据设计所需解决的主要矛盾来规定和控制气动与热力参数沿径向的分布。其中，压力可控涡设计通过轴向速度 c_z 建立了与子午流面之间的联系，通过径向压力分布又将流体运动的宏观驱动力关联起来，从而将流面变化与压力控制有机地结合起来，更好地发挥了可控涡设计的效果。

需注意的是，涡轮叶栅内的二次流损失、端区复杂流动等往往与叶栅内的压力分布密切相关，尤其是径向压力梯度，因此压力可控涡设计对于提高涡轮效率是较为有效的。换句话说，压力可控涡设计不仅具有可控涡设计的特点，还具有压力控制的优势。压力可控涡设计的关键在于给出子午流面上动静叶轴向间隙中轴向速度的合理分布。

1. 压力可控涡设计原理

在定常情况下，以柱坐标形式表示流体运动的完全径向平衡方程[2]为

$$\frac{1}{\rho}\frac{\partial p}{\partial r}=\frac{c_u^2}{r}+\frac{c_m^2}{r_m}\cos\delta-\frac{\sin\delta}{2}\frac{\partial c_m^2}{\partial m} \tag{3.1}$$

式中，p、ρ、r 分别表示流体的静压、密度和所在半径；c_u、c_m 分别表示绝对流速的切向分量和子午向分量；r_m 表示子午面上流线曲率半径；δ、m 分别表示子午面扩张角、子午流线坐标。

由式 (3.1) 可以看出，等号左端的径向压力梯度由右端的三项决定。右端第一项是离心力项，它永为正值。右端第二项代表在子午面内由流线曲率造成的离心力在径向的分量。右端第三项代表流体运动的加速度在径向的分量，此项一般不大，常可略去。由于所设计的涡轮子午流道是平行流道，因此子午面上流线曲率半径 $r_m\to\infty$，在子午面内由流线曲率造成的离心力为零。同时子午面扩张角 $\delta=0$，即 $\sin\delta=0$，那么流体运动的加速度在径向的分量也为零。最终方程 (3.1) 可简化为简单径向平衡方程：

$$\frac{1}{\rho}\frac{\partial p}{\partial r}=\frac{c_u^2}{r} \tag{3.2}$$

由式 (3.2) 可以看出，流道内的径向压力梯度完全由离心力来平衡。

由热力学第一定律 $T\mathrm{d}s=\mathrm{d}h-\mathrm{d}p/\rho$ 可以得到

$$T\frac{\partial s}{\partial r}=\frac{\partial h}{\partial r}-\frac{1}{\rho}\frac{\partial p}{\partial r} \tag{3.3}$$

如图 3.1 所示，考虑到特征截面上 (指 0—0、1—1 和 2—2 截面)$\partial/\partial\theta=0$、$\partial/\partial z=0$，且为定常 $\partial/\partial t=0$，所以方程 (3.2) 和方程 (3.3) 可写为

$$\frac{1}{\rho}\frac{\mathrm{d}p}{\mathrm{d}r}=\frac{c_u^2}{r} \tag{3.4}$$

$$T\frac{\mathrm{d}s}{\mathrm{d}r}=\frac{\mathrm{d}h}{\mathrm{d}r}-\frac{1}{\rho}\frac{\mathrm{d}p}{\mathrm{d}r}\tag{3.5}$$

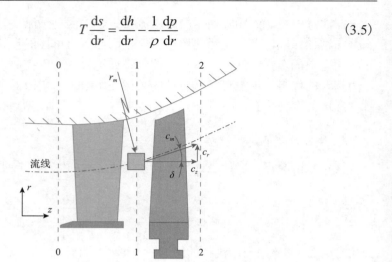

图 3.1　涡轮级通流部分

我们引入这样的假定，认为流体的径向迁移只存在于叶片排中，在叶片列间隙中不存在径向速度，即 c_r=0。这和涡轮内部的实际流动比较相符，因为在叶片列轴向间隙中，相对轴向速度和切向速度而言，径向速度小到可以忽略不计。因此有

$$c^2=c_u^2+c_z^2\tag{3.6}$$

将式(3.6)和 h^*=h+c^2/2 代入式(3.5)，并展开得到

$$T\frac{\mathrm{d}s}{\mathrm{d}r}=\frac{\mathrm{d}h^*}{\mathrm{d}r}-\frac{\mathrm{d}}{\mathrm{d}r}\left(\frac{c_z^2+c_u^2}{2}\right)-\frac{1}{\rho}\frac{\mathrm{d}p}{\mathrm{d}r}\tag{3.7}$$

式中，h^* 表示流体的滞止焓；s 表示流体的熵；c_z 表示绝对气流速度的轴向分量。

将式(3.7)与式(3.2)联立求解，消去切向速度，得

$$\frac{\mathrm{d}c_z^2}{\mathrm{d}r}=2\left(\frac{\mathrm{d}h^*}{\mathrm{d}r}-T\frac{\mathrm{d}s}{\mathrm{d}r}\right)-\frac{1}{\rho}\frac{\mathrm{d}p}{\mathrm{d}r}-\frac{\mathrm{d}\left(\dfrac{r}{\rho}\dfrac{\mathrm{d}p}{\mathrm{d}r}\right)}{\mathrm{d}r}\tag{3.8}$$

对式(3.8)进行化简，得

$$\frac{\mathrm{d}c_z^2}{\mathrm{d}r}=2\left(\frac{\mathrm{d}h^*}{\mathrm{d}r}-T\frac{\mathrm{d}s}{\mathrm{d}r}\right)-\frac{2}{\rho}\frac{\mathrm{d}p}{\mathrm{d}r}+\frac{r}{\rho^2}\frac{\mathrm{d}\rho}{\mathrm{d}r}\frac{\mathrm{d}p}{\mathrm{d}r}-\frac{r}{\rho}\frac{\mathrm{d}^2p}{\mathrm{d}r^2}\tag{3.9}$$

式(3.9)也可以写成：

$$\frac{\mathrm{d}c_z^2}{\mathrm{d}r} = 2\left(\frac{\mathrm{d}h^*}{\mathrm{d}r} - T\frac{\mathrm{d}s}{\mathrm{d}r} + \frac{1}{\rho}\frac{\mathrm{d}p}{\mathrm{d}r}\left(\frac{r}{\rho}\frac{\mathrm{d}\rho}{\mathrm{d}r} - 2\right)\right) - \frac{r}{\rho}\frac{\mathrm{d}^2p}{\mathrm{d}r^2} \tag{3.10}$$

在涡轮膨胀过程中，在某个计算站上，熵沿径向的变化(理想情况下为 0)相对于出口焓的变化是非常小的，即 $T\mathrm{d}s/\mathrm{d}r$ 远小于 $\mathrm{d}h^*/\mathrm{d}r$，因此可以忽略熵沿径向方向的变化，即 $\mathrm{d}s/\mathrm{d}r=0$。气流参数沿径向的分布可以认为是一个等熵过程，密度 ρ 可以通过压力来表示：

$$\frac{p}{\rho^\gamma} = A_c，\quad A_c = \text{常数} \tag{3.11}$$

式中，γ 为气体的绝热指数。对于某个计算站，常数 A_c 可以通过中径处的静压 p 和密度 ρ 直接求解出来。

对式(3.11)沿径向方向进行求导，得

$$\frac{1}{\rho}\frac{\mathrm{d}\rho}{\mathrm{d}r} = \frac{1}{\gamma p}\frac{\mathrm{d}p}{\mathrm{d}r} \tag{3.12}$$

将式(3.11)和式(3.12)分别代入式(3.10)，得

$$\frac{\mathrm{d}c_z^2}{\mathrm{d}r} = 2\frac{\mathrm{d}h^*}{\mathrm{d}r} + \left(\frac{A_c}{p}\right)^{\frac{1}{\gamma}}\frac{\mathrm{d}p}{\mathrm{d}r}\left(\frac{r}{\gamma p}\frac{\mathrm{d}p}{\mathrm{d}r} - 2\right) - r\left(\frac{A_c}{p}\right)^{\frac{1}{\gamma}}\frac{\mathrm{d}^2p}{\mathrm{d}r^2} \tag{3.13}$$

首先，讨论在静叶出口截面 1—1 上式(3.13)的求解问题，在静叶片前，通常滞止焓沿半径是均匀分布的，因此根据能量方程(h^*=常数)，在静叶片后有 $\mathrm{d}h^*/\mathrm{d}r=0$。其次，在截面 2—2 上(级后)，滞止焓的梯度在一般情况下并不等于零。在级前气体参数沿半径均匀分布的条件下，只有当涡轮级轴向出气时(最大轮周功情况下)，涡轮级焓降沿半径才保持不变，在动叶后才有 $\mathrm{d}h^*/\mathrm{d}r=0$。然而在实际设计中，为了提高涡轮级的焓降，往往使 $c_{2u}\neq0$。这时级后气体压力不保持为常数，而是随半径的增加而增加，因而级的焓降也不为常数，它随半径的增加而减小。不过，在实际长叶片级内，c_{2u} 的变化一般不大，根据式(3.2)可略去压力 p_2 沿半径的变化。因此，级的出口焓可近似地认为沿半径保持不变，即在动叶后也有 $\mathrm{d}h^*/\mathrm{d}r=0$。综上所述，方程(3.13)可以改写为

$$\frac{\mathrm{d}c_z^2}{\mathrm{d}r} = \left(\frac{A_c}{p}\right)^{\frac{1}{\gamma}}\frac{\mathrm{d}p}{\mathrm{d}r}\left(\frac{r}{\gamma p}\frac{\mathrm{d}p}{\mathrm{d}r} - 2\right) - r\left(\frac{A_c}{p}\right)^{\frac{1}{\gamma}}\frac{\mathrm{d}^2p}{\mathrm{d}r^2} \tag{3.14}$$

方程(3.14)中有两个未知数 c_z 和 p，其中轴向速度 c_z 和静压 p 均是与半径 r

有关的函数。由方程(3.14)可知，如果事先已知轴向速度 c_z 沿半径的变化，静压 p 则可以通过方程(3.14)求解得到。这表明，不同的静压 p 和轴向速度 c_z 分布，可以获得不同的设计结果。最佳流型问题就是选择其中最优的一组分布。传统可控涡设计都是先求解环量 $c_u r$ 分布，然后再确定轴向速度 c_z 分布。而压力可控涡设计，并不是直接求解环量 $c_u r$ 分布，而是先确定合适的轴向速度 c_z 分布，然后再根据静压 p 分布求解环量分布，通过不同的轴向速度 c_z 分布和静压 p 分布来组织级内流动。所以问题由传统可控涡求解环量 $c_u r$ 和 c_z 沿径向的分布，转化为压力可控涡求解轴向速度 c_z 和静压 p 沿径向的变化。

这时，涡轮级间隙中任意轴向速度分布的连续方程如下：

$$G = 2\pi \int_{r_h}^{r_t} \rho c_z r \mathrm{d}r = 2\pi \int_{r_h}^{r_t} \left(\frac{p}{A_c} \right)^{\frac{1}{\gamma}} c_z r \mathrm{d}r \tag{3.15}$$

这里还给出传统可控涡方程：

$$\frac{\mathrm{d}c_{1z}^2}{\mathrm{d}r} + \frac{1}{r^2} \frac{\mathrm{d}\left(c_{1u} r \right)^2}{\mathrm{d}r} = 0 \tag{3.16}$$

从形式上看，尽管压力可控涡方程(3.14)要比传统可控涡方程(3.16)复杂，求解起来也要比传统可控涡方程困难，但是有几点值得说明：①采用径向压力分布代替环量分布有利于我们检验所求解出来的压力分布是否合理。很多时候我们并不知道环量该如何分布，但我们知道压力应怎样分布。例如，在实际涡轮级中径向压力梯度必须保证为正值，否则无法满足涡轮内的径向压力平衡。②可以通过径向压力分布来反求轴向速度分布，这也是非常有意义的。如果给定动叶后 $\mathrm{d}p_2/\mathrm{d}r=0$，相当于动叶后静压沿叶高保持不变，那么动叶后轴向速度 c_{2z} 也等于常数。③由于压力可控涡是从传统可控涡改进而来的，可以通过传统可控涡方程来间接获得径向压力分布。

2. 轴向速度和径向压力控制

当涡轮叶片径高比增大到一定程度时，静叶出口轴向速度可以看成沿叶高均匀分布。然而，随着现代涡轮朝着重量更轻盈、结构更紧凑和效率更高的方向发展，事实上涡轮叶片的径高比都比较小，叶栅内部承受着更为复杂的流动。静叶根部也越来越多地出现高亚声速、跨声速甚至超声速流动现象。这就意味着涡轮级根部反动度比较低，常出现负反动度，使得动叶根部附近极易发生分离、阻塞甚至出现扩压流动。此外，对于轴流涡轮来说，转子叶根处转速往往较低，通流能力较差，从而造成涡轮级气动性能变坏。出于以上考虑，为了改善涡轮级根部流动状况，提高涡轮级的做功能力，在涡轮设计过程中就希望涡轮级根部通过更多的流量。

压力可控涡设计（pressure controlled vortex design，PCVD）起始于可控涡的设计概念，同样是通过给定和控制气动参数沿叶高的分布来提高涡轮级效率。与传统可控涡设计直接假定环量分布有所不同，压力可控涡设计的首要目标是控制动静叶轴向间隙中轴向速度沿径向的分布。这就使得问题变成了如何选择合适的轴向速度 c_z 分布，分析的第一步就是确定合适的轴向速度 c_z 分布。自由涡设计（free vortex design，FVD）首先被排除，如图 3.2 中带"●"标记的垂线所示，因为它采用的是沿叶高等轴向速度分布。

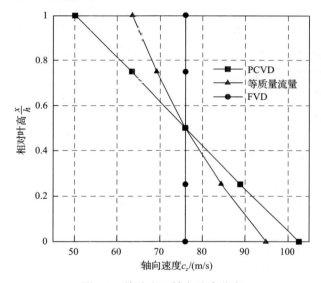

图 3.2　静叶出口轴向速度分布

然后对沿叶高等质量流量分布的设计规律进行研究，如图 3.2 中带"▲"标记的斜线所示，结果发现涡轮总体流量超过了试验涡轮设计值。于是，在等质量流量设计的基础上，在保证流量满足设计要求的前提下，适当减小叶顶轴向速度，增大根部轴向速度，便得到了压力可控涡级内轴向速度分布，如图 3.2 中带"■"标记的斜线所示。为简单起见，最终的轴向速度采用线性分布。对于动叶出口的轴向速度，可以采用与自由涡设计相同的 c_z 分布，满足级后流动的相似性；也可以采用等质量流量的 c_z 分布，避免流层间的摩擦和旋涡造成的掺混损失。

轴向速度的变化决定了流量沿径向的重新分配。在压力可控涡设计中，更多的流量通过了涡轮级下半部分，不仅提高了涡轮级根部的通流能力，还增强了该区域的流动稳定性。这一设计特点与文献[3]中称为"控制流量"的设计思想相一致。如图 3.3 所示，压力可控涡设计的质量流量分布在动静叶轴向间隙中发生明显倾斜，并且在叶片根部达到最大，其目的是降低静叶根部的负荷，同时给下端壁低能流体注入能量，从而抑制边界层分离。与此同时，为了使整体流量不发生改变，顶部通道的流量必然减少。这种质量流量的变化只发生在压力可控涡设计的涡轮级内，对于涡轮级的进口和出口，质量流量仍然可以是均匀分布的。此外，在压力可控涡设计的静叶和动叶中，质量流量的变化趋势正好是一个相反的过程。压力可控涡设计的这种质量流量的分布还使得流线偏向于轮毂，进而导致流线曲率、径向压力梯度以及叶片的负荷发生改变。由此可以推断出，流线曲率和质量流量的变化是呈一定比例关系的，并且质量流量变化越大，流线曲率越大，而流线曲率的变化在很大程度上又决定了径向压力梯度改变的幅度。也就是说，控制轴向速度不仅可以准确地控制子午面内流线曲率的大小和符号，后续也可以较好地控制径向压力梯度。流线的走向也表征了流面的变化，从图 3.3 中可以看到，相应的流面也偏向于根部截面，从而引起了流面向下凹陷发生挠曲，使得圆柱形流面的假定不再成立。同时，相邻两轴对称流面之间的垂直距离即流面的厚度也发生了变化。如图 3.3 所示，流面似乎在机匣区域处加厚，在轮毂区域处变薄。采用压力可控涡设计后，虽然轴向速度沿叶高是减小的，但是切向速度沿径向仍然是增加的。如果再忽略径向速度，那么切向速度和轴向速度的合速度即绝对速度。由于轴向速度与切向速度的变化趋势相反，因而静叶出口绝对速度沿叶高变化不是很大。

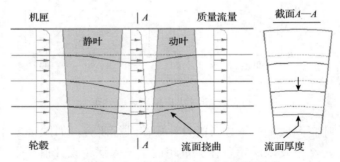

图 3.3　压力可控涡设计对 S_2 流面的影响

正如上所述，通过调整轴向速度沿径向的分布，径向压力也随之发生了改变。为了区别以往传统可控涡设计环量控制的概念，本小节提出了压力控制的概念，采用控制叶片列间压力的方式，取代了传统可控涡设计常用的给定环量分布的做法。本小节所讨论的压力控制指的是静压沿径向的控制，并且局限于涡轮级动静叶间隙中径向压力的控制。传统可控涡设计思想主要是控制切向速度 c_u 或环量 $c_u r$ 分布，但从设计角度来看，应该根据设计所需解决的主要矛盾来规定和控制气动与热力参数沿径向的分布，由此提出了相应的压力可控涡设计方法。图 3.4 给出了压力可控涡设计前后静叶出口压力沿叶高的分布，由压力可控涡方程得到的级间径向压力分布近似呈线性分布。可见，压力可控涡设计显著地改变了静叶出口压力沿叶高的变化规律。动静叶间隙中的压力变化趋于平缓，气流在静叶中的膨胀也趋向于等压膨胀设计。同时，压力可控涡设计还为下游动叶提供了一个均匀的压力场，可以明显改善动叶的流动特性。对于进出口条件一定的涡轮级，动静叶间隙中的静压变化也可以反映反动度沿叶高的变化，即压力可控涡设计能使反动度沿叶高的分布趋于均匀，有利于改善动叶根部区域的流动状况。

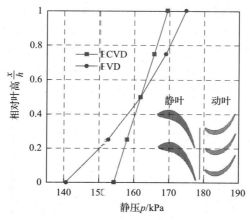

图 3.4 静叶出口压力分布

压力可控涡设计采用了静压分布代替环量分布的设计规律，不仅继承了传统可控涡设计的特点，还具有如下优点：首先，涡轮内各种二次流损失的存在使数值计算获得的环量与设计值之间产生了较大的偏差，从而使环量控制很难达到预期效果，而静压分布因其数量级比较大，初始设计和最终设计的偏差相对较小，克服了环量控制的弊端；其次，和环量一样，静压分布也能较好地求解涡轮级内的径向平衡方程，特别是径向压力的分布比较简单，可以近似地认为是直线或者简单二次曲线，而环量分布多表现为高阶多项式。在以往可控涡设计研究中关于环量的分布存在各种各样的形式，不过在工程设计中尚没有某种分布形式被普遍接纳和广泛应用；而在压力可控涡设计中，只需减少动静叶间隙中径向压力梯度即可。不过，动静叶间隙中径向压力梯度要想完全达到均匀一致的状态具有很大的难度，这主要受涡轮叶片径高比的影响。涡轮叶片径高比越小，扇度越大，从而使得静叶顶部和根部的膨胀特性相差越大，很大程度上增加了径向压力梯度变化的难度。尽管压力可控涡改变的主要是径向压力梯度，但是流向和周向的压力梯度也受到了影响。控制沿径向的压力分布，实际上也控制了动静叶载荷的分配。沿径向平缓的压力分布改变了各列叶栅进出口压差，减缓了流向的压力梯度。另外，流向压力梯度的改善又影响到周向压力梯度，例如，静叶根部周向压差减小有利于控制端壁通道涡的发展，同时动叶顶部周向压差减小也有利于降低叶顶间隙泄漏损失。

流量的重新分配涉及增大静叶根部喉部面积和降低静叶顶部喉部面积的问题。在压力可控涡设计过程中，需要改变的不仅仅是叶栅的气流角，还要改变叶栅的安装角。只有结合了叶栅的安装角，才能更好地控制叶栅的收敛度，才能更好地改变通过不同叶高区域所占流量的百分比。图 3.5 给出了压力可控涡设计静叶气流角和安装角沿叶高的分布，并与自由涡设计进行了对比。需注意的是，书中所提到的气流角均指出口气流与切向方向的夹角，安装角均指轴线与叶片弦线的夹角。受轴向速度的影响，压力可控涡设计静叶的气流角随叶高的增大而减小，呈反向扭曲。在自由涡或常规设计中，叶片安装角一般随叶高的增大保持不变或者逐渐减小。而在压力可控涡设计中，静叶安装角则随半径的增大而增大，这是静叶出口轴向速度变化比较大的缘故，因此造成静叶根部安装角比叶顶还小。

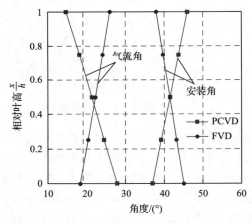

图 3.5　自由涡设计和压力可控涡设计静叶叶片角分布

一旦轴向速度和径向压力分布确定之后，级内的其他气动参数（如环量分布等）就可以直接进行求解。图 3.6 是压力可控涡设计前后动叶进出口的轴向速度分布。动叶出口采用了等质量流量的设计规律，其轴向速度 c_z 自叶根至叶顶逐渐减小。动叶出口轴向速度 c_z 下降的速度和动叶出口面积 A 随半径增加的速度基本相等，而动叶后的气体密度 ρ 沿半径是均匀分布或者接近均匀分布的，因此动叶出口质量流量将沿叶高自根至顶保持不变。图 3.7 为压力可控涡设计前后动叶进出口环量的分布。压力可控涡设计动叶进口环量 $(c_u r)_1$ 沿叶高逐渐增大，而出口环量 $(c_u r)_2$ 沿叶高逐渐减小，从而使涡轮轮周功 $\Delta(c_u r)$ 沿叶高逐渐增加。如图 3.7 所示，在涡轮进出口条件一定的情况下，顶部轮周功增加幅度和根部轮周功减小幅度基本一致，涡轮级顶部轮周功的增加必然带来根部轮周功的减小。从设计的角度来说，压力可控涡设计抑或是可控涡设计并不能使涡轮轮周功 $\Delta(c_u r)$ 增加，过去认为的压力可控涡设计能提高轮周功也仅仅是通过缩减涡轮级内的损失来实现的。

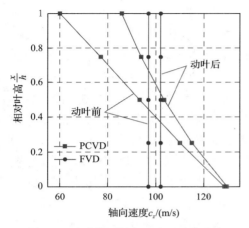

图 3.6 动叶前后轴向速度沿叶高分布

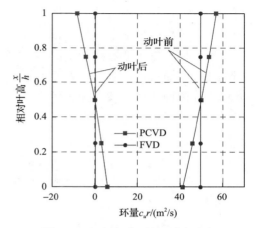

图 3.7 动叶前后环量沿叶高分布

3. 压力可控涡作用模型

图 3.8 揭示了压力可控涡设计涡轮叶栅流动特性和二次流控制机理。从图 3.8(a) 中可以看出，平均叶高处的流线自静叶前缘开始发生偏移，终止于动叶尾缘，并且这种作用只发生在涡轮级内，对涡轮级上下游的影响较小。流线的偏移效应在静叶和动叶中大体是相当的，展现了压力可控涡"级"设计的特征。受压力可控涡设计的影响，叶栅压力面侧(PS)和吸力面侧(SS)流线发生了方向完全相反的偏移，如图 3.8(a)所示，吸力面侧流线偏向于下端壁，而压力面侧流线偏向于上端壁。图 3.8(a)中子午面上平均叶高处的流线还可以表征流面母线形状，压力面和吸力面上的流线也象征着来流流面的分离与合并。

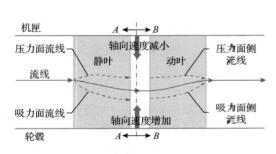

(a) 压力可控涡设计诱导流面扭曲

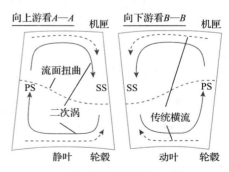

(b) 压力可控涡设计诱导二次涡

图 3.8 压力可控涡设计的二次流控制机理

图 3.8(b)给出了动静叶通道内流面的挠曲效应和叶片表面及端壁的剪切应力线,该图是从图 3.8(a)中的截面 $A—A$ 及截面 $B—B$ 两个角度来观察的。由图 3.8(b)可知,压力可控涡设计致使流面发生扭曲,从而在动静叶上、下端壁区域分别诱导产生了一个较大的二次涡。该二次涡在叶根处的旋转方向与传统通道涡相反,因此有效地抑制了通道涡的生成;在叶顶处,由于其旋转方向与传统通道涡相同,因此加强了通道涡的旋转,从而促进了通道涡的发展。受压力可控涡设计的影响,叶栅表面附面层的迁移方向也发生了相应改变。从整体上看,由压力可控涡设计诱导产生的二次涡在上、下端壁区域具有相同的旋转方向,可使二次流流动更为有序,因此可以明显降低低能流体在运动过程中的碰撞概率。压力可控涡设计的这种改善叶栅气动性能的效应与文献[4]和[5]中利用叶片倾掠抑制端壁边界层发展、降低二次流损失的效果是相一致的。目前,由压力可控涡设计诱导产生的二次涡尚没有任何手段对其进行捕捉,设计者可以对比非压力可控涡设计的涡轮叶片表面附面层的迁移以及端壁损失的变化间接地说明它的存在。设计人员在采用压力可控涡设计的时候不必在意这种二次涡是否真的存在,只需把它看成一种降低损失的作用即可。

3.1.2 黏性可控涡设计理论

传统的涡轮叶片设计包括可控涡设计及其改进设计方法,包括上述的压力可控涡设计,大都基于无黏假设条件,计算中所采用的损失体系决定了涡轮一维计算和准三维计算性能与效率,因此,设计中的损失估算方法以及采用的损失模型是涡轮设计的关键,也是造成计算性能和实际性能差别大小的重要影响因素。随着涡轮向高负荷、高性能方向发展,涡轮级端区流动变得异常复杂,三维流动特性更加明显,这使得基于传统损失模型估算损失的涡轮叶片设计方法已很难算准涡轮的实际性能。因此,在上述压力可控涡设计的基础上,基于 CFD 软件平台,发展可以考虑端区三维黏性流动影响的黏性可控涡设计方法则显得尤为必要,可进一步地改善涡轮端区流动性能,提高涡轮气动效率。

1. 考虑端区黏性影响的径向平衡方程推导

涡轮级叶片通道内三维压力场对涡轮级内旋涡运动具有非常明显的影响。传统的可控涡设计实际上是控制反动度乃至控制压力场的设计,以此得到合理的径向压力梯度,从而均化反动度沿叶高的分布。为了控制并减小涡轮级叶片通道内的径向压力梯度,最有效的方法就是引入抵消径向压力梯度的平衡项。叶片通道中的完全径向平衡方程(图 3.9)如下:

$$\underbrace{\frac{1}{\rho}\frac{\partial p}{\partial r}}_{A} = \underbrace{\frac{c_u^2}{r}}_{B} + \underbrace{\frac{c_m^2}{r_n}\cos\phi}_{C} - \underbrace{c_m\sin\phi\frac{\partial c_m}{\partial m}}_{D} + \underbrace{F_r}_{E} + \underbrace{f_r}_{F} \tag{3.17}$$

式中，c_u 为周向速度；c_m 为子午面速度；ϕ 为流线曲率角；ρ 为密度；p 为压力；r 为半径；r_m 为流线曲率半径；F_r 为叶片力的径向分量；f_r 为黏性力的径向分量。

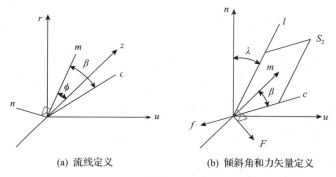

(a) 流线定义　　　　　　　　　(b) 倾斜角和力矢量定义

图 3.9　特定位置处的流线、倾斜角和力矢量定义

方程(3.17)由六项组成，鉴于 ϕ 和 $\partial c_m/\partial m$ 相对较小，方程的 D 项通常可以忽略。在传统设计中，如等环量、等反动度设计等，为简化起见，假设 C=D=E=F=0，因而 $\partial p/\partial r > 0$，这不可避免地造成了叶片通道内低能流体沿径向窜流，尤其在相对长叶片级内，这还会造成反动度沿叶高变化非常剧烈，根部反动度过小或顶部反动度过大，造成损失增加。在可控涡设计中，可以通过控制 C 项，使 $\partial p/\partial r \approx 0$，以均化反动度沿径向的分布，或者额外控制 E 项使得顶部 $\partial p/\partial r > 0$、根部 $\partial p/\partial r < 0$ 来改善端区流动。C 项可用反扭控制或端壁造型控制来实现，E 项则需要采用弯叶片来控制。而本小节所发展的黏性可控涡设计方法则是在考虑 F 项的基础上，通过恰当地联合控制 B 和 C 项(必要时可以采用弯叶片来控制 E 项)，来均化反动度沿叶高的分布，进而改善涡轮级端区流动性能。

在本小节中，黏性影响通过 F 项也就是黏性力来考虑，黏性力的方向是主流流动的反方向，黏性力涉及流动的损失产生机制，而唯一且合理的衡量损失的参数是熵增，因此，可以用熵沿流线的梯度项来量化黏性力，由图 3.9 可得

$$f = -\cos\beta T\frac{\partial s}{\partial m} \rightarrow f_r = -\sin\phi T\frac{\partial s}{\partial m} \tag{3.18}$$

E 项也就是叶片弯曲的影响，可以通过引入叶片局部倾斜角 λ 来考虑，其不受其他因素的限制。叶片力 F 的方向是微元体流面 S_2 的法向方向。如图 3.9 所示，经过推导可得叶片力 F 的三个分量，如下所示：

$$F_n = -F_u \tan\lambda, \quad F_m = -F_u \tan\beta, \quad F_u = \frac{c_m}{r}\frac{\partial(rW_u)}{\partial m} \tag{3.19}$$

如图 3.9 所示，经过简单推导可得径向叶片力表达式：

$$F_r = -(\tan\lambda\cos\phi + \tan\beta\sin\phi)\frac{c_m}{r}\frac{\partial(rW_u)}{\partial m} \tag{3.20}$$

根据热力学第一定律可以得出

$$\frac{1}{\rho}\frac{\partial p}{\partial r} = \frac{\partial i}{\partial r} - T\frac{\partial s}{\partial r} = \frac{\partial i^*}{\partial r} - \frac{\partial}{\partial r}\left(\frac{c^2}{2}\right) - T\frac{\partial s}{\partial r} = \frac{\partial i^*}{\partial r} - \frac{\partial}{\partial r}\left(\frac{c_u^2 + c_m^2}{2}\right) - T\frac{\partial s}{\partial r} \tag{3.21}$$

式中，i^* 为总焓（$i^* = i + c^2/2$）；T 为静温；s 为熵。

将方程(3.18)、方程(3.20)、方程(3.21)代入方程(3.17)得到以下方程：

$$
\begin{aligned}
\frac{\partial c_m^2}{\partial r} = {}& 2\frac{\partial i^*}{\partial r} - \frac{1}{r^2}\frac{\partial(c_u r)^2}{\partial r} - 2\frac{c_m^2}{r_m}\cos\phi \\
& + (\tan\lambda\cos\phi + \tan\beta\sin\phi)\frac{c_m}{r}\frac{\partial(rW_u)}{\partial m} + 2T\left(\sin\phi\frac{\partial s}{\partial m} - \frac{\partial s}{\partial r}\right)
\end{aligned}
\tag{3.22}
$$

方程(3.22)为本小节所推导的基于 CFD 软件平台的和传统无黏可控涡或者压力可控涡设计的黏性可控涡设计方程，其包含了叶片端区黏性影响以及弯叶片影响等。

由方程(3.22)可知，涡轮级叶片设计时规定环量 $c_u r$ 沿叶高按一定规律变化不可避免地将会导致静、动叶片出口出现复杂的沿叶高可变的流向速度变化规律。本小节所研究的单级涡轮是等内径通流（图 3.10），并且叶顶端壁仅有略微扩张，此外，大量的试验数据表明只要引入必要的试验修正系数，基于简单径向平衡方程的设计方法仍然是一种涡轮叶片设计的可靠方法。因此，为了验证黏性可控涡设计方法对端区二次流损失控制作用的有效性，在本小节设计涡轮叶

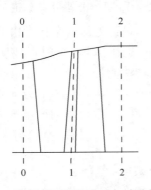

图 3.10　特征截面位置和子午端壁轮廓图

片时暂不考虑流线曲率以及叶片弯曲的影响，并且假设涡轮内部流动是圆柱流面中的轴对称定常流动。由此可见，方程(3.22)可以被重新整理为

$$\frac{\mathrm{d}c_z^2}{\mathrm{d}r} = 2\frac{\mathrm{d}i^*}{\mathrm{d}r} - \frac{1}{r^2}\frac{\mathrm{d}(c_u r)^2}{\mathrm{d}r} + 2T\left(\sin\phi\frac{\mathrm{d}s}{\mathrm{d}m} - \frac{\mathrm{d}s}{\mathrm{d}r}\right) \tag{3.23}$$

方程右侧第一项反映了做功量沿叶高的分布。对于静叶来说，由于其不做功，因此，$\dfrac{\mathrm{d}i^*}{\mathrm{d}r} = 0$；对于动叶来说，$\dfrac{\mathrm{d}i^*}{\mathrm{d}r} = -\dfrac{\mathrm{d}(i_1^* - i_2^*)}{\mathrm{d}r} = -\dfrac{\mathrm{d}}{\mathrm{d}r}[\omega((c_u r)_1 - (c_u r)_2)]$。

方程右侧第二项反映了环量沿叶高的分布。一般来说，动叶出口环量沿叶高变化不大，而静叶出口环量沿叶高变化相对较大，这实际上体现了涡轮级的变功设计思想。此外，黏性可控涡设计也是基于局部环量控制的设计方法，通过调整端壁附近的环量分布来均化反动度沿叶高的分布，增大根部反动度可以改善根部流动状况，而减小顶部反动度则可以减小动叶顶部泄漏损失。

考虑到端区黏性对环量分布的影响，本小节采取比较复杂的三阶 Bezier 曲线来表示静叶出口环量 $(c_u r)_1$：

$$(c_u r)_1 = k(r)\Gamma \tag{3.24}$$

其中，

$$k(t) = (1-t)^3 k_0 + 3t(1-t)^2 k_1 + 3t^2(1-t)k_2 + t^3 k_3$$
$$r(t) = (1-t)^3 r_0 + 3t(1-t)^2 r_1 + 3t^2(1-t)r_2 + t^3 r_3$$

此外，Γ 是设计点环量，m^2/s；$k(r)$ 为沿着叶高的环量分布系数，是关于叶高的三阶 Bezier 曲线；t 为 Bezier 曲线的参数，(k_0, r_0)、(k_1, r_1)、(k_2, r_2)、(k_3, r_3) 为控制点，如图 3.11 所示。通过调整控制点的位置和当地值来调整环量的局部分布，这主要是由于：对于子午面上任何一个位置 $(r_i,$ $k(r)_i)$，在整个计算过程中都对应着一个环量值 $k(r)_i\Gamma$，因此采用三阶 Bezier 多项式控制环量的分布规律，一方面能够准确且简单地给出子午面上每个位置的环量数值，另一方面有确定的空间位置与之对应。值得注意的是，鉴于本小节所研究原型涡轮轴向排气，出口环量可以被认为是零。同时，$(c_u r)_1$ 的径向分布必须满足能量守恒方程，并且径向不等功梯度必须被控制在一定的范围之内来避免级后掺混损失的增加。

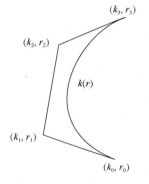

图 3.11　特定环量分布系数示意图

方程右侧第三项体现了黏性的影响，而黏性影响主要表现在气流中熵的增加，因此黏性对气流速度沿叶高分布的主要影响，通过在径向平衡方程中添加基于无黏推导获得的熵径向梯度项和径向黏性力项而考虑进去。在最初设计时，涡轮叶片通道内的损失分布是未知的，此时需给定损失模型参加径向平衡方程的初次迭代计算，待全三维有黏分析后，用 CFD 计算结果来修正损失值。需注意，在应用数值方法进行损失计算时必须标定损失计算结果，只有这样数值计算结果才具有足够的可信度。

2. 黏性可控涡设计流程

在实际气体做功过程中，黏性使得气体在叶片内的膨胀过程是有能量损失的，其主要表现在气流中熵的增加。在涡轮设计时，首先要进行满足总体参数要求的一维气动方案设计，即确定涡轮的子午流道、级反动度、级载荷系数、流量系数等。然后，应用可控涡设计方法或者压力可控涡设计方法初始设计涡轮级，确定各叶片列出口环量或者压力分布、轴向速度分布以及各叶高处的速度三角形等。

值得注意的是，叶片列出口环量给定要尽量使得主流区多做功，两端高损失区少做功，以利于减少端区二次流损失。至此借助于叶型参数化软件即可基本确定三维叶片几何形状，紧接着对其进行全三维有黏分析，利用数值结果来修正初始一维设计、准三维设计乃至叶型几何型线，重复以上过程，直至涡轮性能达到设计要求。涡轮的三维气动设计不单有以上所述的叶片三维设计，还应该有叶片列间匹配设计，在本小节中，通过考虑近端壁处黏性的影响，借助于全三维有黏分析，对近端壁处叶型进行局部微调来改善叶片列间匹配性能，从而提高涡轮气动性能。

3.1.3　涡轮先进涡设计体系框架

在对可控涡设计方法进行改进研究的基础上，课题组提出了一种综合无黏压力可控涡设计、黏性可控涡设计以及先进叶型、弯掠叶片、端壁造型等技术而形成的一套涡轮先进涡设计体系框架。这种先进涡概念的设计具有以下特征：在静叶片中进行适当的弯、掠、倾斜，并进行动静重新匹配，使整个级的效率得到显著提高；在不同程度上使根部反动度增加以改善动叶根部性能，同时降低顶部反动度以减小顶部漏气损失。

涡轮先进涡设计体系框架如图 3.12 所示，该设计框架主要由无黏压力、黏性可控涡设计和局部流动控制两部分组成。在上述无黏压力、黏性可控涡设计基础上，结合先进叶型、弯扭联合成型以及端壁造型等综合优化技术以进一步提高涡轮效率，这对高性能涡轮设计是非常有益的。涡轮设计完成之后还需要采用数值模拟对其进行验证，通过与原型涡轮的等熵效率、流量和功率进行比较，判断是否达到设计要求，再进一步验证流场是否符合设计预期，直至通过最终的试验验证。

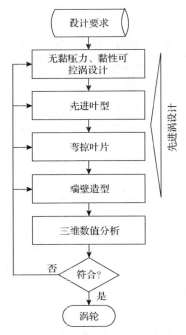

图 3.12　涡轮先进涡设计体系框架

3.2　动力涡轮先进涡设计验证

3.2.1　1.5 级试验涡轮的压力可控涡设计

基于上述的压力可控涡设计方法对课题组的 1.5 级自由涡设计试验涡轮(见 2.3.3 节)进行了改进设计[6]。

1. 压力可控涡设计总体性能分析

表 3.1 对自由涡设计和压力可控涡设计的试验涡轮性能参数进行了比较。由表可见,采用压力可控涡设计后,涡轮等熵效率由 91.839% 提高到了 92.712%,提高了 0.95%,功率由 582.48kW 提高到了 585.53kW,提高了 0.52%,而质量流量和总压比基本保持不变,也就是说,重新设计后的涡轮性能明显更优。值得一提的是,压力可控涡设计的涡轮级转子轴向推力从 1966.8N 下降到了 1954N,下降了 0.65%。从表中还可以看到,自由涡设计和压力可控涡设计的涡轮流量皆比设计要求的 15kg/s 略微偏大,这主要是考虑到实际加工时叶片与端壁连接处的倒角等结构会对喉部面积产生影响,因而在设计时,在流量上留出了一定裕度。需要说明的是,本小节的设计并不涉及减少叶片数目、优化叶型、采用弯掠以及改

进动叶顶部密封等综合设计措施。

表 3.1　压力可控涡设计与自由涡设计结果对比

	自由涡设计	压力可控涡设计	增量/%
质量流量 m/(kg/s)	15.12	15.129	0.06
等熵效率 η/%	91.839	92.712	0.95
总压比 π^*	0.6815	0.68293	0.21
功率 P/kW	582.48	585.53	0.52
扭矩 M/(N·m)	794.61	798.77	0.52
推力 F/N	1966.8	1954	−0.65

2. 叶型、叶片表面压力分布与压力可控涡设计的关系

图 3.13 为静叶根、顶截面叶型对比和叶片表面静压分布。从叶片表面静压分布上看，压力可控涡设计和自由涡设计的叶栅最大负荷均发生在靠近尾缘的 20% 轴向弦长位置处。在离进口约 30% 轴向弦长区域内，压力面和吸力面的压差很小。压力面上的静压在大部分轴向弦长范围内变化不大，静压曲线比较光滑，气流在压力面上基本上是平缓加速降压。在与之相对应的吸力面上，静压曲线也比较光滑，但静压下降幅度比压力面大，大约在前部 80% 轴向弦长内处于加速降压状态，仅在尾部大约 20% 轴向弦长范围内减速扩压，这说明静叶是典型的后加载叶片。采用此种载荷分布设计的静叶片，不仅可以降低三维通道总损失，还可以大幅提高试验涡轮的冲角适应性，从而使得试验涡轮具有较宽的工作范围和良好的变工况性能。从叶型上看，所设计的叶型具有"鱼头"的形状，头部较大，出气边较薄。叶栅在前半部分的折转和收缩小，在后半部分的折转和收缩大。

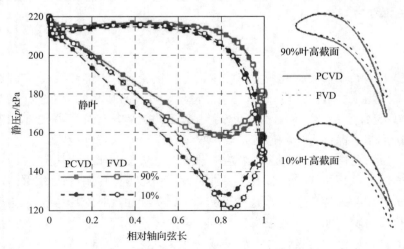

图 3.13　不同叶高静叶表面压力分布和叶型对比

从图 3.13 中还可以看到，采用压力可控涡设计后，静叶顶部(90%叶高)出口静压有所降低，根部(10%叶高)出口静压有所提高，从而有效地减缓了动静叶间隙中的径向压力梯度。可见，压力可控涡设计的效果是比较显著的。受压力可控涡设计的影响，叶栅通道内的三维压力负荷分布也发生了明显的改变。压力可控涡设计的静叶顶部横向压力梯度增大，负荷增加，做功能力提高。压力可控涡设计的静叶根部横向压力梯度减小，负荷降低，做功能力下降。与此同时，压力可控涡设计后的静叶吸力面最低压力值也有明显的提升，可以消除原自由涡设计静叶根部过度膨胀的现象。此外，压力可控涡设计这种三维负荷的变化，必然会引起叶栅气流折转角发生改变。从图 3.13 中压力可控涡设计前后叶型变化可以看到，压力可控涡设计的静叶根部叶栅开度明显比自由涡设计的大，而顶部叶栅开度则变小。

在上面提到，压力可控涡设计的涡轮转子轴向推力比自由涡设计的要低，这可以通过静叶三维载荷分布来说明，主要存在两种观点：一种观点是静叶顶部负荷提高和根部负荷降低，两者的效果使得静叶总负荷保持不变或者有所增加，从而使得动叶总负荷保持不变或者有所减少；另一种观点是从流量重新分布的角度来说的，认为静叶根部通过较多的流量，有利于利用静叶根部的做功优势，尽管静叶根部叶栅负荷降低，但静叶下端部做的总功仍是增加的。一般地，两种解释都合情合理，不过，笔者更倾向于后者。

图 3.14 对比了自由涡设计和压力可控涡设计的动叶叶片表面压力沿轴向分布。可见，压力可控涡设计前后动叶表面压力发生了相当大的变化。首先，由于压力可控涡设计静叶根部出口压力提高，动叶根部截面的压力负荷变大，具体表现为压力面静压值大幅提升，而吸力面静压值稍有降低。这导致了在根部 10%叶高处，称为"二次流驱动力"的横向压力梯度显著增大，这也无疑提高了动叶根部的做功能力，对提高涡轮根部反动度是比较有利的。同时，动叶根部吸力面逆

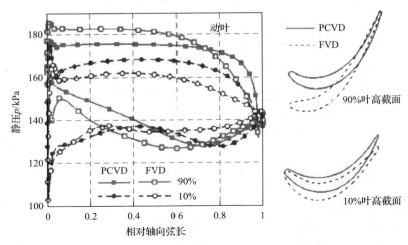

图 3.14　不同叶高动叶表面压力分布和叶型对比

压梯度也得到了有效控制，可以抑制叶栅表面附面层的快速增长。其次，由于静叶顶部承担了较大部分的压降，因此压力可控涡设计动叶顶部的负荷有所下降，具体表现为动叶顶部前缘负荷下降，有利于控制二次流的前期发展和减少动叶顶部泄漏。另外，从图 3.14 中可见，自由涡设计和压力可控涡设计皆采用了相同的叶栅厚度分布和轴向弦长，且压力可控涡设计动叶顶部叶型的弯度明显增大。

目前涡轮叶片负荷系数一般采用 Zweifel(Zw) 数[7]来定义：

$$Zw = 2\frac{S}{c}\cos^2\beta_2\left(\frac{c_{z1}}{c_{z2}}\tan\beta_1 + \tan\beta_2\right) \tag{3.25}$$

式中，S 为叶栅的栅距；c 为叶栅的轴向弦长；β_1 和 β_2 为叶栅的相对进出口气流角；c_{z1} 和 c_{z2} 分别是叶栅进出口绝对速度的轴向分量。

依据式(3.25)计算的动叶栅中间截面负荷系数 Zw 约为 1.15。一般地，负荷系数 Zw 大于 1.15 的涡轮叶片一般都认为是高负荷叶片，因此动叶具有高负荷叶栅的设计特点。从图 3.15 可以看到，由于负荷的增大，动叶表面压力分布相对于传统叶型具有较大的差别。动叶负荷沿叶高的分布发生了明显的前移，动叶根部载荷趋近于均匀加载的形式，这就导致了气流在叶栅中的折转角比较大，叶栅流道内的横向压力梯度也随之增大。因此，在相当大的横向压力梯度的作用下，端壁附面层内的低能流体向吸力面附近角隅内运动和堆积，并沿吸力面向叶展中部发展，形成了强烈的二次流涡系，严重地干扰了主流的运动，损失急剧增加。同时，动叶根部吸力面产生了很大的逆压梯度，流动易产生分离，因而使得动叶两端具有很高的叶栅流动损失。

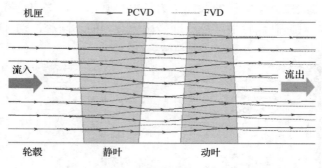

图 3.15　子午流线变化示意图

3. 子午流面、涡轮级反动度与压力可控涡设计的关系

图 3.15 为自由涡和压力可控涡设计涡轮级内子午流线图。为了便于比较，图中将自由涡和压力可控涡设计的涡轮级子午流线进行了叠加。由图 3.15 可见，压力可控涡设计的子午流线自静叶前缘开始向轮毂发生偏移，在动叶尾缘处又回到

起始位置，并且流线偏转幅度最大的位置发生在中径附近。从图 3.15 中还可以看到，自由涡设计涡轮内流线自静叶前缘开始向机匣发生偏移，在动叶尾缘处又回到起始位置，这与压力可控涡设计涡轮级内流线偏移趋势正好相反。从整体上看，压力可控涡设计涡轮级内形成了具有反曲率的流线，从而在径向方向诱导产生一个反向离心力，可以抵消一部分由气流周向运动引起的离心力，因此能有效地减缓径向压力梯度。此外，压力可控涡设计的作用也只局限于涡轮级内，对涡轮级上下游的影响并不明显，这有力地支持了最初准三维气动设计过程中所用到的相关假设和所得到的有关推论。

基元级质量流量能对流面厚度变化起到很好的预测作用，该表示方法不仅考虑了密度变化对流面的影响，还兼顾了不同叶高截面位置的影响。径向某位置处的周向平均叶栅基元级质量流量 Δm 为

$$\Delta m = 2\pi r \rho(r) c_z(r) \tag{3.26}$$

式中，r 为径向某位置处的半径；$\rho(r)$ 为径向某位置处的流体密度；$c_z(r)$ 为径向某位置处的周向质量平均轴向速度。

图 3.16 给出了自由涡设计和压力可控涡设计各列叶栅基元级质量流量沿叶高的相对变化。对于静叶出口，叶栅下半部通过的质量流量明确增多，叶栅上半部流过的质量流量相应减少，两者的效果使得涡轮总流量不发生改变。总的来说，正如压力可控涡设计所预想的那样，压力可控涡设计静叶将更多的流量从顶部逼向了根部。对于动叶出口，压力可控涡设计又保证了和原型自由涡设计一样的基元级质量流量分布。此外，沿叶高重新分布的质量流量通常会带来反动度的变化，

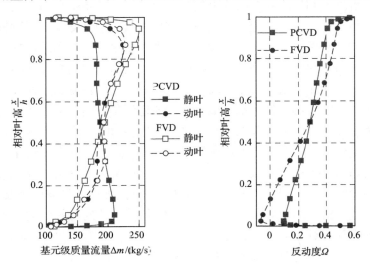

图 3.16　基元级质量流量和反动度沿叶高分布

为了证实这个想法，图 3.16 还比较了自由涡设计和压力可控涡设计涡轮级反动度沿叶高的分布。由图可知，压力可控涡设计的涡轮级反动度沿叶高的分布较自由涡更为平缓，涡轮级根部反动度由原来的–0.1 左右提高到现在的 0.1，同时顶部反动度也有大幅度的降低。从图中还可以看到，涡轮级顶部反动度降低的幅度和根部反动度提高的幅度可以说是对等的，基本上关于中径位置对称，这点可以从压力可控涡设计涡轮级内子午流线曲率得到印证。

4. 总压损失、效率与压力可控涡设计的关系

本小节采用的相对总压损失系数定义如下：

$$C_p = \frac{p_0^* - p_1^*}{p_1^* - p_1} ， 静叶 \tag{3.27}$$

$$C_p = \frac{p_{\omega 1}^* - p_{\omega 2}^*}{p_{\omega 1}^* - p_2} ， 动叶 \tag{3.28}$$

式中，p_0^* 为静叶进口绝对总压；p_1^* 为静叶出口绝对总压；p_1 为静叶出口静压；$p_{\omega 1}^*$ 为动叶进口相对总压；$p_{\omega 2}^*$ 为动叶出口相对总压；p_2 为动叶出口静压。采用式 (3.27) 和式 (3.28) 可以单独考查某列叶栅的气动性能。

为了确定压力可控涡设计下损失减少的区域，图 3.17 给出了数值计算得到的各列叶栅周向质量平均相对总压损失系数 C_p 以及涡轮级等熵效率 η 沿叶高的分布。从图中可以看到，静叶中的损失只是进行了简单的重新分布。由于静叶根部负荷降低，相应损失也随之降低，然而，这部分损失的降低却是以牺牲静叶顶部性能为代价的。显然，压力可控涡设计静叶根部损失的降低和顶部损失的增加存在某种取舍关系，因此，正确获得静叶中总压损失沿径向的权衡分布可以说是压力可控涡设计成功的关键。从图 3.17 中还可以看到，无论是自由涡设计还是压力可控涡设计，动叶大部分损失都集中在两端通道涡所处的区域。相对自由涡设计来说，压力可控涡设计大大降低了动叶在 12.5%~60%叶高范围内的相对总压损失，这对涡轮级性能改善起到了积极作用。在 75%以上叶高范围内压力可控涡设计动叶相对总压损失稍有降低，但不如根部那么明显。动叶根部存在总压损失为负值的一小段区域，这可能是动叶进口边界层低能流体被高能流体所取代的结果。涡轮级等熵效率沿叶高的分布最能体现压力可控涡设计的总体效果。在 36%叶高处，效率提高了将近 5.4 个百分点，并且大部分效率提升发生在 18%~60%叶高范围内，这与动叶相对总压损失分布基本相符。

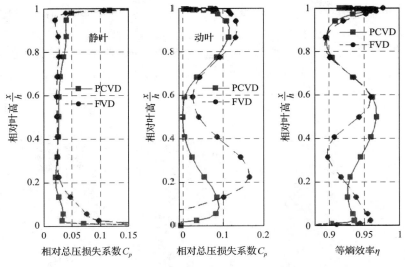

图 3.17　相对总压损失系数和等熵效率沿叶高分布

从整体上看，压力可控涡设计静叶根部的损失降与顶部的损失增相差无几，因此压力可控涡对静叶性能的改善作用微乎其微。与此相反，在动叶中，压力可控涡设计却能使动叶相对总压损失明显降低，特别是压力可控涡设计充分利用了动叶根部截面的做功能力，提高了动叶流动效率。对于本小节的试验涡轮，压力可控涡设计仅提高了动叶的性能，因而本小节接下来的内容主要围绕动叶流动特性来进行讨论。

5. 叶片表面、通道涡与压力可控涡设计的关系

图 3.18 为自由涡和压力可控涡设计动叶叶片表面极限流线图。在设计工况下，自由涡和压力可控涡设计动叶叶片表面流动图谱比较简单，通过比较两种设计方案叶片表面流动的差异就可以分析玉力可控涡设计的潜在效果。从吸力面三维分离线的倾斜程度来看，压力可控涡设计之后，下通道涡向叶展中部卷起的程度得到削弱，使得下通道涡获得充分发展的机会减少，有效地控制了下端壁低能流体沿吸力面的径向迁移。在吸力面顶部，上端壁低能流体向中部的迁移得到加强，可见压力可控涡设计促进了上通道涡的发展，增大了上端区的损失。对于动叶来说，顶部低能流体向中部的迁移运动还能减少顶部低能流体的积聚，可以改善动叶顶部性能。需要注意的是，在轮毂角区内，叶片表面附面层沿吸力面典型的向外迁移运动趋势明显减弱，并且这一现象是无法用横向压力梯度来解释的。原因是动叶近轮毂区域压力面与吸力面之间的横向压力梯度没有减少反而增大，从侧面也反映了端壁低能流体向外迁移趋势的减缓恰恰是压力可控涡设计所诱导的反向二次涡与传统通道涡相互作用的结果。从压力面表面流动可以看到，除了作为

补偿下端壁低能流体横向运动的少部分流体沿压力面流向叶根，压力可控涡设计动叶压力面上极限流线整体向上端壁偏转，这表明附面层具有向外迁移的趋势。相反地，在自由涡设计的涡轮中，压力面上的流线向下端壁偏转。需要说明的是，由于叶栅通道内存在占主导作用的离心力以及端壁横流的作用，因此，压力可控涡设计对吸力面中部流线流向的改变作用不如压力面明显。

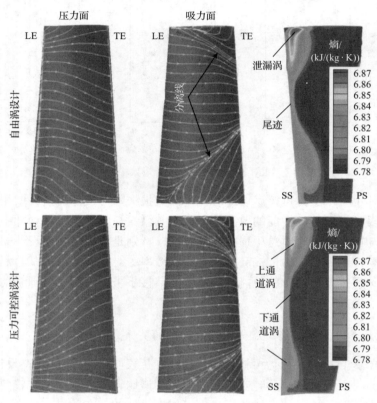

图 3.18　动叶表面极限流线及动叶出口熵分布(文后附彩图)

　　吸力面极限流线所反映的各种涡系尺寸并不能代表涡系的真实空间尺寸，为此图 3.18 还给出了动叶前缘(LE)、尾缘(TE)出口截面的熵分布。从图上可以看到，叶栅出口存在两个高损失区域，并且可以清晰地分辨出三个不同的损失源，如间隙泄漏涡损失、上下通道涡损失和尾迹损失。受压力可控涡设计的影响，下通道涡强度明显减弱，下端壁高损失区也随之减小，达到了减弱二次流的目的。此外，压力可控涡设计动叶顶部高损失区相比自由涡设计在径向方向上所占据的范围明显变大，从叶顶一直延伸到 60%叶高，但顶部高损失区熵增的峰值有所减小，这是动叶顶部反动度降低、泄漏损失减小的缘故。总体上，压力可控涡设计抑制了下端壁二次流的发展，但却促进了顶部二次流的发展。

　　压力可控涡设计涡轮的流动特征可以用图 3.19 来概括。在压力可控涡设计叶栅中，吸力面附面层发生自顶向根的径向迁移，压力面附面层发生自根向顶的径向迁移，和自由涡设计叶片表面附面层的运动趋势正好相反。由上述内容可知，在叶栅径向方向上始终存在根部静压低、顶部静压高的正压梯度，而并没有形成沿叶高方向的逆压梯度，这也说明了由压力可控涡设计诱导的流面变化对附面层运动起着关键性的作用，这与文献[5]和[8]得到的结果相一致。压力可控涡设计叶片在叶栅通道内似乎产生了一种向下压气流的作用，有将主流压向吸力面根部角区的运动趋势，使得端壁轮毂区域的通流能力增大，能有效增强端壁附面层的抗分离能力，从而消除角区分离。然而，压力可控涡设计的这种下压通道气流的作用对顶部区域的流动并不利，与根部区域正好相反，它将促使上端壁二次流的发展，使顶部损失增加。总体来说，压力可控涡设计有两种机制减弱低能流体的积聚：一方面使原本径向移动的吸力面边界层无法到达上端壁区域，另一方面则抑制了根部低能流体从压力面流向吸力面。

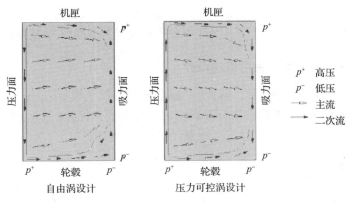

图 3.19　S_3 流面二次流结构示意图

6. 动叶顶部泄漏与压力可控涡设计的关系

　　为了帮助理解压力可控涡设计对叶顶泄漏的影响，图 3.20 给出了由数值计算结果推演而来的动叶顶部泄漏流动结构示意图。明显地，叶顶泄漏流很大一部分来自压力面沿径向向外运动的附面层。这部分径向迁移的附面层对泄漏流动产生了很大影响，对整个动叶顶部间隙区域也起到了明显的阻塞作用，使得通过叶顶间隙进入相邻叶栅通道中的主流减少。随着泄漏流重新进入动叶下游流道中，这部分紧贴动叶表面的低能流体也卷入泄漏涡内，造成了额外的掺混损失。从图 3.20 中还可以看到，并不是所有的泄漏流都能形成泄漏涡，在涡轮叶栅内，只有靠近叶栅中后部的泄漏流与主流相遇后才能卷绕形成泄漏涡。一旦间隙泄漏涡的涡核形成之后，间隙泄漏涡开始沿吸力面弧线向叶栅下游运动，在径向沿叶片表面向叶展中部移动, 在切向向相邻的压力面移动, 形成了如图 3.20 所示的间隙泄漏涡结构。

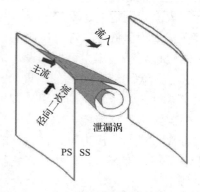

图 3.20 动叶顶部泄漏流动结构示意图

数值计算得到的压力可控涡设计动叶顶部间隙泄漏量为 0.1176kg/s, 约为总流量的 0.778%, 而自由涡设计动叶顶部间隙泄漏量为 0.1647kg/s, 约为总流量的 1.089%。由此可见, 压力可控涡设计能使通过动叶顶部间隙的泄漏量明显降低。

3.2.2 单级动力涡轮的黏性可控涡设计

基于上述的黏性可控涡设计方法, 根据准三维气动设计方法, 考虑近端壁附近黏性对环量分布的影响, 对某单级涡轮进行气动设计优化; 基于 CFX 软件平台, 研究其端区二次流动机理, 并与原型涡轮进行详细比较[9]。

1. 模型涡轮

原型设计涡轮与黏性可控涡设计(改型)三维涡轮级叶片对比如图 3.21 所示。在设计过程中, 为了改善端区性能以及叶片列间匹配性能, 对叶片叶型进行了局部微调, 如图 3.22 所示。

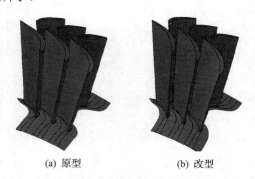

(a) 原型   (b) 改型

图 3.21 原型与黏性可控涡设计(改型)叶片对比

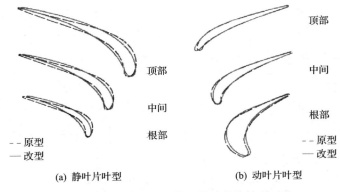

图 3.22 原型与黏性可控涡设计叶片叶型对比

2. 涡轮级总体参数对比

黏性可控涡设计与原型设计涡轮总体性能对比如表 3.2 所示，采用新的考虑了端区黏性影响的环量分布后，涡轮级效率和功率均有了大幅度提高。

表 3.2 黏性可控涡设计与原型设计涡轮总体性能对比

参数	原型(Ori)	改型(VCV)
效率/%	93.438	94.301
比功/(kW/kg)	77.66	79.12
流量系数	0.465	0.479
载荷系数	1.79	1.8
绝对总压比	0.70406	0.70506

涡轮级反动度沿叶高分布如图 3.23 所示，其中，反动度定义为动叶中的静压降与涡轮级中的静压降之比，其定义式如下：

$$\Omega = (p_{s,2} - p_{s,1})/(p_{s,2} - p_{s,0}) \tag{3.29}$$

式中，p_s 为静压，0、1、2 代表特征截面位置。

如图 3.23 所示，原型设计是一种低根部反动度、高顶部反动度设计，而黏性可控涡设计则整体上均化了反动度沿涡轮叶高的分布，尤其是在根部。根部反动度从原型设计的 0.12 提高到改型设计的 0.22，根部反动度的增加导致了静叶下游压力增加，也就是动叶进口压力增加，如图 3.24 所示，其中静压系数定义为当地静压与进口总压之比。此外，从图 3.23 中也可以看到，顶部反动度也有所减小，也就是说，黏性可控涡改型设计在提高了静叶根部压力的同时也降低了静叶顶部压力，从而改善了根部的流动状况，并减小了顶部的漏气损失。从整个涡轮级的角度来看，黏性可控涡设计得到了满意的热力气动参数的组合，使得涡轮级有相对优良的气动性能。

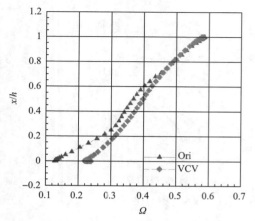

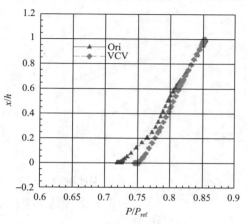

图 3.23　涡轮级反动度沿叶高分布
x/h 表示相对叶高

图 3.24　动叶前缘静压系数沿叶高分布
P/P_{ref} 表示当地压力与参考压力的比值

3. 静叶气动性能对比

黏性可控涡设计与原型设计的静叶出口环量沿叶高分布如图 3.25 所示。改型设计的环量沿叶高分布相对来说变得更加均匀。改型设计略微增加了顶部的环量，这意味着增大了顶部的负荷分配比例，可以充分利用圆周速度较大位置处的做功能力，从而有利于增加涡轮级负荷。同时，改型设计也减小了根部附近的环量，因此可以有效减小根部负荷，从而改善根部流动状况。

静叶出口绝对气流角是进行涡轮设计时比较重要的一个参数，它反映了叶片通道内气流的折转程度以及气流的滞后角程度，它也直接影响动叶进口冲角情况，对叶片列间匹配产生重要影响。从图 3.26 所示的静叶出口绝对气流角沿叶高的分布来看，环量分布的重新调整对静叶出口绝对气流角的分布产生了较大的影响。

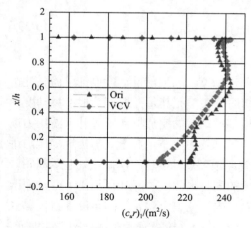

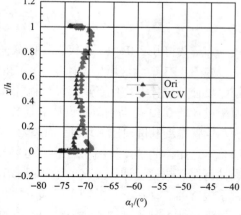

图 3.25　静叶出口环量沿叶高分布

图 3.26　静叶出口绝对气流角沿叶高分布

黏性可控涡改型设计使得静叶出口绝对气流角沿叶高分布非常均匀。另外，与原型相比，涡轮根部的绝对气流角增加，也就是说根部流动经历了一个更小的折转角，这从另一个方面证明了黏性可控涡设计改善了根部的流动状况。

从图 3.27 中可以看到黏性可控涡设计对静叶片 10%、50%、90% 叶高负荷分布的影响情况。原型设计叶型压力面流动基本上是处在顺压梯度的作用下，在60% 轴向弦长之前压力基本上保持不变，然而在后半段压力迅速下降；而黏性可控涡设计叶型压力面压力开始降低的位置延后，流动后半段压力降低也比较平缓。原型设计气流从前缘驻点沿吸力面流动，在 60% 轴向弦长处达到最小值，随后气流开始扩压，而强烈的扩压梯度容易使得边界层厚度增加，甚至发生气流分离；而黏性可控涡设计的最低压力点位置则向后移到 80% 轴向弦长处，逆压梯度段缩短，逆压梯度也减小。相似的流动现象在图 3.28 中也可以看到。从图 3.27

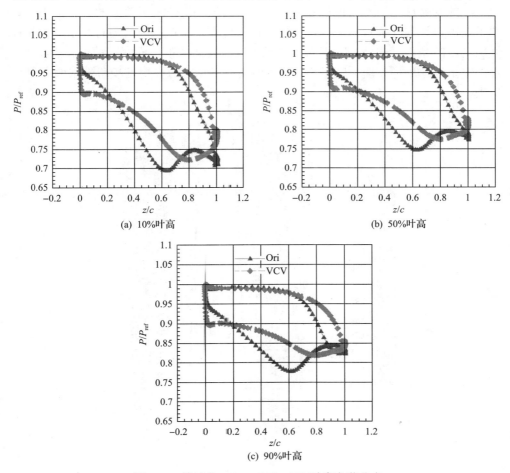

图 3.27　静叶片 10%、50%、90% 叶高负荷分布

中可以看到，原型设计的叶型载荷分布趋于中间加载分布，而黏性可控涡设计叶型载荷分布在 10%和 50%叶高处则趋于后部加载分布，在 90%叶高处趋于均匀加载分布。

　　叶片列通道内马蹄涡、通道涡、壁角涡等复杂的涡系结构的形成与上、下端壁以及叶片表面的边界层发展程度密切相关，而决定边界层发展程度的关键因素是端壁和叶片表面的静压分布情况。图 3.28 给出了静叶吸力面静压等值线轮廓图，原型叶片吸力前 1/3 轴向弦长范围内压力沿叶高分布比较均匀，而在约 1/3流向位置靠近下端壁位置处存在一个局部低压区。自此之后的吸力面后半段在大部分径向范围内则存在径向正压梯度，同时，在靠近下端壁附近位置，从吸力面1/3 流向位置往后则存在着比较明显的扩压流动，这造成了吸力面近端壁附近边界层增厚，易使低能流体在端壁附近堆积。这些低能流体在静叶通道内的通道涡向下游的发展过程中不断地被卷吸，增强了通道涡，带来了较大的端区损失。黏性可控涡设计的叶片吸力面低压区虽然同样存在，不过压力值却有所增加，并且低压区范围减小。此外，吸力面后半段沿叶高径向的正压梯度区域也有所减小，近端壁附近逆压梯度段大幅减小，有效地减小了端区边界层堆积所带来的一系列损失。

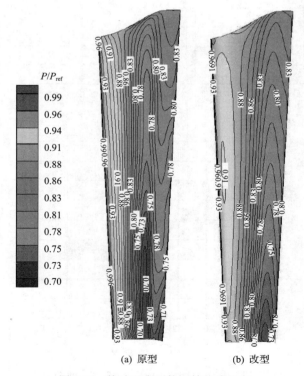

(a) 原型　　　　　　(b) 改型

图 3.28　静叶吸力面静压等值线分布

图 3.29 给出了静叶能量损失系数沿叶高的分布情况。其中，静叶能量损失系数被定义为

$$\xi_s = 1 - \frac{1 - T_1 / T_0^*}{1 - (p_1 / p_0^*)^{(k-1)/k}} C_p \Delta T / U^2 \tag{3.30}$$

从图 3.29 中可以看到，比较明显的损失区域位于端区，即从轮毂到 20%叶高和从 80%叶高到机匣之间的损失主要是端壁边界层以及通道二次涡带来的。经过黏性可控涡设计改型，静叶出口的能量损失系数明显减小。

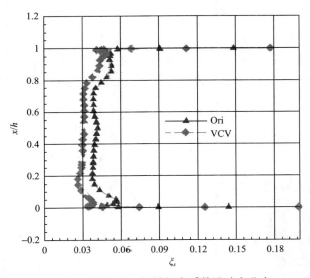

图 3.29　静叶出口能量损失系数沿叶高分布

4. 动叶气动性能对比

动叶出口环量沿叶高分布如图 3.30 所示，黏性可控涡设计增加了动叶根部的环量，减小了动叶根部出口静压，增加了动叶膨胀比，从而改善了动叶根部流动条件。这从图 3.31 动叶出口总压损失分布中也可以看到，根部的流动损失得到有效减小。

动叶出口熵轮廓图如图 3.32 所示。与原型相比，黏性可控涡设计减小了间隙泄漏损失，除此之外，整个出口平面上的损失都得到不同程度上的减小。气流进入叶片流道，总的流动损失由叶型损失和二次流损失构成。图 3.33 给出了涡轮级中总流动损失(熵增)沿流向的变化。由图可见，从涡轮进口到 30%轴向弦长之前流动损失几乎没有增长。从以上关于静压沿叶型、叶展的分布中可以看出，在流动的这一阶段，压力面和吸力面流动都处于顺压梯度下，并且沿着叶展的静压分布基本上是均匀的，因此，叶型损失和二次流损失只有略微增长。从 30%轴向弦长到 50%轴向弦长区域对应于静叶后半段，此时，叶型吸力面上的流动处于逆压

梯度下，因此边界层增厚，甚至发生分离，并且在尾缘处二次流损失和尾迹相互作用，总流动损失急剧增加。对于黏性可控涡设计涡轮来说，叶型吸力面逆压梯度段缩短，逆压梯度缩小，流动损失要比原型小很多。从 50%轴向弦长到出口，气流进入动叶中流动，其流动状况与静叶相类似。

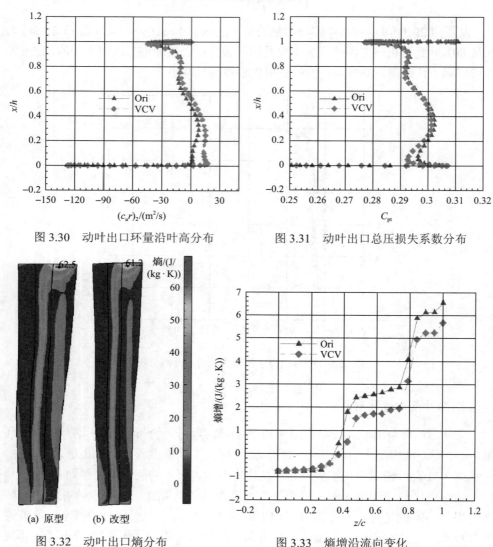

图 3.30 动叶出口环量沿叶高分布

图 3.31 动叶出口总压损失系数分布

图 3.32 动叶出口熵分布

图 3.33 熵增沿流向变化

5. 径向平衡方程各梯度项沿叶高分布

叶片通道中径向平衡方程表示了轴向速度径向梯度与不同变量之间关系(为简化研究，本小节暂不考虑叶片力项以及流线曲率项)：

$$\overbrace{c_z \frac{\mathrm{d}c_z}{\mathrm{d}r}}^{\mathrm{I}} = \overbrace{\frac{\mathrm{d}i^*}{\mathrm{d}r}}^{\mathrm{II}} - \overbrace{T\frac{\mathrm{d}s}{\mathrm{d}r}}^{\mathrm{III}} - \overbrace{\frac{c_u}{r}\frac{\mathrm{d}(c_u r)}{\mathrm{d}r}}^{\mathrm{IV}} - \overbrace{\left(-\sin\phi T \frac{\mathrm{d}s}{\mathrm{d}m}\right)}^{\mathrm{V}} \tag{3.31}$$

由方程(3.31)可以看出,方程右侧各项对质量流量分布和叶片出口流场均匀性产生重要影响。如图 3.34 所示,与原型相比,径向平衡方程各梯度项沿叶高分

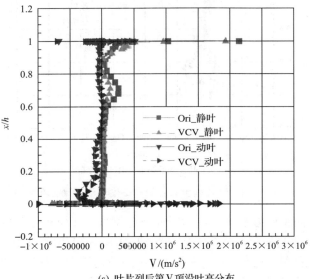

(a) 叶片列后第 V 项沿叶高分布

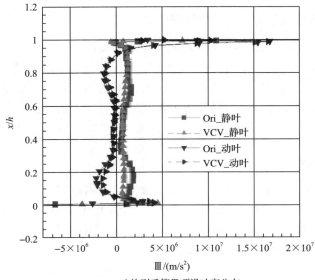

(b) 叶片列后第 III 项沿叶高分布

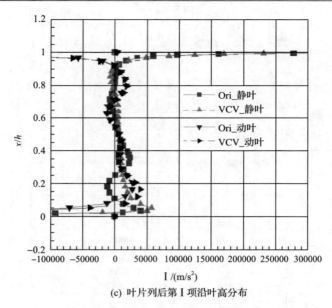

(c) 叶片列后第 I 项沿叶高分布

图 3.34　叶片列出口各径向梯度项沿叶高分布

布更加均匀。径向平衡方程第三项为径向熵梯度项，其径向分布与图 3.34(c)中轴向速度径向梯度项的分布形状是镜像对称的。由图 3.34(b)可见径向熵梯度项主要存在于端壁附近区域，此外，图 3.34(a)所示的径向黏性力梯度项也仅仅存在于端壁附近区域。综上所述，流体黏性仅仅影响端壁区域，在主流中黏性可以忽略。

3.2.3　间冷循环五级动力涡轮的先进涡设计

　　根据准三维气动设计方法，首先采用控制叶栅出口环量分布的可控涡设计手段，基于 NUMECA 软件平台，对间冷循环五级动力涡轮进行气动设计；在此基础上，在五级动力涡轮环境下对单级涡轮进行多次局部优化，通过提高单级性能来提高多级涡轮的总体性能，最后考虑近端壁处黏性影响所造成的动静及级间不匹配，对近端壁处叶型进行微调，从而改善间冷循环五级动力涡轮的匹配性能[10]。

　　1. 模拟级设计

　　受各种条件的限制，直接对研究对象做试验很困难甚至无法进行，因此出现了以相似理论为基础的模拟试验研究方法。如图 3.35 所示，"模化"是指确定试验模型的基本参数的过程，此时尽管试验模型和实物模型的基本参数不同，但是两者的特性却是相同的或是极其相似的。

　　对于涡轮级内部流动需满足的相似准则有几何相似、运动相似和动力相似。利用量纲分析法导出的涡轮级流动的决定性相似准则数为雷诺数、轴向马赫数和周向马赫数。

图 3.35　模化设计示意图

模拟级试验设计流程如图 3.36 所示。

图 3.36　模拟级试验设计流程

原型四级动力涡轮进口与间冷循环五级动力涡轮进口满足折合流量和折合转速近似相等，即

$$\left[\frac{G_m\sqrt{\left(RT_1^*\right)}}{P_1^*D^2}\right]_{\text{原型}}=\left[\frac{G_m\sqrt{\left(RT_1^*\right)}}{P_1^*D^2}\right]_{\text{模型}} \tag{3.32}$$

$$\left[\frac{nD}{\sqrt{\left(RT_1^*\right)}}\right]_{\text{原型}}=\left[\frac{nD}{\sqrt{\left(RT_1^*\right)}}\right]_{\text{模型}} \tag{3.33}$$

式中，G_m 为质量流量；n 为转速；T^* 为进口总压；R 为理想气体常数；D 为直径。

因此，间冷循环五级动力涡轮第一级是在原始动力涡轮第一级基础上模化出原型，然后进行黏性可控涡设计所得。与此同时，其他四级分别在原始四级基础上进行全三维设计所得。

2. 涡轮先进涡设计

1) 涡轮一维设计

涡轮一维设计借助 AxSTREAM 来进行，这一部分由哈尔滨船舶锅炉涡轮机研究所完成，在此不再赘述，读者若有兴趣，可参阅相关文献（如梁晨等[11]的文献）。

2) 涡轮的 S_2 流面设计

涡轮子午面设计过程是：根据性能要求，初步给定子午流道及流道中各排叶片沿径向变化的初始损失，经过多次 S_2 流面调整，在满足涡轮功率、效率要求的前提下，获得涡轮各叶片排进出口沿径向各截面的速度三角形等。

本小节的 S_2 流面设计采用基于流线曲率法的可控涡设计方法，求解涡轮叶片排之间流场的径向平衡方程，包括径向分速、流线及熵的径向变化。在本小节所采用的 S_2 计算程序中需要事先给出各叶栅出口环量沿径向的变化规律，通过考虑黏性力的影响进行正反熵修正计算。

3）涡轮子午流道

为提高涡轮效率及便于结构设计，间冷循环五级动力涡轮通道仍采用传统上的等内径通流形式。

4）叶型设计及三维成型

间冷循环五级动力涡轮的第一级叶型通过模化得到，后四级叶型采用原始四级叶型，随后，通过多级环境下的局部优化设计得到三维叶片。在本小节中，涡轮叶片的三维成型通过 NUMECA 中的 AutoBlade 模块来实现：子午通道位置+叶片形状+叶片积叠规律+叶片安装位置可精确定义叶轮形状；通过端壁形状可确定子午通道形状；通过中弧线、厚度分布或者压力面/吸力面控制点可定义叶片截面形状，结合积叠规律及安装位置可确定唯一的三维叶片。间冷循环五级动力涡轮实体图如图 3.37 和图 3.38 所示。

图 3.37　间冷循环五级动力涡轮模型　　　图 3.38　间冷循环五级动力涡轮局部视图

作为比较，间冷循环五级动力涡轮第一级静叶与原型四级涡轮第一级静叶的实体图如图 3.39 所示。

3. 计算结果及分析

最终对所设计的间冷循环五级动力涡轮进行了数值计算，总体计算结果如图 3.40 所示。和既定的设计参数相比，间冷循环五级动力涡轮在满足设计流量的前提下，功率比设计值高，轮周效率提高了 1.3%，达到了效率提高 1%的设计要求。

(a) 原型四级涡轮第一级静叶　　　　(b) 间冷循环五级动力涡轮第一级静叶

图 3.39　第一级静叶模型对比

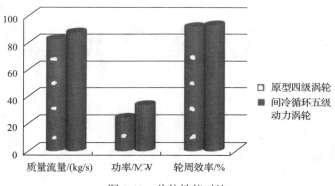

图 3.40　总体性能对比

　　为提高涡轮气动效率，间冷循环五级动力涡轮皆采用机匣端壁大扩张角流道设计。根据各级涡轮的负荷和流量系数，确定涡轮流道的机匣扩张角。当流道的外扩张角达到 20°左右时，流道机匣端壁附近的气流流动难以控制，易产生气流分离。如图 3.41 所示，静子叶片 S 形上端壁与近上端壁处叶型的耦合优化设计控制了端区气流分离，改善了端部流场，减小了顶部流动损失。

图 3.41　子午面静压分布

　　图 3.42 为间冷循环五级动力涡轮 10%、50%、90%叶高位置动静叶通道内的流线分布。在级环境下进行单级设计，考虑近端壁处黏性影响所造成的端壁处动静及级间不匹配，对近端壁处叶型进行微调，改善了涡轮级间匹配性能。如图 3.42 所示，叶栅滞止点均发生在前缘附近，进口流线沿着壁面向下游发展，出口的流线顺着几何出口角充分发展。涡轮内部流场良好，动静匹配得较好，主流区无明显的大冲角和分离现象发生。

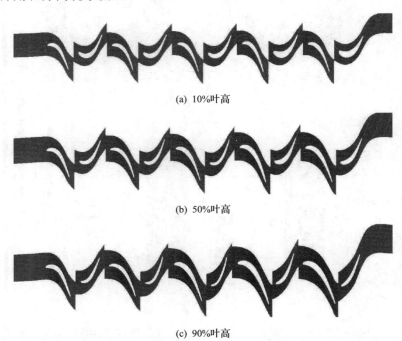

(a) 10%叶高

(b) 50%叶高

(c) 90%叶高

图 3.42　间冷循环五级动力涡轮通道内流线分布

　　在图 3.43 中，叶型吸力面最大马赫数位置后移，在压力面上静压在通道大部分范围内变化不大，静压曲线比较光滑，流动在压力面附近基本上是平缓加速降压的。在叶型吸力面前面部分，静压基本上呈现正压梯度，边界层增长缓慢，与原型四级涡轮叶型相比，间冷循环五级动力涡轮叶型表面最低压力点后移，最大负荷后移，逆压段变短，逆压梯度减小，从而减了损失。

　　图 3.44 描绘了间冷循环五级动力涡轮叶片表面静压分布。叶栅通道内呈现比较明显的三维压力分布，内部流场良好，不存在明显的分离区，叶片表面压力沿流向大体上呈现正压梯度分布。

　　从图 3.45 中上下端壁分离线可以看出，新设计的间冷循环五级动力涡轮根部通道涡幅度减小，顶部二次流动影响范围比较大，但得到了适当控制，主流部分基本上是 S_1 面流动，径向窜流控制较好，二次流损失减小。

(a) 原型四级涡轮

(b) 间冷循环五级动力涡轮

图 3.43　涡轮中间叶展相对马赫数分布

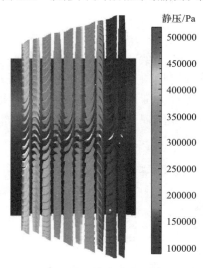

图 3.44　间冷循环五级动力涡轮叶片表面静压分布(文后附彩图)

图 3.45　涡轮叶片表面极限流线分布

3.3　大子午扩张动力涡轮端区流动机理及正交化设计

随着涡轮叶片设计技术的不断提高,涡轮叶片设计朝着高效率、高载荷方向发展。高的叶片列载荷导致了叶片的大转角,大转角叶型设计导致了高的叶型损失。通过增大涡轮子午通道扩张角可以有效减小叶型转角,这使得涡轮具有大扩张通道特性。然而,正是这种大扩张通道特性导致流道的端壁附近会形成强烈的二次流动,从而使得流动损失增大。现阶段,对减少大子午扩张涡轮端区损失的方法进行研究已成为涡轮设计者必不可少的工作[12, 13]。

3.3.1　端区流动特点

1. 设计工况下流场结构及损失机制

图 3.46 给出了大扩张角端壁静叶片不同相对叶高位置的无量纲静压分布,其中涡轮子午轮廓参见图 3.41。从图 3.46 可以看到静叶片通道内的气流负荷情况,最大载荷集中在叶片的中部区域,压力面的流动基本上是在顺压梯度的作用下,在 50%轴向弦长之前压力基本不变,在后半段压力迅速下降。吸力面在 50%轴向弦长处到出口有较长的逆压梯度段,吸力面边界层在此段增长较快,是型面损失的主要区域,但由于整个流动为亚声速流动,损失不会太大。在尾缘附近压力振荡很剧烈,这有可能是受到尾缘涡系的影响。此外,根部区域横向压差最大,表明在静叶根部具有较大的负荷。

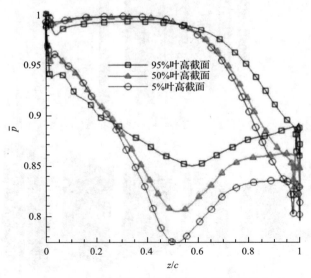

图 3.46　大扩张角端壁静叶片表面静压分布

从图 3.47 所示的静叶片上端壁极限流线可以看出，前缘鞍点的位置相对更靠近前缘，两条分离线提前到达吸力面，马蹄涡的影响范围也减小。

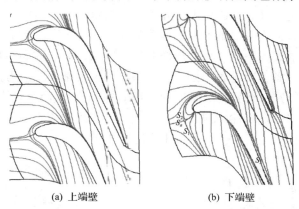

(a) 上端壁　　　　　　　　　　　(b) 下端壁

图 3.47　大扩张角静叶片上下端壁极限流线分布

从图 3.48(a)可以清晰地看到，在吸力面离上、下端部不远处各有一条从前缘向尾缘的流动分离线，这两条线分别表示静叶片通道涡在到达吸力面时形成的分离线。从两条分离线在尾缘的出口位置来看，上通道涡的尺度要比下通道涡大。这一方面是由于环形静叶片形成的径向压力梯度所导致的，另一方面是由于上端壁采用了凹曲率(静叶前半段)和凸曲率(静叶后半段)相结合的子午端壁成型技术，造成径向正压梯度，使得附面层内的低能流体在较大范围向叶展中部方向进行了迁移。图 3.48(b)所示的压力面极限流线在上、下端面附近分别指向端面，这是由来流附面层分离形成的马蹄涡所造成的。

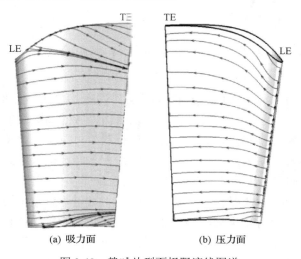

(a) 吸力面　　　　　　　　　　　(b) 压力面

图 3.48　静叶片型面极限流线图谱

图 3.49 为静叶片不同轴向位置的节距平均总压损失系数沿叶高分布。总体上，节距平均总压损失沿流向逐渐增大，高损失区首先在近壁区产生，随流动向下游发展，高损失区也沿叶高方向扩大，并最终影响整个通道的损失分布。在 66%轴向弦长以前，总压损失主要集中在上下端壁处，此时通道涡尚未形成。在 82%轴向弦长位置处，靠近上下端壁处已形成高损失区域，由通道涡引起的损失涡心位置离端壁较近，而到了叶栅出口处，损失涡心的位置都向叶展方向发展。到了栅后 120%轴向弦长位置，分别在 8%和 83%叶高位置处形成两个总压损失系数峰值，其值分别为 0.55 和 0.8。由此可见，下通道涡的强度要比上通道涡大许多，而上通道涡的影响范围明显偏大，这是由上端壁子午扩张所致。

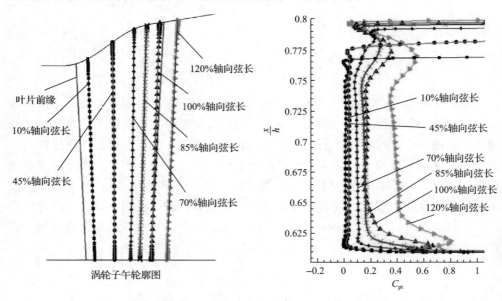

图 3.49　涡轮静叶片不同轴向位置的节距平均总压损失系数沿叶高分布
不同图例代表不同的流向位置

图 3.50 给出了 95%、50%、5%叶高位置节距平均总压损失系数沿轴向分布，反映了型面附面层的增长情况。从图中可以看出，各叶高截面的发展趋势皆不尽相同，但都有一个共同特点，即在叶栅出口位置处，总压损失系数都急剧上升，这是由于尾迹掺混所带来的能量损失增加。在 95%叶高位置，总压损失呈现两次峰值。在 60%轴向弦长处达到损失最大值，这可能是由于受到上端壁型线的影响，在此位置上端壁具有较大扩张角，通道的收缩不足以弥补子午通道的扩张，从而在上端壁中间弦长附近出现局部的扩压流动。在随后的轴向位置处，除在叶栅出口位置处由于尾迹带来的损失增加而形成一个小峰值外，总压损失呈现减小的趋势，这是由于上通道涡卷吸了端壁和型面的边界层低能流体，并向叶展中部方向

发展。在中间叶高位置，流动未受到通道涡影响，从进口一直到流道的出口，总压损失沿流向呈现逐渐增长的趋势，其能量损失主要由吸力面边界层的低能流体和尾迹损失所组成，其中尾迹损失约占总损失的 43%。5%叶高截面的节距平均总压损失系数沿轴向的分布与 95%叶高截面类似，都是先增大而后减小。与 95%叶高截面相比，吸力面边界层的发展要晚一些，但在 50%轴向弦长以后边界层的发展特别迅速，从图 3.46 所示的型面压力分布也可以看到在此段吸力面存在较强的逆压梯度，通道涡的发展也较快。

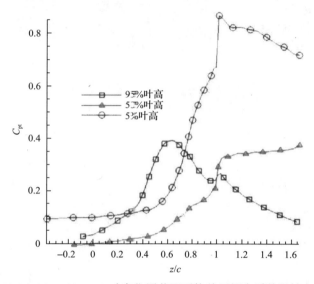

图 3.50　95%、50%、5%叶高位置节距平均总压损失系数沿轴向分布

2. 不同出口马赫数下损失特点

图 3.51(a)～(c)分别是 0°来流冲角下，出口马赫数为 0.7、0.8 和 0.9 工况下的出口总压损失系数分布。由图 3.51 可知，在出口位置，存在一个总压损失较大的条状区域，即叶片尾迹区域，而在这些区域之外，总压损失系数较小，在试验和数值计算中均有体现。在条状损失区域的端部还存在两个损失核心区域，即大概距叶顶 1/4 位置和距叶根 1/3 位置处的两个通道涡区域。此外，在每一个工况下，上通道涡引起损失的范围皆大于下通道涡，这主要是由于叶栅上端壁为大子午扩张形式，大子午扩张造成端部流动减速，边界层增厚，从而增强了上通道涡，带来了明显的通道涡损失。

另外，由图 3.51 可知，在叶栅出口马赫数为 0.9 的情况下，损失核心区域的总压损失系数较高，马赫数为 0.8 的工况其次，由此可以推测出随着叶栅出口马赫数的增加，总压损失系数会增加，同时通道涡的强度也会相应增加。

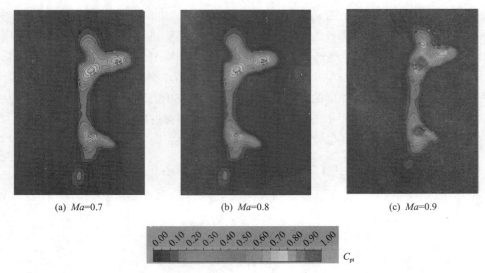

（a）Ma=0.7　　　　　　　（b）Ma=0.8　　　　　　　（c）Ma=0.9

图 3.51　不同出口马赫数下出口总压损失系数分布

　　图 3.52 给出了三个出口马赫数下叶栅出口节距平均总压损失系数和出口气流角沿叶高分布的情况。在图 3.52 中可以看到在大约 70% 和 30% 叶高处，总压损失系数存在峰值，这是上下通道涡所在的位置，并且通道涡所在位置的节距平均总压损失系数明显比其他位置高，其中损失最大的位置处于上通道涡区域，这从图 3.51 中上通道涡位置存在两个高损失核心区域中也可以得到证实。此外，随着出口马赫数的增加，通道涡核心位置略向中间叶高位置靠近。同样地，在大约 30% 和 70% 叶高位置，出口气流角也有所增加，这意味着该处气流存在欠偏转现象，而其所在位置则为通道涡位置。通过对比三个马赫数工况可以发现，叶栅出口马赫数越大，气流角峰值位置逐渐向叶顶方向移动。

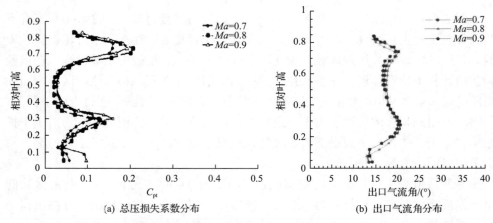

（a）总压损失系数分布　　　　　　　　　　（b）出口气流角分布

图 3.52　不同出口马赫数下叶栅出口节距平均总压损失系数及出口气流角分布对比

表 3.3 给出了不同马赫数工况下叶栅出口总压损失系数的对比情况，*Ma*=0.9 工况下的总压损失系数大于其他两个工况下的总压损失系数，这与上面的分析结果相一致，并且随着马赫数的增大，总压损失也增大。

表 3.3　涡轮叶栅出口总压损失系数对比

出口马赫数	0.7	0.8	0.9
总压损失系数	0.07207	0.07949	0.08726

3. 不同进口冲角下损失特点

进口冲角对叶栅出口总压损失系数分布的影响如图 3.53 所示。从图 3.53 中可以看出，五种冲角工况下的出口总压损失分布系数具有相似的分布，即存在上下两个高总压损失的通道涡区域，并且可以看出上通道涡的强度远大于下通道涡。

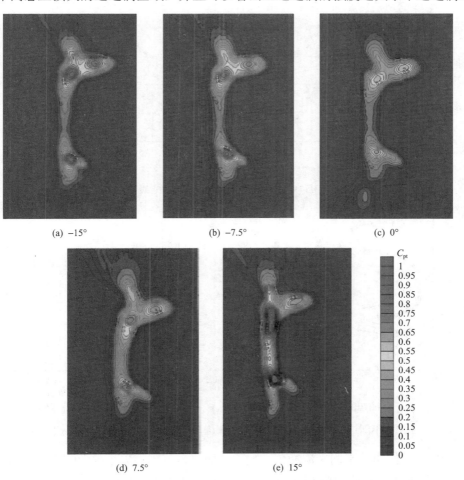

(a) −15°　　　　　　(b) −7.5°　　　　　　(c) 0°

(d) 7.5°　　　　　　(e) 15°

图 3.53　不同进口冲角下叶栅出口总压损失系数分布

通过图 3.53 可以进一步看出，随着来流冲角从零到正/负的变化，上下通道涡的影响范围皆有明显增加。此外，当冲角为 0°时，通道涡核心的总压损失系数较小，而当冲角变化为-15°或 15°时，通道涡核心的总压损失系数随之有明显增加。

不同冲角下叶栅出口的总压损失情况可以从图 3.54 和图 3.55 中进一步看到。从图 3.54 中可以看到，在冲角为 0°时，叶栅出口总压损失具有最小值。当冲角为负值时，来流直接撞击在叶片前缘的吸力面一侧，而压力面一侧的气流受到影响。当冲角为正值时，气流撞击叶片压力面一侧，叶片吸力面一侧气流受到干扰。只有当进口冲角为 0°或者较为接近 0°时，气流才能较好地流经叶片表面，具有较小的流动损失。

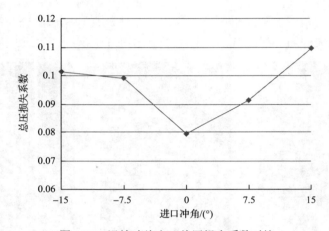

图 3.54　涡轮叶片出口总压损失系数对比

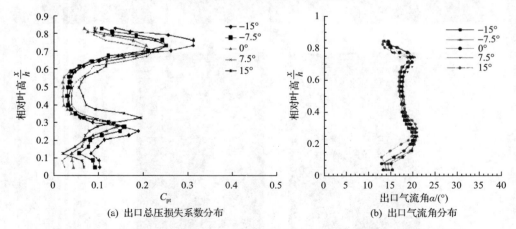

(a) 出口总压损失系数分布　　　　　　　　(b) 出口气流角分布

图 3.55　不同进口冲角下叶片出口总压损失系数及出口气流角沿叶高分布对比

图 3.55 给出了不同来流冲角工况下叶栅出口总压损失系数沿叶高的分布。从图中可以看出，在约 70%和 30%叶高位置，总压损失系数存在峰值，这是上下通

道涡所在的位置,而通道涡所在位置的节距平均总压损失系数明显比其他位置大,其中上通道引起的损失最大。同样地,在大约30%和70%叶高位置,出口气流角也有所增加,也同样产生了上下两个峰值,表明该处气流存在欠偏转现象,而其所在位置为通道涡位置。总体上,随着进口冲角的增大,气流角峰值位置逐渐向叶顶方向移动。

3.3.2 端区 S_1 流层叶型特性

为了方便研究大子午扩张涡轮的端区流动情况,本小节引入了翘曲 S_1 流层的概念。利用翘曲 S_1 流层能够更加准确地分析大子午扩张涡轮的端区流动情况,为大子午扩张涡轮叶片端区设计提供依据。

利用翘曲 S_1 流层进行流场计算和分析时,与平面流动和普通回转面流动的区别主要在于:流面弯曲、流面厚度变化、沿流程叶栅栅距变化。可以发现,平面流动流面不存在弯曲,同时,流道在子午面上的扩张使得流层厚度沿流向增厚,并使得叶栅栅距随流向回转半径的增加而减小,所以流面厚度变化和沿流程叶栅栅距变化可以区分普通回转面流层和翘曲 S_1 流层。为此,本小节利用 AutoGrid5/NUMECA 划分网格并进行计算,着重分析流层厚度、回转半径、进出口厚度比和端壁型线对 S_1 流层气动性能的影响。

1. 端区 S_1 流层叶型选取

本小节主要分析比较大子午扩张流道下涡轮静叶片端区流动情况,所以截取的流层位置选取在95%叶高处。理论上 S_1 流层厚度可视为无限小,但是在实际流场计算中必须为有限值,否则无法进行计算。因此,在本小节中所截取的各个流层都是有厚度的,为了方便计算,选取厚度分别为 1.5mm、2mm、2.5mm、3mm 和 3.5mm。沿厚度方向选取 5 个网格节点。同时,将截取后获得的流层的上下边界设置为滑移边界。图 3.56 给出了选取的 S_1 流层子午视图。

图 3.56 翘曲 S_1 流层子午视图

2. 流层厚度对叶型性能的影响

图 3.57 中分别比较了 1.5～3.5mm 流层厚度范围内翘曲 S_1 流层的马赫数分布。从图中可以发现，5 种不同流层厚度下的马赫数分布规律相同且大小也基本一致，说明流层厚度的变化对流层马赫数的影响较小。

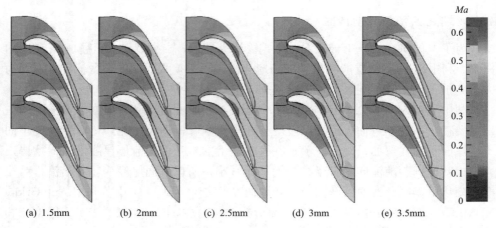

　　(a) 1.5mm　　　　(b) 2mm　　　　(c) 2.5mm　　　　(d) 3mm　　　　(e) 3.5mm

图 3.57　不同流层厚度下翘曲 S_1 流层的马赫数分布

图 3.58 分别比较了这 5 种流层厚度下翘曲 S_1 流层的熵分布。从图中可以发现，5 种不同流层厚度下的熵分布规律相同且大小也基本一致，尤其是出口尾迹的熵分布，说明流层厚度的变化对流层的熵分布的影响也很小。

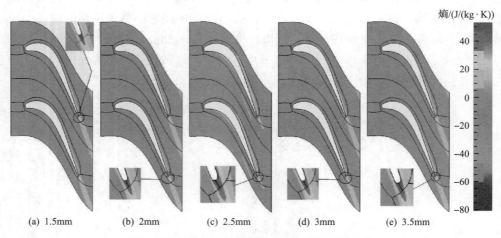

　　(a) 1.5mm　　　　(b) 2mm　　　　(c) 2.5mm　　　　(d) 3mm　　　　(e) 3.5mm

图 3.58　不同流层厚度下翘曲 S_1 流层的熵分布

表 3.4 给出了不同流层厚度下翘曲 S_1 流层的性能参数。其中 T_n 为流层厚度，PR 为压比，σ 为总压恢复系数，Δ 为气流转角。从表 3.4 中可以看出，不同的流

层厚度对压比没有影响，对总压恢复系数的影响也很小。2.5mm 厚度流层的总压恢复系数和气流转角为最小值。总体上，随着流层厚度增加，总压恢复系数和气流转角先减小后增大。

表 3.4　不同流层厚度下翘曲 S_1 流层的性能参数

T_n/mm	1.5	2	2.5	3	3.5
PR	0.99	0.99	0.99	0.99	0.99
σ	0.96	0.96	0.94	0.94	0.95
$\Delta/(°)$	71.69	71.67	71.58	71.62	71.63

另外，鉴于总压恢复系数和气流转角反映流层的做功能力，厚度的变化对流层的做功能力的影响非常小，总体上，随着流层厚度的增加先减小后增大。同时，考虑到总压恢复系数反映流层的损失情况，其变化规律与流层做功能力变化一致。

图 3.59 给出了 5 种不同流层厚度下静压沿流线方向的分布，随着流层厚度的增加，叶型吸力侧的进口段压力梯度在减小，同时，压力侧出口端压力梯度不断增大。总体上，不同厚度流层的静压分布皆比较接近，尤其在叶型的压力侧，曲率分布基本一致，而且总体的负荷也没有太大的变化。

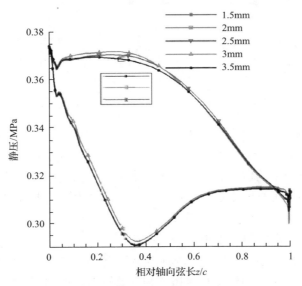

图 3.59　不同流层厚度下翘曲 S_1 流层叶型负荷分布

综上所述，随着流层厚度的增加，叶型的马赫数、压比、出口总压恢复系数、静压和气流转角等性能参数皆没有明显改变，因此可以得出结论：在所给定的流层厚度范围内(1.5～3.5mm)，不同的流层厚度对叶栅流场计算结果的影响可以忽略不计。

3. 回转半径对叶型性能的影响

本小节分别选取了 675mm、725mm、775mm、825mm、875mm 共 5 个不同回转半径下的叶型性能进行比较分析。图 3.60 给出了 2.5mm 流层厚度下翘曲 S_1 流层在不同回转半径下的马赫数分布情况。从图 3.60 中可以看出，随着回转半径增大，马赫数分布的情况基本一致，但马赫数的具体数值在减小。此外，随着回转半径增加，位于叶型吸力侧的高马赫数区域范围在不断减小，而且叶型压力侧的低马赫数区域范围也在减小，在 875mm 回转半径下已基本看不到低马赫数区域。这说明随着回转半径的增大，叶型马赫数的分布逐渐变得均匀。

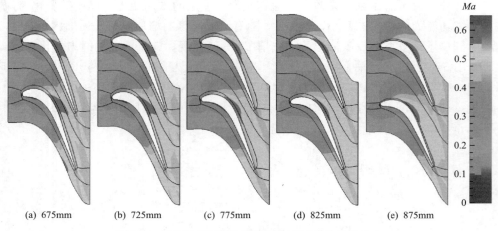

(a) 675mm　　　(b) 725mm　　　(c) 775mm　　　(d) 825mm　　　(e) 875mm

图 3.60　不同回转半径下翘曲 S_1 流层的马赫数分布

图 3.61 分别比较了上述 5 种回转半径下翘曲 S_1 流层的熵分布。从图 3.61 中可以发现，5 种不同回转半径下的熵分布规律略有不同，熵值以 775mm 回转半径处为最大值，总体上熵值随着回转半径的增加先增大后减小。从整个叶型和出口尾迹的熵分布中都可以看出这一规律，这说明回转半径的变化对流层的熵分布有一定的影响。但从图 3.61 (c)～(e) 来看，回转半径从 775mm 到 825mm 再到 875mm 的变化对出口熵分布的影响很小。

表 3.5 给出了不同回转半径下翘曲 S_1 流层的性能参数，其中 R_a 为回转半径。从表 3.5 中可以看出，回转半径对压比和气流转角的影响同样较小，而总压恢复系数随着回转半径的增加而增大。另外，鉴于压比和气流转角反映流层的做功能力，从表 3.5 中可知，回转半径的变化对流层做功能力的影响较小，总体上，随着回转半径的增加而增大。同时，总压恢复系数的变化规律与流层做功能力变化一致。

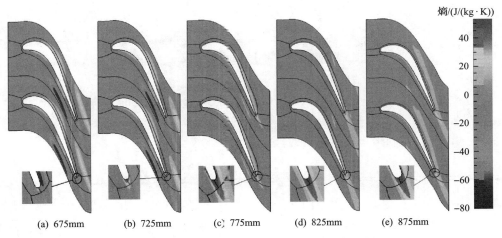

| | (a) 675mm | (b) 725mm | (c) 775mm | (d) 825mm | (e) 875mm |

图 3.61　不同回转半径下翘曲 S_1 流层的熵分布

表 3.5　不同回转半径下翘曲 S_1 流层的性能参数

R_a/mm	675	725	775	825	875
PR	0.98	0.98	0.99	0.99	0.99
σ	0.88	0.90	0.94	0.96	0.97
$\Delta/(°)$	71.45	71.54	71.58	71.71	71.98

　　图 3.62 给出的是 2.5mm 流层厚度下翘曲 S_1 流层在不同回转半径上的静压分布情况。从图 3.62 中可以看出，不同回转半径下的静压分布在压力侧的逆压梯度

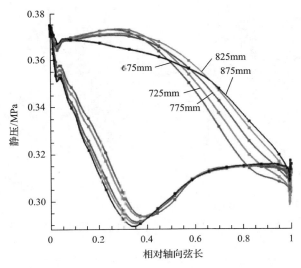

图 3.62　不同回转半径下翘曲 S_1 流层叶型负荷分布

段基本一致,而在吸力侧的变化较大。具体地,在吸力侧,进气段静压基本保持不变,压力从 40%轴向弦长处开始下降。在压力下降段,可以看出随着回转半径的增加,压力却在增加,相应的压力梯度就有所减小。总体上,随着回转半径逐渐增大,叶型的负荷也在增大。

综上所述,回转半径的增加能够在一定程度上增加叶型的负荷,使得做功能力增强,同时可增大总压恢复系数,减少损失。但是,压比和总压恢复系数仅略微增加,这说明回转半径对流层的性能影响也比较小。

4. 进出口厚度比对叶型性能的影响

本小节总共选取了 7 种不同的进出口厚度比进行比较分析。这 7 种进出口厚度比分别为 0.43、0.58、0.63、0.68、0.73、0.78、1。同时为了更加方便比较,这 7 种叶型的进口流层厚度相同,均为 2.5mm,同时回转半径均为 775mm。

图 3.63 给出了典型的 4 种不同进出口厚度比下的叶型马赫数分布情况。从图 3.63 中可以看出,进出口厚度比在 0.43~0.73 范围内时,随着进出口厚度比的增加,马赫数在不断增大,尤其从在吸力侧中部形成的高马赫数区域和在压力侧前部产生的低马赫数区域来看,随着进出口厚度比的增加,高马赫数区域和低马赫数区域的范围都在不断增大。然而,在 0.73~1 的范围内,随着进出口厚度比的增加,马赫数变化较小甚至不变。与上述的流层厚度变化和回转半径变化相比,0.43~0.73 范围内进出口厚度比的变化对马赫数变化的影响更大。

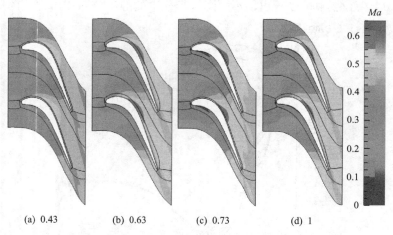

　　(a) 0.43　　　　　(b) 0.63　　　　　(c) 0.73　　　　　(d) 1

图 3.63　不同进出口厚度比下翘曲 S_1 流层的马赫数分布

图 3.64 比较了这 4 种进出口厚度比下翘曲 S_1 流层的熵分布。从图 3.64 中可以发现,和马赫数的分布情况类似,进出口厚度比为 0.43~0.73 时,熵值随之不断增加,直到进出口厚度比为 0.73 时达到了最大值,而熵增在进出口厚度比从 0.73

增加到 1 时减小，到进出口厚度比为 0.78～1 时，熵的分布基本一致，没有太大的变化。

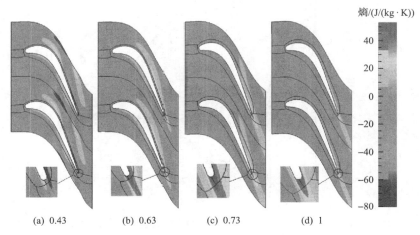

图 3.64　不同进出口厚度比下翘曲 S_1 流层的熵分布

表 3.6 给出了不同进出口厚度比下翘曲 S_1 流层的性能参数，从表 3.6 中可以看到与图 3.63 和图 3.64 相似的变化规律：进出口厚度比为 0.43 时压比减小较多，在 0.43～0.73 范围内，随着进出口厚度比的增加，压比、气流转角和总压恢复系数也逐渐增大，在 0.73～1 范围内，压比和总压恢复系数基本保持不变；而气流转角在 0.73～1 范围内随进出口厚度比增加而减小。总体上，翘曲 S_1 流层的做功能力和做功损失都随着进出口厚度比的增加而在 0.73 处达到最大值，当进出口厚度比大于 0.73 时，做功损失没有明显降低，但做功能力却随着进出口厚度比的增加而降低。

表 3.6　不同进出口厚度比下翘曲 S_1 流层的性能参数

进出口厚度比	0.43	0.58	0.63	0.68	0.73	0.78	1
PR	0.95	0.98	0.99	0.99	0.99	0.99	0.99
σ	0.71	0.91	0.91	0.94	0.96	0.96	0.96
$\Delta/(°)$	69.23	71.47	71.49	71.51	71.55	71.35	71.28

图 3.65 为 7 种不同进出口厚度比下的叶型负荷分布情况，总体上看，不同的进出口厚度比下的叶型静压分布差距较大，尤其是在叶型的吸力侧，随着进出口厚度比的减小，吸力侧的前部加载更加明显，而在叶型的压力侧，可以看出压力梯度随着进出口厚度比的增加而减小，因此，随着进出口厚度比的增加，叶型的负荷减小。

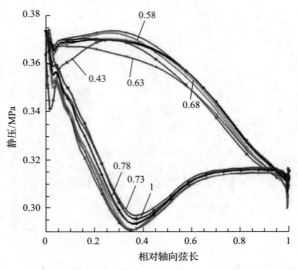

图 3.65　不同进出口厚度比下翘曲 S_1 流层叶型负荷分布

5. 端壁型线对叶型性能的影响

本部分讨论的是在相同进出口厚度比的情况下，不同的子午端壁型线分布对 S_1 流层叶型性能的影响情况。图 3.66 给出了原始型线和 3 种改型型线分布的比较，其中，模型 3 的型线是直线，模型 1 的曲率相比于原始型线是先增大后减小，而模型 2 的曲率相比于原始型线则是先减小后增大。对于涡轮流道来说，模型 1 是前段大扩张角、后段小扩张角，模型 2 则正好相反。

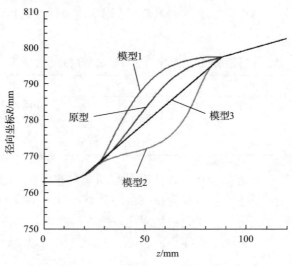

图 3.66　原始型线和 3 种改型型线示意图

需注意的是，对于不同的端壁型线叶型，进口流层厚度、进出口厚度比和回转半径保持一致。其中，进口流层厚度取 2.5mm，进出口厚度比取 0.68（设计点），回转半径取 775mm。此外，为了保证进出口流量一致，在型线变化的过程中都保持型线与叶片相交的起始点和终止点相同，并采用相同的边界设置进行计算。

图 3.67 给出了 4 种叶型的马赫数分布情况，端壁型线的不同导致结果有较大差异。模型 1 的吸力面和压力面的马赫数差异是最小的，也就是在整体叶型上，模型 1 的马赫数分布最为均匀。同时，模型 2 是马赫数差异最大的模型，模型 2 叶栅通道的中后部会形成非常大的高马赫数区域。究其原因是叶栅中部流道的扩张角突然大幅增加而导致转角附近气流压力增大，从而使马赫数激增。模型 3 的马赫数分布情况介于模型 1 和模型 2 之间，模型 3 在吸力侧也会形成较大的高马赫数区域，但并没有横穿整个叶栅通道，模型 3 在压力侧形成的低马赫数区域也是 4 个模型中最大的。相比原型而言，模型 1 的马赫数分布是最接近于原型的，同时模型 1 也是端壁型线曲率分布最接近于原型的，都是前部扩张角较大，后部扩张角较小，所产生的影响则是马赫数的分布更加均匀。

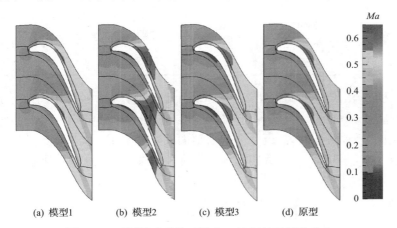

(a) 模型1　　(b) 模型2　　(c) 模型3　　(d) 原型

图 3.67　不同端壁型线下翘曲 S_1 流层的马赫数分布

图 3.68 给出了不同端壁型线下翘曲 S_1 流层的熵分布情况，熵和马赫数的分布规律是基本一致的。模型 1 同样是最接近于原型分布的模型；而模型 2 则是熵增最大的模型，尤其从出口尾迹处来看，模型 2 的熵增很大，熵增范围也很广；模型 3 则是熵增最小的模型，即损失最小的模型。

表 3.7 给出的是 4 个模型的具体性能参数，利用量化的指标来分析各个端壁型线对叶型性能的影响。从表 3.7 中可以看出，4 个模型的压比皆相等，说明 4 个模型的做功能力基本相同，具体的区别可以通过分析气流转角来得到。从气流转角来看，模型 3 的做功能力是最强的，模型 2 和模型 3 的做功能力基本相同，模型 1 的做功能力较小，但同样最接近于原型。从总压恢复系数来看，模型 1 的做功损失也最接近于原型，相对于原型，损失更小，而模型 2 的损失最大。

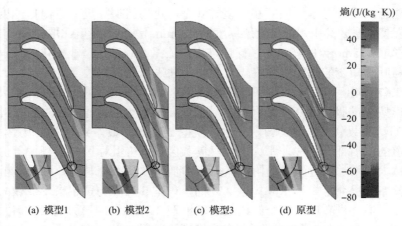

(a) 模型1　　　(b) 模型2　　　(c) 模型3　　　(d) 原型

图 3.68　不同端壁型线下翘曲 S_1 流层的熵分布

表 3.7　不同端壁型线下翘曲 S_1 流层的性能参数

模型	原型	模型 1	模型 2	模型 3
PR	0.99	0.99	0.99	0.99
σ	0.94	0.95	0.91	0.93
$\varDelta/(°)$	71.58	71.50	72.00	72.05

　　图 3.69 给出了不同端壁型线分布下的叶型负荷分布，模型 1 的前部加载最不明显，模型 1 的压力面静压分布和原始型线下的压力面静压分布非常接近，但整体载荷比原型要小。同时，模型 2 的前部加载非常明显，模型 2 的压力面和吸力面的静压分布都和原型有很大的区别。总体上，总载荷和原型最接近的是模型 3。

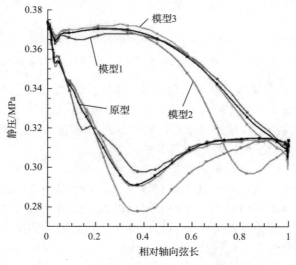

图 3.69　不同端壁型线下翘曲 S_1 流层的叶型负荷分布

综上所述，流道前段扩张角增大使得总压恢复系数增加，损失减小，不过做功能力没有太大的变化；而流道后段扩张角增大使得做功能力增强，前部加载更加明显，但导致流动损失增加。

3.3.3　大子午扩张端壁造型优化

合理的端壁型线是控制端区二次流动的一个有效手段，其实质上通过子午端壁型线技术改变了流线的曲率，从而改变了叶栅通道内压力的分布状况，使得低能流体在流道内重新分布。子午通道的扩张容易导致端壁边界层的增厚或分离，而合理的子午端壁型线则能有效地减小这种二次流损失。

本小节研究了大扩张机匣端壁采用直线型、正(凸)曲率型、反(凹)曲率型、正反曲率相结合 S 形的几种不同子午端壁型线对涡轮级静叶栅流动结构及性能的影响。

1. 计算方案的选择

原型涡轮的子午轮廓图如图 3.70 所示。五种计算方案如下所示：方案 1，上端壁采用直线型端壁型线；方案 2，上端壁采用凹凸相结合端壁型线；方案 3，上端壁采用大凸曲率端壁型线；方案 4，上端壁采用小凸曲率端壁型线；方案 5，上端壁采用凹曲率端壁型线，具体如图 3.71 所示。需注意，以上各方案的下端壁型线相同，均为直线型。

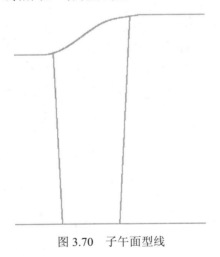

图 3.70　子午面型线

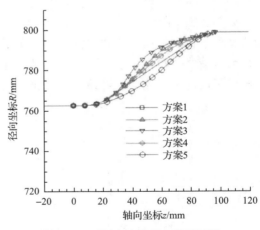

图 3.71　不同方案的子午端壁型线

2. 计算总体参数对比

从表 3.8 所示的总体性能参数可以看到，子午端壁型线的改变也改变了进/出口的流量，同时从表中可以看到，方案 2 具有最大的总压恢复系数，而方案 5 具有最小的总压恢复系数，即最大的流动损失。

表 3.8　总体性能参数

方案	单列静叶栅进/出口流量/(kg/s)	总压恢复系数 σ
方案 1	82.55/82.54	0.93687
方案 2	84.11/84.10	0.93808
方案 3	84.25/84.24	0.93754
方案 4	83.60/83.60	0.93765
方案 5	81.97/81.96	0.93538

3. 中间流道内静压分布对比

端壁型线的修改实际上就是改变叶栅通道内压力的分布情况，对于流道内静压分布的深入认识有助于对通道涡运动形态进行理解，因为这种压力梯度的分布决定了低能流体的横向和径向流动情况，对通道涡的发展与二次流损失的分布有重要的影响。图 3.72 给出了 5 种方案中间流道的静压系数等值线分布，从图中可以看到大体上分布情况相类似，上端壁型线的改变仅对顶部区的压力分布影响较大。在未采用端壁型线的直线型线情况（方案 1）下，在下端部的前半段，压力等值线基本上垂直于下端壁，不存在径向压力梯度，而在顶部前缘附近，由于受到指向轮毂方向的离心力的作用，根据完全径向平衡方程可知，与该力平衡形成较明显的径向负压梯度，因而压力等值线趋于水平。

如图 3.72 所示，到了流道的后半段，在整个径向上都比较明显有切向速度分量，产生了指向径向的离心惯性力，从而形成径向正压梯度。对比 5 种方案的静压系数等值线分布也可以看到存在明显不同的地方，方案 1 和方案 3 在前缘顶部区出现了局部扩压流动，容易造成附面层的增厚甚至出现分离流动；而方案 2 由

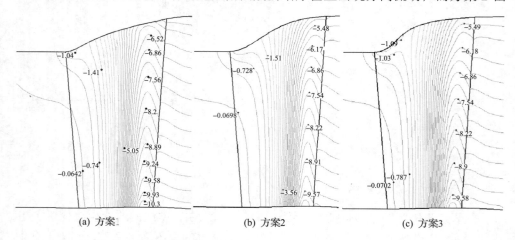

(a) 方案1　　　　　　　　　(b) 方案2　　　　　　　　　(c) 方案3

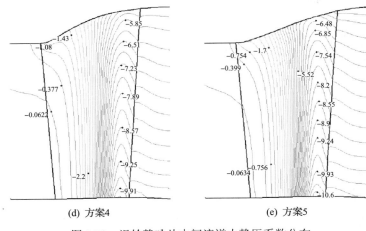

(d) 方案4　　　　　　　　　　(e) 方案5

图 3.72　涡轮静叶片中间流道内静压系数分布

于前半段的凹线光滑过渡端壁的采用则未出现明显的扩压流动,在顶部的后半段压力等值线又开始趋于水平。这是由于凸线端壁使气流产生了指向径向的离心惯性力,在顶部后半段的大部分区域内都形成明显的径向负压梯度,从而避免了大量低能流体在上端部形成堆积,有利于上端部低能流体向叶展中部方向迁移。方案 4 的流道中部静压系数分布接近方案 2。方案 1 和方案 5 相对于其他几种方案在叶栅出口处的整个径向压力梯度要小。

4. 型面静压系数分布对比

气流绕流叶栅时形成的马蹄涡、通道涡等复杂涡系结构与上、下端壁及叶片表面的边界层发展有关,而决定边界层发展的关键是壁面和叶片表面的静压分布。图 3.73 给出的几种不同上端壁型线情况下的吸力面静压系数分布皆具有相近的分布规律。图 3.73 中静叶吸力面上前 1/3 流向范围内的静压系数沿叶高分布较均匀,而在约 1/3 流向位置处在吸力面近下端壁位置存在局部低压区。此后,在吸力面的后半段,在大部分径向范围内存在径向正压梯度,而在靠近下端壁附近,特别是靠近叶栅出口位置,形成由下端壁指向叶展中部的压力梯度,驱动了此处吸力面边界层低能流体向叶展中部方向的迁移及下通道涡沿下游向叶展中部方向抬升。在靠近下端壁附近的吸力面 1/3 流向位置以后存在明显的扩压流动,这有利于吸力面附面层的增长,使得低能流体在端壁上形成聚积。通道涡在向下游的发展过程中不断地卷吸端壁和吸力面表面新生的低能流体,使得更多的低能流体被卷入通道涡的发展过程中,这将给下通道涡带来较大的损失值。上端壁型线改变以后,对吸力面静压系数分布的大体规律没有产生根本性的影响,只是在量值上有所差别。

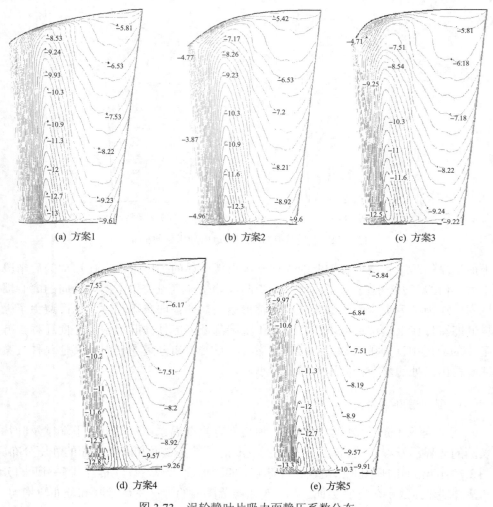

(a) 方案1　　　　　　　(b) 方案2　　　　　　　(c) 方案3

(d) 方案4　　　　　　　(e) 方案5

图 3.73　涡轮静叶片吸力面静压系数分布

5. 子午端壁造型对二次流结构的影响

在空间流场中运动的旋涡,其涡量来源于壁面,近壁面处分离线的走向在一定程度上反映了边界层的发展情况。为了解空间二次流涡系的基本结构,就必须研究壁面分离流动的形态,在叶栅流道的端壁处,来流附面层绕流圆柱形前缘时在叶片前缘形成了一个明显的鞍点,由该鞍点发出两条分离线,对应马蹄涡压力面分支和吸力面分支在端壁处的卷起线。马蹄涡压力面分支在端壁的卷起线向下游发展的过程中横跨流道到达相邻叶片的吸力面,马蹄涡压力面分支逐渐进入通道涡核心并成为其中一部分。同时,相邻叶片的马蹄涡吸力面分支在端壁的卷起线在横向压力梯度作用下沿力面角隅爬上吸力面,与通道涡在吸力面上的卷起线汇合并共同向吸力面中后部发展，所以端壁上前缘鞍点相对于叶片前缘点的位置变化可以反映出马蹄涡的形成点。由前缘鞍点发出的两条分离线进入吸力面的位置近似表明了通道涡的形成位置。通道涡在吸力面上的卷起高度体现了通道涡在吸力面上的浸润尺度。因而，端壁表面和叶片表面上特征点与特征流线的变化也反映了叶栅内部主要涡系结构的变化。从图 3.74 显示的静叶上通道涡形成之后在吸力面附近卷起所造成的分离线就可以看出其对通道涡的影响。具体地，方案 3 向叶展方向迁移最大，而方案 5 最小。

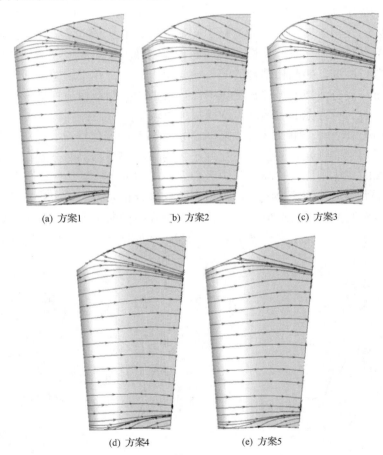

(a) 方案1　　　　b) 方案2　　　　(c) 方案3

(d) 方案4　　　　(e) 方案5

图 3.74　涡轮静叶片吸力面极限流线分布

子午端壁型线的改变对端壁附近的流动有着较大的影响，端部损失的大小与端壁流动特性有关，影响端部流动特性的主要因素有来流端壁边界层厚度和湍流度、端壁的几何形状、跨叶片截面为的叶片曲率和径向积叠线等，除前两个因素外，其他因素综合表现为端壁上的静压分布。端壁横向二次流动就是端壁边界层在流动惯性与端壁静压梯度的作用下偏离主流而产生的流动。由于端壁边界层流体沿静压等值线法向流动，静压等值线与流道中心线的交角能说明端壁横向二次流的强弱。静压等值线与流道中心线的交角越小或越趋于正交，端壁横向二次流越强或越弱。从图 3.75 可以看到静压系数等值线在前半流道内与吸力面斜交，在 50%轴向弦长以后与压力面几乎垂直，这表明横向二次流动在前 50%轴向弦长处较强，而在后半流道相对较弱。同时，各方案之间的横向二次流动的强弱也有所不同，方案 3 在上端部的横向二次流动最强烈，方案 5 最弱。另外，端壁静压的最低压力值和位置与端壁边界层引起的流动损失增长密切相关，从图 3.75(a)、(d)、(e)可以看到，在喉部稍下游靠近吸力面的地方，皆存在一个明显的低压区。出现低压区的几种方案正是上通道涡引起损失较大的几种方案，在下游的扩压段中边界层增厚较快，而且容易造成流动的分离，使得更多的低能流体被卷入通道涡的发展中。不过，凹凸相结合的子午端壁型线方案 2 在上端壁表面形成了良好的静压分布，没有出现明显的最低压力点，端壁边界层从栅前逐渐膨胀流动到叶栅下游，因而这种方案的上端部二次流损失也较小。

　　图 3.75 还给出了 5 种方案下叶栅顶部前缘鞍点的变化情况，上端壁型线的改变导致的上端壁前缘鞍点的位置变化并不太明显，但马蹄涡两分支在上端壁处形成的分离线的变化则比较明显，其中吸力面分支的分离线到达吸力面的位置相差不大，而压力面分支的分离线到达吸力面的位置就相差较大，主要是由上端壁附近横向压力梯度的不同所造成的。方案 3 在较强的横向压力梯度作用下最先到达吸力面，方案 5 的横向压力梯度最弱，到达吸力面的位置靠近叶栅的喉部。

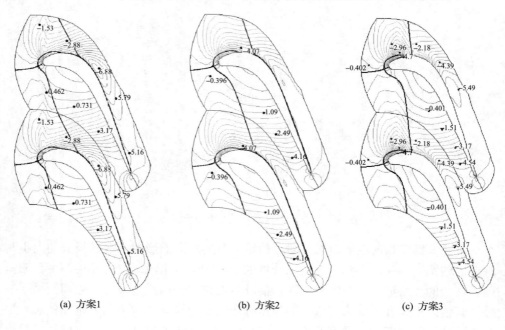

(a) 方案1　　　　　　　　　(b) 方案2　　　　　　　　　(c) 方案3

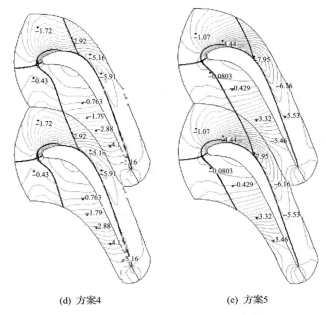

(d) 方案4　　　　　　　　　(e) 方案5

图 3.75　涡轮静叶片上端壁表面静压系数分布

6. 节距平均总压损失系数沿叶高分布

图 3.76 给出了在 5 种不同的上端壁型线方案下栅后截面节距平均总压损失系数沿叶高的分布情况，各方案共同的特点是损失最大点都出现在上下端壁处，离上下端壁不远处分别有一个损失峰值。比较图 3.76 中 5 种方案的结果可以看出，上端壁型线的改变对上通道涡的位置、范围和强度都产生了影响，各个方案占据了不同的展向位置。方案 1 和方案 5 的上通道涡损失核心位置最靠近上端壁，约在 86%叶高位置，最靠近叶展中部的是方案 3，大约在 80%叶高位置，其他方案上通道涡的损失核心位置大约在 83%叶高处。上通道涡损失核心位置不同与通道内径向压力的分布有关，由于方案 2 和方案 5 在径向上具有最小的压力梯度，因而上通道涡向叶展中部移动的距离也最小。从上通道涡的强度和尺度来看，方案 5 具有最大的损失峰值和尺度，其次是方案 1，方案 3 在相对叶高 85%以上的位置处具有最小的损失值，但由于通道涡位置的下移，尺度和强度没有比其他方案减小。不过，方案 2 无论是在强度和尺度上都是这几个方案中最小的，上通道涡的总压损失系数峰值为 0.45，与不采用端壁成型的直线型端壁方案 1 相比，损失值降低了 10%，而方案 5 由于端部附近的低能流体未能有效地向叶展中部方向输运，在顶部区形成聚积，因而具有最大的总压损失系数峰值，其值达到 0.53。总的来看，顶部损失最大的为方案 5，最小的为方案 2。

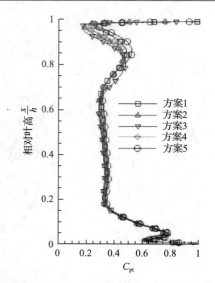

图 3.76　涡轮静叶片出口节距平均总压损失系数沿叶高的分布

7. 静叶片出口绝对气流角沿叶高分布

　　静叶片出口绝对气流角是进行涡轮设计时比较注重的一个参数，是叶栅气动性能的重要参数之一，因为它直接影响气流对动叶的冲角，进而影响动静叶之间的相互匹配。从图 3.77 所示的静叶片出口绝对气流角沿叶高的分布来看，靠近端壁处气流具有过偏转和欠偏转的分布特点。过偏转是由于有端壁边界层的存在，

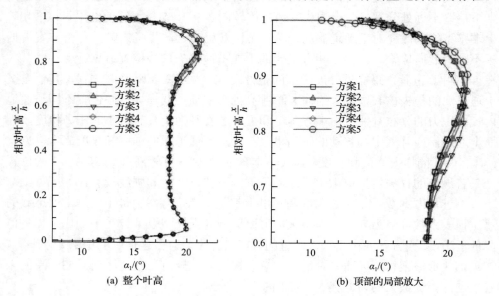

(a) 整个叶高　　　　　　　　　　　　　(b) 顶部的局部放大

图 3.77　涡轮静叶片出口绝对气流角沿叶高的分布

近壁面的气流在端壁附近压力面与吸力面之间较大横向压力梯度的作用下造成强烈的横向流动。欠偏转是由于一部分主流被通道涡卷吸而产生由吸力面向压力面流动的速度分量以及吸力面附近积聚的低能流体对主流的排挤所造成的,通道涡的作用使得周向速度减小,造成气流的欠偏转,这对与下游动叶栅匹配时很不利,会带来冲角损失甚至出现分离。

另外,从静叶片出口绝对气流角沿叶高的分布来看,在流道中间的绝大部分区域内,气流角沿叶高方向的分布是比较均匀的,上端壁子午型线的改变对中间叶高以上位置的出口绝对气流角产生了影响,气流角偏转的大小不同主要是受上通道涡位置和强度的影响,其分布的特点也和图 3.76 所示的栅后节距平均总压损失系数沿叶高的分布相同,而上端壁子午型线的改变对中间叶高以下位置的气流角分布基本没有影响。

3.3.4　大子午扩张涡轮叶片正交化设计及性能分析

涡轮叶片采用正交化设计是创新型设计,目前在国内还极度缺少相关方面的论文研究和应用。不过,在罗罗公司的遄达系列航空发动机和 MT30 舰用燃气轮机中皆创造性地使用了正交涡轮的设计。本小节文基于此对现有大子午扩张涡轮进行正交化优化设计并深入分析和研究正交设计对大子午扩张涡轮气动性能的影响[14]。

1. 正交叶片成型

1) 叶片参数化拟合

本小节以某型大子午扩张动力涡轮第一级叶片为基准,采用商业软件 NUMECA 中的 AutoBlade 对已有叶型进行正交设计优化。原始叶型是某型涡轮的静叶和动叶,为了能够在 AutoBlade 中进行改型,必须对原始叶型进行参数化拟合,拟合的标准是尽可能地和原始叶型的形状以及性能参数保持一致。

对静叶拟合时选取前缘线作为积叠线,对动叶拟合时选取叶型重心作为积叠线。图 3.78 给出的是参数化叶型和原始叶型的比较,分别比较了涡轮第一级静叶和动叶的截面 2、4 和 6。

从图 3.78 中可以看出,三个截面的叶型参数化质量较高,但从图中只能够定性地看出参数化效果。为了进一步证明参数化叶型可以很好地反映原始叶型,对两个叶型进行了计算,计算结果如表 3.9 所示。

从表 3.9 中看,原始叶型和参数化叶型的流量基本一致,参数化叶型的流量比原始叶型高 0.035kg/s,差距小于 0.05%,基本可以忽略。参数化叶型的效率相对提高了 0.045%,同样很小。参数化叶型的功率和膨胀比都有所减小,说明参数化叶型的做功能力有所减弱,但减弱的程度都能控制在 0.5%以内,其中膨胀比、

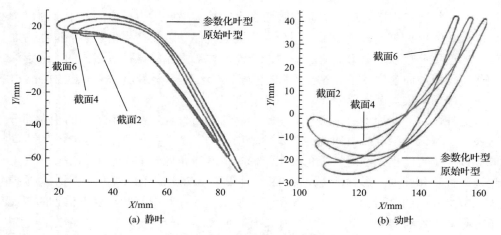

图 3.78　静叶和动叶的参数化叶型与原始叶型的比较

表 3.9　原始涡轮和参数化涡轮的总体性能参数对比

	效率/%	流量/(kg/s)	膨胀比	比功/(kW/kg)	功率/kW
原始涡轮	92.365	82.542	0.763	49.067	4197.3
参数化涡轮	92.410	82.577	0.762	50.657	4183.1

功率分别减小了 0.1%和 0.3%。参数化叶型的比功提升较高，提升了 3%。总体上来说，参数化叶型的性能参数和原型是很接近的，说明拟合是成功的，拟合得到的参数化叶型是可用的。

2) 叶片正交化设计

本小节的正交化设计是在参数化叶型的基础上进行的，叶片的径向积叠规律采用的是 AutoBlade 模块中的 Bezier-直线-Bezier 模式，具体见 2.2.3 节。

在静叶的正交化设计过程中，考虑到子午流道的扩张角高达 34°，为了使叶片与端壁正交，使叶片上端部 43%叶高范围前掠 34°，其他变量和参数化保持一致。叶片前掠的积叠点选取在上端壁，这样就可以保证叶片的重新造型不会影响静叶上端在上端壁的相对位置；同时，为了保证涡轮第一级的流量不受重新设计的影响，在本小节的设计过程中，在参数化静叶的基础上增加了安装角设置，并改变进气角，叶片不同的造型对应不同的安装角和进气角。为了适应本小节的设计造型，通过多组计算发现：采用轴向进气，并将安装角增加 2°能够保证参数化涡轮和正交涡轮的流量基本一致。此外，还应该考虑到静叶正交后动叶的匹配，包括动叶的径向改型和叶片的轴向间距等。

通过 AutoBlade 完成重新设计后生成 geomturbo 文件，为后续的网格划分提供物理模型，重新设计后的正交静叶和原始静叶的对比如图 3.79 所示。图 3.80 给出了应用正交静叶的多级涡轮第一级子午视图。

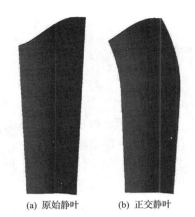

(a) 原始静叶 (b) 正交静叶

图 3.79 原始静叶和正交静叶示意图

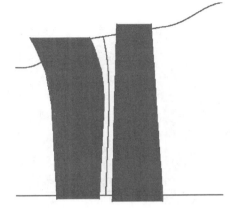

图 3.80 应用了正交静叶的多级涡轮
第一级子午视图

2. 计算结果分析

1) 整体性能参数比较

表 3.10 给出了正交涡轮与参数化涡轮的总体性能参数对比,从表中可以看出,正交涡轮叶片和参数化涡轮叶片的流量变化很小,只有 0.192kg/s,正交叶型的流量提升了 0.23%,满足了流量基本相同的要求。在此情况下,正交涡轮的效率提升了 0.691%,功率提升了 67.5kW,提升幅度为 1.61%;比功提升了 0.698kW/kg,提升幅度为 1.38%,而两种叶型的膨胀比则没有变化。

表 3.10 正交涡轮和参数化涡轮的总体性能参数比较

	效率/%	流量/(kg/s)	膨胀比	比功/(kW/kg)	功率/kW
参数化涡轮	92.410	82.577	0.762	50.657	4183.1
正交涡轮	93.101	82.765	0.762	51.355	4250.6

2) 静压分布分析

图 3.81 中给出的是正交涡轮和参数化涡轮的静叶负荷分布对比,从总体上看,正交静叶的载荷曲线更加平滑,也由参数化静叶的前端加载变为均匀加载,流动更加平稳。

如图 3.81(a)所示,在 5%叶高处,与参数化涡轮相比,正交涡轮的气流在进口段吸力面处的膨胀加速明显减弱,同时压力面的膨胀加速明显增强。静叶压力面在 10%~60%轴向弦长区域内膨胀十分平缓,近似于没有膨胀,一直到 60%轴向弦长到出口端才开始迅速膨胀。同时,最小压力点后移,在叶根处,最小压力点由参数化涡轮的 25%轴向弦长处后移至 90%轴向弦长,缩短了尾缘附近的轴向和径向的逆压梯度段，同时减小了逆压梯度值。可见，正交涡轮叶根位置的流动得到了合理组织，从而降低了流动损失。

如图 3.81(b)所示，在 50%叶高处，正交涡轮与参数化涡轮相比较的变化与10%叶高处相似，但是在 50%叶高处，能看到正交涡轮也存在一定程度上的前部加载，加载位置较参数化涡轮后移，也就是最小压力点后移，同时，最小压力点的位置有了明显的上移，虽然在 50%叶高处存在明显的逆压梯度段，但逆压梯度段的长度和变化范围都得到了极大的优化，在叶中部分，流动也得到了优化。

如图 3.81(c)所示，在95%叶高处，正交涡轮与参数化涡轮相比较呈现出后部加载的形式。正交涡轮与参数化涡轮的静叶片皆存在逆压梯度段，但与参数化涡轮相比，正交涡轮的逆压梯度更加平缓，除此之外，前半部分的顺压梯度也比参数化涡轮小，流动更加平缓，说明正交涡轮设计减少了端部的流动损失。

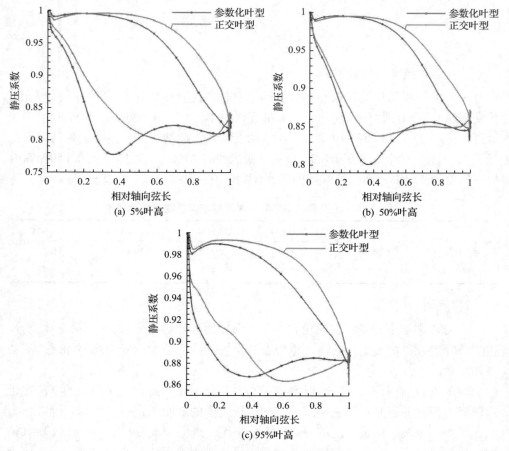

图 3.81　不同叶高位置静叶负荷分布

图 3.82 给出了正交涡轮和参数化涡轮动叶片的负荷分布,从图 3.82 中可以看

出，参数化涡轮和正交涡轮的动叶在叶根和叶中部的静压系数的整体变化趋势较为类似，主要的区别集中在叶顶部分。在 95%叶高处，正交涡轮的动叶进口压力明显减小，而最小压力却比参数化涡轮要高。虽然在入口处，正交涡轮的动叶基本不存在逆压梯度段，但从总体上看，正交涡轮的动叶负荷要小于参数化涡轮。考虑到正交涡轮静叶的负荷有所增强，所以第一级涡轮整体的负荷能力并没有减弱，这从表 3.10 中也可以看到。相反地，正交涡轮整体的负荷相比参数化涡轮得到了增强。

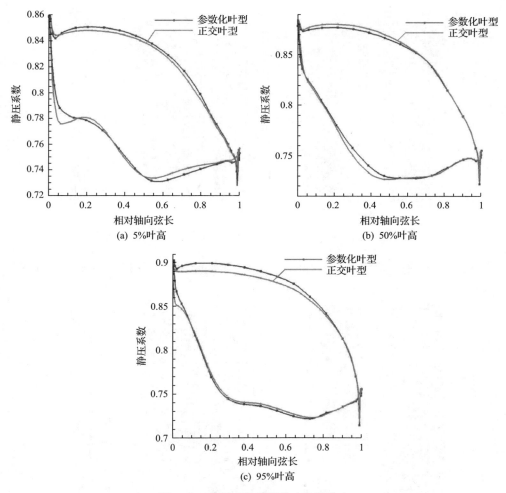

图 3.82　不同叶高位置动叶负荷分布

图 3.83 给出了正交涡轮和参数化涡轮的静叶表面静压分布，其中左侧为吸力面，从左侧进气，右侧为压力面，从右侧进气。在参数化涡轮的静叶吸力面的静压分布中，有两个明显的低压区，而在正交叶片中只存在一个低压区，同时低压

核心的位置上升,压力值增大。由于低压核心位置沿轴向向后移动并沿径向向上移动,在静叶的吸力面上形成了"C"形压力分布,这种压力分布使得上端壁的流动沿压力梯度向叶片的中部移动,减少了端壁的流动损失,同时,叶片吸力面轴向和径向的压力梯度都有不同程度上的减小,从而减小了压力在轴向和径向的下降速度,最终使得端区流动得到了优化。从图 3.83 中还可以看到,正交叶片中间部分的高压区域范围更大,高压区域从叶顶一直分布到叶根部分。

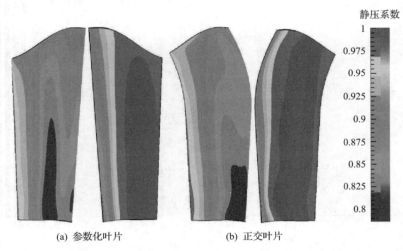

(a) 参数化叶片   (b) 正交叶片

图 3.83 参数化叶片和正交叶片表面静压分布对比

图 3.84 给出了应用正交静叶的涡轮第一级动叶和参数化涡轮动叶表面的静压

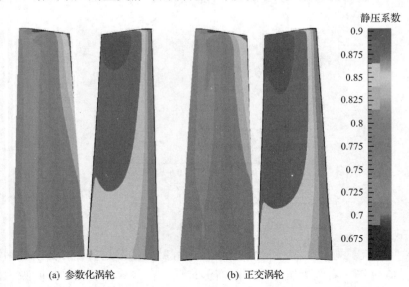

(a) 参数化涡轮   (b) 正交涡轮

图 3.84 参数化涡轮和正交涡轮的动叶表面静压分布对比

分布。从叶片吸力面的压力分布情况来看，参数化涡轮和正交涡轮的静压分布比较接近，正交涡轮动叶顶部的低压区域相对更小，说明间隙泄漏得到了一定的限制，而且叶片中部的低压区域更小，使得整个吸力面的压力梯度更小，优化了流动。从动叶压力面的静压分布中可以看出，正交涡轮第一级动叶前缘附近的高压区域范围要更大，从而增大了压力梯度，这不利于流动损失的控制。

图 3.85 和图 3.86 分别给出了参数化叶片和正交叶片上下端壁静压分布的情况。从图 3.85 中可以看出，重新设计后的叶片在上端壁的压力分布与原始叶片的差别之处主要集中在叶片的吸力面后部。在参数化叶片中，从叶片的 1/2 轴向位置通道涡开始形成，而在正交叶片中，通道涡的核心位置和参数化叶片相比没有改变，但是通道涡强度有明显减弱。这说明在正交涡轮静叶上端壁面附近的边界层中的低能流体比参数化涡轮要少，同时，横向流动没有改变通道涡的位置，也说明横向流动没有得到增强，正交涡轮中的边界层和参数化涡轮相比没有迁移，流动得到了有效的组织。

从图 3.86 中可以看出，正交设计对下端壁处流动的优化效果同样比较明显，正交叶片吸力侧产生的通道涡的位置更靠近中间位置，通道涡的影响范围也更小，而且从图 3.86 中可以明显看出，正交叶片的压力梯度比参数化叶片要小，压力分布更加均匀。尤其是在吸力侧的转焦位置，参数化叶片在此处的压力梯度非常大，可能会造成流动的恶化，而正交叶片在该位置的压力梯度则明显减小。

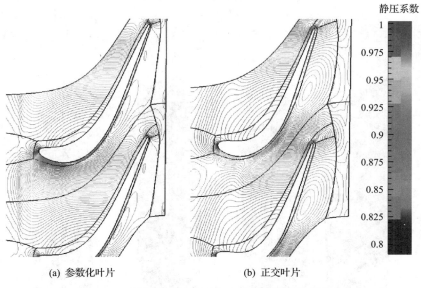

(a) 参数化叶片　　　　　　　　(b) 正交叶片

图 3.85　参数化叶片和正交叶片的上端壁静压分布

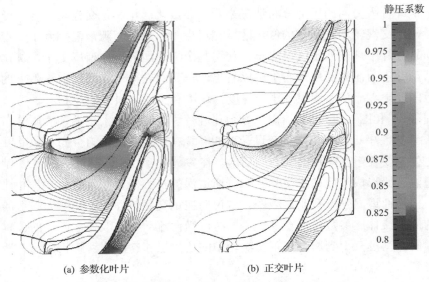

静压系数

(a) 参数化叶片　　　　　　　　　　(b) 正交叶片

图 3.86　参数化叶片和正交叶片的下端壁静压分布

3) 极限流线分布分析

图 3.87 给出了参数化叶片和正交叶片表面的极限流线分布，其中左侧为压力面。由图 3.87 可知，在上端壁附近，正交涡轮通道涡的影响范围比参数化涡轮小很多，随着叶片前掠，上通道涡也向前延伸，但通道涡的径向影响范围明显减小。此外，在下端壁附近，参数化叶片分离线的位置更加靠近前缘，且下端壁处分离涡强度明显更大，而正交叶片的流线上抬的趋势不明显，这说明在下端壁附近，正交叶片设计降低了通道涡的强度。

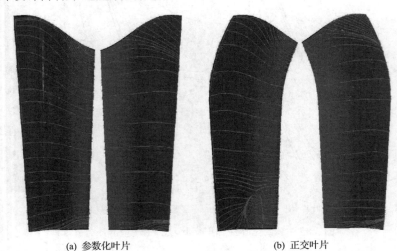

(a) 参数化叶片　　　　　　　　　　(b) 正交叶片

图 3.87　参数化叶片和正交叶片表面的极限流线分布

4) 叶片列出口损失分布

图 3.88 给出了参数化叶片和正交叶片的出口熵分布,由于静叶不存在顶部间隙,所以出口损失较小,通道涡和尾迹构成主要熵增区。从图 3.88 中可以看出,正交叶片的通道涡更接近叶片根部,而且通道涡区域明显减小,尾迹也得到了明显的控制。

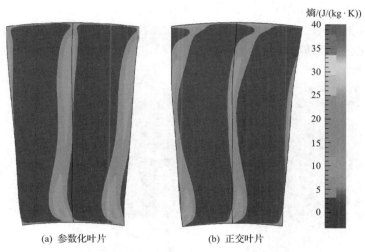

(a) 参数化叶片　　　　　　　　　(b) 正交叶片

图 3.88　参数化叶片和正交叶片的出口熵分布

图 3.89 给出了静叶出口总压恢复系数沿叶高分布,正交叶片的总压恢复系数在 95%~98%叶高处比参数化叶片略小,然而在 40%~95%叶高处,正交叶片的总压恢复系数比原始叶片要高,尤其是在 65%~85%叶高处,正交叶片的总压恢复系数和参数化叶片相比有明显的提升。不过,除 10%~15%叶高范围外,从叶

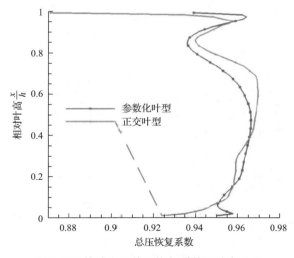

图 3.89　静叶出口总压恢复系数沿叶高分布

根到 40%叶高处，正交涡轮的总压恢复系数都比参数化涡轮要小，这意味着，虽然根部通道涡区域有明显减小，但通道涡引起的损失却有所增加。尽管如此，整体上，采用正交静叶片使得静叶的损失在 40%～95%叶高范围内得到了明显降低，流动得到了良好组织。

从图 3.90 所示的动叶出口熵分布图中可以看到，正交静叶片设计减弱了下游动叶的间隙泄漏涡，但在动叶顶部却存在大面积的熵增区，说明静叶片的正交化设计能有效地控制动叶叶顶的泄漏涡，却在一定程度上增加了动叶顶部端区损失。

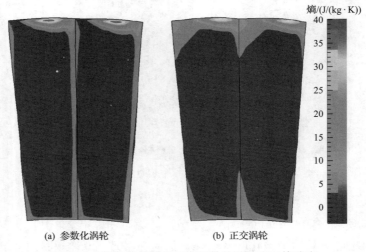

(a) 参数化涡轮　　　　　　　　(b) 正交涡轮

图 3.90　参数化涡轮和正交涡轮的动叶出口熵分布

整体上，正交涡轮与参数化涡轮的效率对比如图 3.91 所示。从图 3.91 中可以

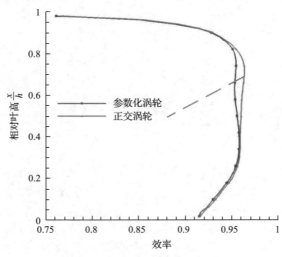

图 3.91　涡轮级效率沿叶高分布

看出，在叶片顶部，正交设计有非常明显的效率提升，主要提升位置在 40%～90%叶高区域，而从 40%叶高到根部位置，正交设计也有一定的效率提升，但不太明显。

3.3.5　多级大子午扩张涡轮正交化设计验证

如上所述，在保证流量变化不大的情况下，大子午扩张涡轮的正交化设计可以使涡轮第一级的效率提升 0.69%，证明正交静叶片的应用对于优化大子午扩张涡轮端区流动是有益的。为了进一步深入了解正交叶片的应用对涡轮效率的影响，本小节将正交叶片应用于四级大子午扩张动力涡轮，并计算和分析重新设计的涡轮的气动性能，从而为工程应用提供必要的思路和理论基础。

1. 多级正交设计方案

1）参数化拟合

和第一级涡轮参数化拟合方法类似，本小节同样采用商业软件 NUMECA 中 AutoBlade 对第二级～第四级的动静叶进行参数化拟合。图 3.92～图 3.94 分别给出了第二级～第四级涡轮静叶和动叶的参数化拟合后的叶型和原始叶型的对比，其中，第二级和第三级涡轮分别比较了静叶和动叶的截面 2、5 和 8；第四级涡轮比较了静叶和动叶的截面 2、6 和 10。

从图 3.92～图 3.94 中可以看出，静叶的参数化拟合较好，而动叶的拟合却存在一定的偏差，不过偏差较小。更为具体地，对于静叶来说，前缘的拟合基本能够保证完全一致，而静叶的尾缘存在一定的偏差，但偏差同样也很小。

为了更准确地反映参数化拟合的效果，还需要进行定量比较。表 3.11 给出了原型四级动力涡轮和参数化四级动力涡轮的总体性能参数对比。由表 3.11 可见，

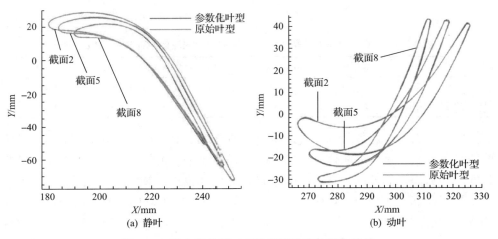

图 3.92　动力涡轮第二级静叶和动叶的拟合结果

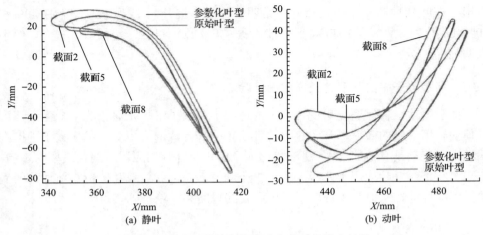

图 3.93　动力涡轮第三级静叶和动叶的拟合结果

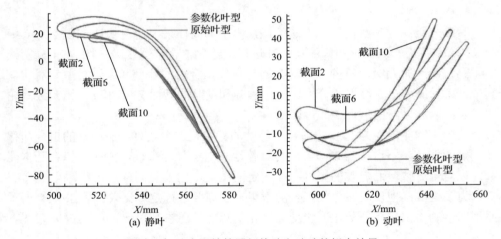

图 3.94　动力涡轮第四级静叶和动叶的拟合结果

表 3.11　原型四级动力涡轮和参数化四级动力涡轮的总体性能参数对比

	效率/%	流量/(kg/s)	膨胀比	比功/(kW/kg)	功率/kW
原型四级动力涡轮	93.275	82.342	0.295	297.506	24497.3
参数化四级动力涡轮	93.327	82.376	0.294	295.937	24378.1

原型四级动力涡轮和参数化四级动力涡轮的流量基本一致，参数化四级动力涡轮的流量比原型四级动力涡轮高 0.034kg/s，差距小于 0.05%，基本可以忽略。参数化四级动力涡轮的效率相对提高了 0.052%，同样很小；参数化四级动力涡轮的功率和膨胀比都有所减小，说明参数化四级动力涡轮的做功能力有所减弱，但减弱的程度都能控制在 0.5%以内，其中，膨胀比和功率分别减小 0.34%和 0.5%；参数化四级动力涡轮的比功减小了 0.53%。总体上来说，参数化拟合后的涡轮的性能

参数和原型四级动力涡轮是很接近的，说明拟合同样是成功的，拟合得到的参数
化涡轮是可用的。

2) 多级涡轮正交设计

图 3.95 给出了参数化四级动力涡轮的子午视图，从图上可以很明显地看出，
上端壁呈大子午扩张形式，尤其是在静叶端壁部分。参数化四级动力涡轮的静叶
上端壁子午扩张角分别为 34.0°、30.9°、30.1°和 28.6°。同样地，为了使静叶片与
上端壁正交，采用叶片上端部前掠形式，前掠的角度由子午扩张角决定。

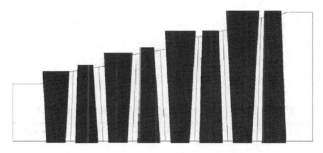

图 3.95　参数化四级动力涡轮的子午视图

通过多组分级计算确定各级静叶的掠高，最后定为第一级静叶沿 43%叶高前
掠 34.0°，其他变量和原型保持一致；第二级静叶沿 35%叶高前掠 30.9°，其他变
量不变；第三级静叶沿 30%叶高前掠 30.1°，其他变量和原型保持一致；第四级静
叶沿 25%叶高前掠 28.6°，其他变量和原型保持一致。叶片前掠的积叠点选取在上
端壁，这样就可以保证叶片的重新造型不会影响静叶上端在上端壁的相对位置。
同时，为保证涡轮流量不受正交设计的影响，在本小节的设计过程中，在原型静
叶的基础上增加了安装角设置，并改变进气角，叶片不同的造型对应不同的安装
角和进气角。为了适应本小节的设计造型，通过多组数值计算发现：在采用轴向
进气，并将安装角增加 2°的情况下能够保证原型涡轮和正交涡轮的流量基本一致。
同时，还应该考虑到静叶正交后动叶的匹配，包括动叶的径向改型和叶片的轴向
间距等。图 3.96 给出了正交化设计四级动力涡轮的子午视图。

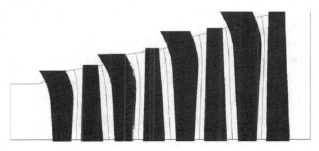

图 3.96　正交化设计四级动力涡轮的子午视图

2. 多级涡轮气动性能分析

1）整体性能分析

表 3.12 给出了第一级静叶正交和四级静叶正交的四级涡轮与参数化四级涡轮的总体性能参数对比情况。从表 3.12 中可见，第一级静叶正交和四级静叶正交的四级涡轮与参数化四级涡轮的流量差距很小，其中，第一级静叶正交四级涡轮的流量比参数化涡轮减小了 0.007kg/s，即减小了 0.01%，四级静叶正交的四级涡轮的流量相比参数化涡轮提高了 0.207kg/s，即提高了 0.25%，流量差距均小于 0.5%，满足了流量基本相同的设计要求。在此情况下，第一级静叶正交的四级涡轮的效率提升了 0.201%，功率提升了 70.8kW，提升幅度为 0.29%；四级静叶正交的四级涡轮的效率提升了 0.598%，功率提升了 506.7kW，提升幅度为 2.08%；总体上，两种正交设计四级涡轮的膨胀比没有变化。

表 3.12　正交涡轮和参数化涡轮的总体性能参数对比

	效率/%	流量/(kg/s)	膨胀比	比功/(kW/kg)	功率/kW
参数化四级涡轮	93.327	82.376	0.294	295.937	24378.1
第一级静叶正交的四级涡轮	93.528	82.369	0.294	296.822	24448.9
四级静叶正交的四级涡轮	93.925	82.583	0.294	264.943	24884.8

结合表 3.12 和表 3.10 可以看出，单级正交涡轮虽然效率和性能提升较为明显，但是当这一级正交涡轮应用于四级动力涡轮时，提升效果就大为降低。当四级静叶全部采用正交化设计时，效率得到了较为明显的提升，说明正交静叶设计在四级动力涡轮中的应用是具有实际的工程应用价值的。

2）叶片表面静压分布

图 3.97 给出了四级动力涡轮静叶在 5%叶高位置的叶型负荷分布。总体上，正交涡轮的采用使得参数化涡轮的前部加载变得不再明显，而变为均匀加载，而且第三级静叶在 5%叶高位置更是呈现出一定程度的后部加载。正交涡轮的第一级和第四级静叶的进口静压系数与参数化涡轮基本一致，而正交涡轮的第二级和第三级静叶的进口静压系数要明显低于参数化涡轮，而最低压力值和参数化涡轮基本相等或比参数化涡轮要大，这也就直接造成了正交涡轮静叶吸力面的静压梯度要比参数化涡轮小，这说明在下端壁附近四级正交静叶的流动皆得到了优化。

从图 3.98 所示的四级动力涡轮静叶在 95%叶高位置的叶型负荷分布上可以看出，四级正交静叶的进口静压系数皆在不同程度上比参数化静叶要小，其中第三级正交静叶和第三级参数化静叶的进口静压系数的差距最大。第一级~第三级正交静叶都很成功地消除了参数化静叶的前部加载情况，但是第四级正交静叶依然

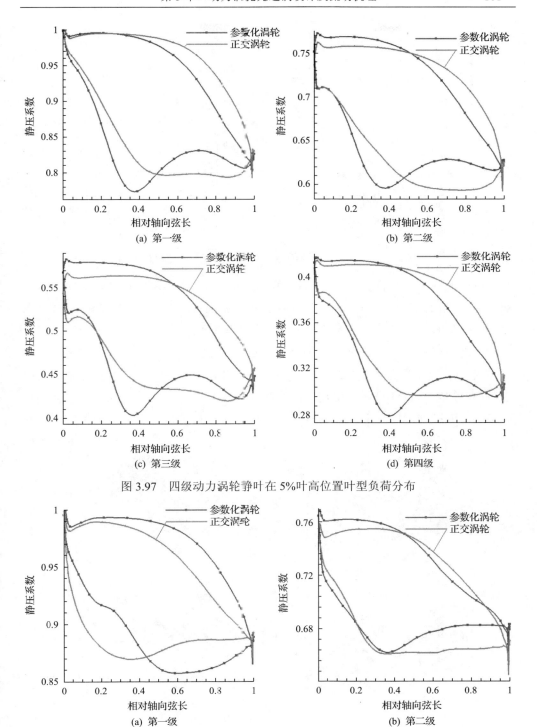

图 3.97　四级动力涡轮静叶在 5%叶高位置叶型负荷分布

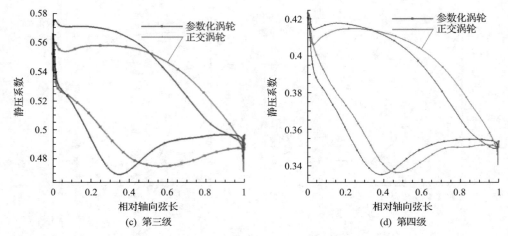

图 3.98　四级动力涡轮静叶在 95%叶高位置叶型负荷分布

存在一定的前部加载，相比于参数化第四级静叶，其最小压力点沿轴向向后侧移动了 10%轴向弦长，也由前部加载变成了中部加载。同时，结合图 3.97 可知，在95%叶高处正交静叶的压力梯度降低幅度不如叶根部分明显。

3）上下端壁静压分布

图 3.99 给出了参数化涡轮和正交涡轮的上端壁静压分布对比，从图中可以很明显地看出正交设计对涡轮上端壁的影响。首先，正交叶片的前掠使得正交涡轮的第一级静叶前缘附近的压力系数变大，而正交设计使得正交涡轮的第一级静叶

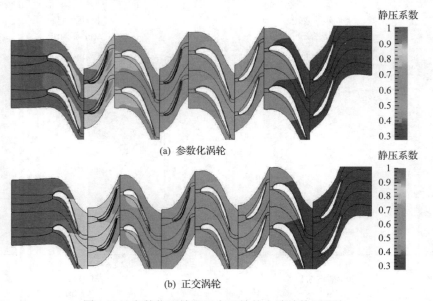

图 3.99　参数化涡轮和正交涡轮的上端壁静压分布

的出口压力减小，做功能力和效率得到了提升。同时，第一级静叶出口和第一级动叶进口的压力分布变得更加均匀，流动得到了一定的优化。其次，通过观察第二级涡轮可以发现，由于静叶正交，在静叶的压力面靠近前缘位置产生了一个很明显的通道涡，但第二级静叶的压力梯度明显减小，流动总体上还是得到了一定的合理组织。

从图 3.100 中看，可以发现参数化涡轮和正交涡轮下端壁静压分布的主要区别集中在第一级动叶出口、第二级动叶进口和第二级静叶。正交涡轮第一级动叶的出口压力明显比参数化涡轮要低。第一级动叶出口压力的减小导致第二级静叶进口压力减小，出口压力也相对减小。不过，从第三级静叶开始，两种涡轮下端壁的压力分布情况逐渐趋于一致。这说明对于涡轮的下端壁，主要影响集中在涡轮的第一级和第二级，第三级和第四级的正交设计对涡轮下端壁的影响非常小。

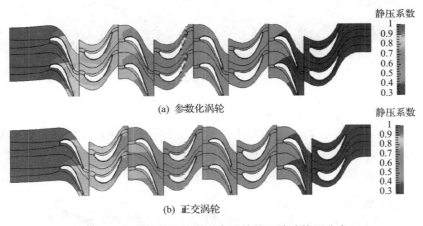

(a) 参数化涡轮

(b) 正交涡轮

图 3.100　参数化涡轮和正交涡轮的下端壁静压分布

综上，结合图 3.99 和图 3.100 可知，第一级和第二级静叶正交对涡轮上下端壁附近流动的影响较大，第三级和第四级的影响则较小，再结合图 3.97 和图 3.98 可以发现，第四级静叶的正交设计对涡轮性能的影响非常小。

4) 上下端壁极限流线分布

图 3.101 给出了参数化涡轮和正交涡轮的上端壁极限流线分布对比，从静叶上端壁的极限流线可以看出，正交涡轮的第一级静叶上端壁的横向流动增强，马蹄涡的形成更早。横向流动的增强说明正交静叶上端壁的二次流动比参数化静叶更加剧烈。不过，从图 3.98(c) 中看出，正交静叶在 95% 叶高位置为明显的后部加载，也就是说横向流动应该减弱。因此可以推测出，大子午扩张的流道虽然造成了在靠近上壁面位置的二次流动加剧，但总体上正交设计减弱了端区二次流动。第四级静叶上端壁的极限流线分布和第一级类似，上端壁的横向流动增强，马蹄

涡的形成更早，而对于第二级和第三级涡轮静叶来说皆没有产生明显的横向流动。
对于四级动叶来说，极限流线分布皆比较相近。

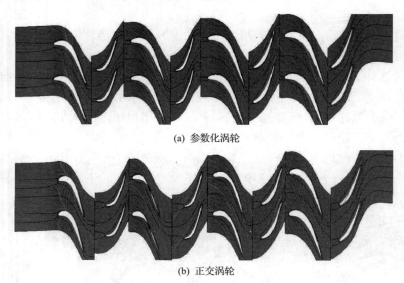

(a) 参数化涡轮

(b) 正交涡轮

图 3.101　　参数化涡轮和正交涡轮的上端壁极限流线分布

　　图 3.102 给出了参数化涡轮和正交涡轮的下端壁极限流线分布对比。从下端
壁极限流线中看出，正交涡轮和参数化涡轮的下端壁极限流线的分布基本一致，
前缘鞍点和马蹄涡的形成位置都比较一致，涡轮叶片正交对其影响不大。

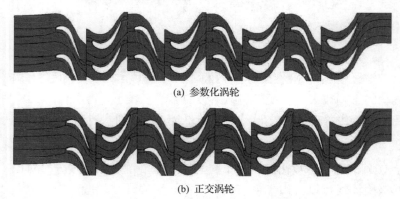

(a) 参数化涡轮

(b) 正交涡轮

图 3.102　　参数化涡轮和正交涡轮的下端壁极限流线分布

3.4　本章小结

本章主要从涡轮先进涡设计思想及体系、动力涡轮先进涡设计验证以及大子

午扩张动力涡轮端区流动机理及正交化设计等方面进行了论述。

对于叶轮机械来说，气动设计是其核心技术，没有高水平的气动设计就不可能有高水平的性能。课题组在对动力涡轮内部流动进行深入认识的基础上，基于传统的可控涡设计方法，提出了一种涡轮先进涡设计体系框架，其是综合了无黏压力可控涡设计、黏性可控涡设计以及先进叶型、弯掠叶片、端壁造型等技术而形成的一套完整的高性能动力涡轮设计框架，并进行了分层次设计验证。

船用燃气轮机动力涡轮一般为大扩张流道设计，其端区二次流动比较剧烈，端区损失较大。针对动力涡轮的端区流动特点，课题组提出了针对大子午扩张动力涡轮的正交化设计概念，并进行了单级、多级涡轮设计验证，结果表明：涡轮叶片的正交化设计可有效降低大子午扩张涡轮端区的流动损失，从而明显提高涡轮的气动性能。

参 考 文 献

[1] Dorman T E, Welna H, Lindlauf R W. The application of controlled-vortex aerodynamics to advanced axial flow turbines. Journal of Engineering for Power, 1968, 90(3): 245-250.

[2] 王仲奇, 秦仁. 透平机械原理. 北京: 机械工业出版社, 1988: 93-103.

[3] Haller B, Anderson J. Development of new high load/high lift transonic shrouded HP gas turbine stage design—a new approach for turbomachinery. ASME Paper GT2002-30363, New York, 2002.

[4] Friedrichs J, Baumgarten S, Kosyna G, et al. Effect of stator design on stator boundary layer flow in a highly loaded single-stage axial-flow low-speed compressor. ASME Paper 2000-GT-616, New York, 2000.

[5] Gümmer V, Wenger U, Kau H P. Using sweep and dihedral to control three-dimensional flow in transonic stators of axial compressors. Journal of Turbomachinery, 2001, 123(1): 40-48.

[6] 邓庆锋, 郑群, 刘春雷, 等. 基于控制轴向速度变化的 1.5 级涡轮压力可控涡设计. 航空学报, 2011, 32(12): 2182-2193.

[7] Gier J, Franke M, Hubner N, et al. Designing LP turbines for optimized airfoil loading. ASME Paper GT2008-51101, New York, 2008.

[8] Denton J D, Xu L. The exploitation of three-dimensional flow in turbomachinery design. Journal of Mechanical Engineering Science, 1998, 213(2): 125-137.

[9] Zheng Q, Gao J, Li B. Study of viscous controlled vortex design of a LP turbine stage. ASME Paper GT2010-23123, New York, 2010.

[10] Wang F K, Gao J, Zheng Q, et al. Aerodynamic design optimization of a marine multi-stage power turbine operating in an intercooled cycle. Journal of Propulsion Technology, 2016, 37(3): 449-458.

[11] 梁晨, 肖东明, 王靖超, 等. 间冷循环涡轮气动方案. 舰船科学技术, 2012, 34(3): 68-70, 79.

[12] 林奇燕, 郑群, 岳国强. 叶栅二次流旋涡结构与损失分析. 航空动力学报, 2007, 22(9): 1518-1525.

[13] Fu W L, Gao J, Liang C, et al. Experimental investigation on the annular sector cascade of a high endwall-angle turbine. ASME Paper GT2016-57392, New York, 2016.

[14] 周恩东, 高杰, 郑群, 等. 大子午扩张涡轮叶片正交设计及性能分析. 推进技术, 2016, 37(12): 2261-2269.

第4章 带冠涡轮叶片叶冠间隙泄漏流动及控制技术

4.1 带冠叶片端区流场结构特点

为了减小涡轮动叶顶部间隙泄漏损失，如果条件许可，一般情况下把动叶片设计成带冠结构，并在冠上安装多道密封齿，以阻止气流横跨叶片顶部的横向二次流动。然而，叶冠容腔内流动非常复杂，并且带冠引入了冠进出口空腔结构，这些结构所带来的复杂端部流动干涉会对主通道流动产生重要影响。因此，研究涡轮叶顶间隙泄漏流与通道主流之间的干涉机理并采取相关控制措施去减小叶顶间隙泄漏所带来的不利影响是近些年来涡轮叶顶间隙端区流动领域研究的难点和热点之一[1]。

4.1.1 叶冠间隙泄漏流动及损失预测

带冠涡轮间隙泄漏流动受叶片列上下游压力差驱动，且受叶片通道内压力场作用，带冠涡轮间隙泄漏流动在叶片列前缘附近被抽吸进入密封腔内，经过一系列密封腔内的能量耗散作用，泄漏流动在密封腔出口以一定角度重新流入主通道。密封泄漏流动的周向速度分量对泄漏进程几乎没有影响，然而，泄漏流动的周向速度分量和泄漏流重新进入主流的入射角对端区由间隙泄漏所引起的掺混损失却会产生很大影响。

如图 4.1 所示，在带冠涡轮端部区域存在着多个掺混区：冠槽进口附近掺混，密封腔内流体掺混，最后一个密封齿下游间隙泄漏流与冠槽内流体掺混，以及经过一定程度扩散的间隙泄漏流重新进入主流时与主流之间的掺混。特别值得注意的是，出口槽处的泄漏流重新进入主流后与端区主流之间掺混改变了端区流场，并且持续很远，其会产生大量的掺混损失。

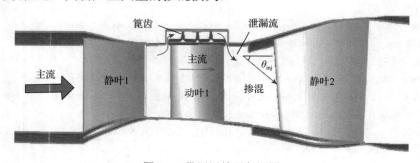

图 4.1 带冠涡轮子午视图

Denton[2]通过假设以及公式推导获得了计算冠槽出口掺混损失的二维理论模型，该模型假定泄漏流和主流的总焓是相同的，并且工质是不可压缩的。基于此，掺混损失可由公式(4.1)给出：

$$T\Delta s = \frac{m_{jet}}{m_{main}}\left[v_{u,main}^2\left(1-\frac{v_{u,jet}}{v_{u,main}}\right)+v_{z,main}^2\left(1-\frac{v_{z,jet}}{v_{z,main}}\right)\right] \tag{4.1}$$

式中，m_{jet} 为泄漏流质量流量；m_{main} 为主流质量流量；$v_{u,main}$ 为主流周向速度；$v_{u,jet}$ 为泄漏流周向速度；$v_{z,jet}$ 为泄漏流轴向速度；$v_{z,main}$ 为主流轴向速度。

从公式(4.1)中可以看出，间隙泄漏流所导致的掺混损失与泄漏量(也就是间隙)成正比，并且掺混损失随着间隙泄漏流与主流各速度分量的不匹配程度的增加而增加。不过，公式(4.1)仅仅可以用于简单的叶栅流动，而不能对真实的三维流动进行预测。

4.1.2　叶冠间隙泄漏流动对涡轮级端区流场的影响

图 4.2 给出了冠进出口空腔三个周向位置处流线和轴向-径向速度分布，其中图 4.2(a)给出了三个周向截面的具体位置。

如图 4.2(b)所示，泄漏流从主流道中被分开后向上进入叶冠容腔，在进口空腔顶部出现一个明显的回流区，延伸至进口空腔结构与主流道交界处，并且流场分布沿周向是不均匀的，这主要是由于受到下游动叶通道内压力场的影响。此外，泄漏流被径向抽吸进入进口空腔结构减薄了机匣附近边界层，尽管机匣附近通道涡不存在不带冠涡轮中间隙泄漏涡的抑制，但整体上动叶通道中的通道涡强度是减小的。冠出口空腔流动特征如图 4.2(c)所示。泄漏流重新进入主通道中，并与主通道流体发生掺混，可以看出，受动叶下游压力场影响，在冠出口空腔附近，流动分布沿周向同样呈现出不均匀特征。冠出口空腔附近主要呈现出三个比较明显的涡流区域：最后一个密封齿下游的涡流区，在出口空腔结构与主流道交界处的分离区，以及主流道流体向叶冠内的微弱回流区。其中，在出口空腔结构与主流道交界附近的分离区主要影响动叶下游端部区域，这对涡轮级匹配会产生重要影响。

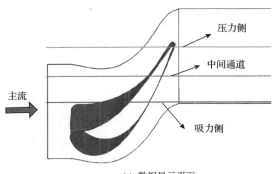

(a) 数据显示平面

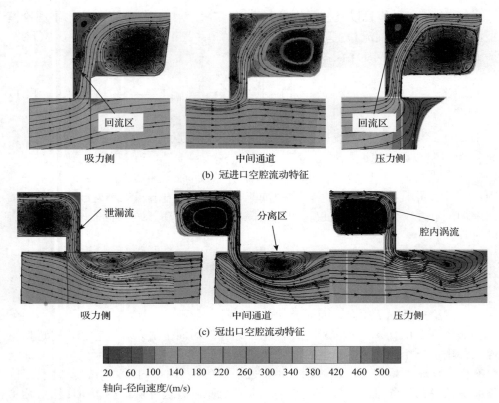

　　　吸力侧　　　　　　　　　中间通道　　　　　　　　压力侧

(b) 冠进口空腔流动特征

　　　吸力侧　　　　　　　　　中间通道　　　　　　　　压力侧

(c) 冠出口空腔流动特征

20　60　100　140　180　220　260　300　340　380　420　460　500
轴向-径向速度/(m/s)

图 4.2　冠进出口空腔三个周向位置处流线和轴向-径向速度分布

4.1.3　叶冠间隙泄漏流相关损失比较

　　正如前面分析所述，涡轮叶冠间隙泄漏流动引起的损失主要是由不同的黏性掺混过程造成的：叶冠进口损失，密封腔内损失，泄漏流重新进入主流时与主流的掺混损失，以及下游静叶进口冲角损失。密封腔内损失对于减小间隙泄漏量是必需的，而叶冠进口损失可在一定程度上减少机匣端壁的边界层厚度，阻碍通道涡的流向发展。由于冲角损失相对很小[3]，并且没有可行的工具来计算静叶进口冲角损失，因此在本小节不做讨论。

　　图 4.3 是叶冠容腔相关损失比较，其相对大小采用质量平均熵掺混损失系数来衡量。从图 4.3 中可以看出，在不同叶冠间隙下，叶冠进口损失都比较小，而密封损失却比较大，这有利于减小泄漏量；当然，密封损失的大小还取决于涡轮叶顶的密封类型。在 0.5mm（1.1%h，左侧）和 2mm（4.6%h，右侧）间隙下，掺混损失在叶冠容腔相关损失中是最大的，仅在 1mm（2.3%h，中间）间隙下比密封损失略小。另外，随着叶冠间隙增加，叶冠容腔相关损失都增加。因此，为了优化涡轮性能，通过控制叶冠间隙泄漏流来减小掺混损失是必需且是有效的。

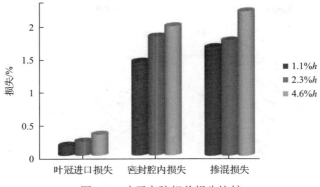

图 4.3 叶冠容腔相关损失比较

4.1.4 叶冠出口掺混损失产生机理分析

图 4.4 给出了带冠叶片间隙附近流线，其可以清晰地展示出间隙端区泄漏流和主流之间的掺混形成机理。由图 4.4 可见，在间隙泄漏流流经叶冠密封齿的过程中，其仅受到旋转壁面黏滞力影响，泄漏流周向速度分量仅有略微改变。然而，主通道流体流经动叶片时，将受到动叶片的折转和加速作用。因此，当间隙泄漏流重新进入主通道时，泄漏流和主流速度之间的差异将导致间隙端区流体发生掺混，带来很大的端区掺混损失，这也可以从图 4.5 所示的不同叶冠类型下出口速度三角形中得到证实，并且，从图 4.5 中也可以看到，端区掺混损失主要是由叶冠间隙泄漏流和主流周向速度的差异所导致的。

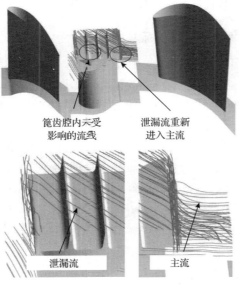

图 4.4 带冠叶片间隙附近流线

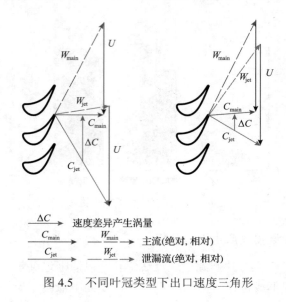

$$\xrightarrow{\;\;\Delta C\;\;}\quad \text{速度差异产生涡量}$$

$$\xrightarrow{\;\;C_{\text{main}}\;\;}\quad \xrightarrow{\;\;W_{\text{main}}\;\;}\quad \text{主流(绝对, 相对)}$$

$$\xrightarrow{\;\;C_{\text{jet}}\;\;}\quad \xrightarrow{\;\;W_{\text{jet}}\;\;}\quad \text{泄漏流(绝对, 相对)}$$

图 4.5　不同叶冠类型下出口速度三角形

4.2　叶冠间隙泄漏流对下游静叶气动性能的影响

正如 4.1 节所分析的，间隙端区掺混持续很远，这将对下游静叶流场乃至涡轮级性能产生不可忽视的影响。为此，本节考虑不同叶冠间隙的影响，从叶冠间隙泄漏流对动叶出口流场的影响，以及叶冠间隙泄漏流与主流掺混对下游静叶流场的影响两个方面来研究叶冠出口泄漏流对下游静叶气动性能的影响。

4.2.1　叶冠间隙泄漏流对动叶出口流场的影响

涡轮叶冠间隙泄漏流主要影响叶片上半通道，叶冠间隙泄漏增加了叶片出口顶部附近出气角，进而减小了动叶片的做功能力。图 4.6 给出了下游静叶进口气流角沿叶高的分布，随着叶冠间隙增加，在 60%叶高以下进口气流角变化很小，而在 60%叶高尤其是 80%叶高以上，进口气流角变化比较剧烈，并且气流角随间隙增加而快速增加。下游静叶进口气流角沿叶高变化的这种规律，主要由于间隙泄漏流仅受到壁面黏滞力作用并未产生相应的折转所致，并且叶顶泄漏流在动叶下游进入主流时由于受到通道涡和动叶片尾迹的耦合作用，其将与机匣附近流体发生明显掺混，从而对上半叶展区域的气流角分布产生明显影响。由图 4.6 可知，随着叶冠间隙增加，在 80%叶高以上，叶冠间隙泄漏流将以更大的负冲角进入下游静叶，带来冲角损失和额外的叶型损失。

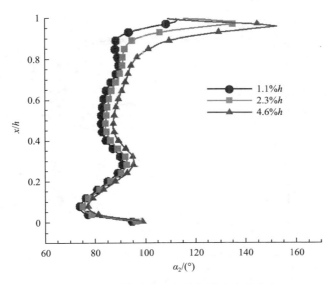

图 4.6　下游静叶进口气流角沿叶高的分布

　　图 4.7 描述了涡轮叶冠进出口及密封区域的流动形态。在叶冠进口处，主流流体受径向间隙抽吸作用而具有较大的径向速度。泄漏流体在流过叶冠间隙的过程中，受到冠上密封的涡流耗散作用，必然引起动能耗散和损失，从而减小了叶冠间隙泄漏量。在叶冠出口处，泄漏流体重新进入主流并与主流发生掺混，改变了下游静叶流场结构。由图 4.8 可知，泄漏流对叶冠出口径向速度的影响已到达中间叶展区域，并且随着叶冠间隙的增加，泄漏流与周围主流的掺混区域进一步扩大，明显增加了动叶下游的流动损失。

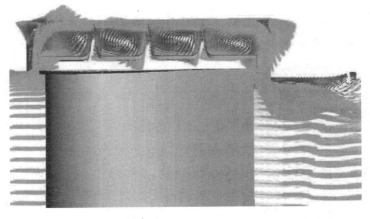

图 4.7　叶冠进出口及密封区域子午面轴向-径向速度分布

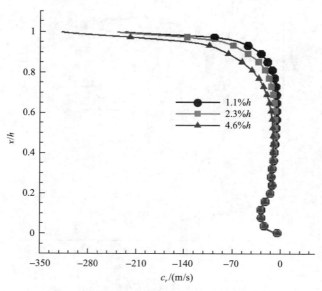

图 4.8　动叶出口径向速度沿叶高的分布

4.2.2　叶冠间隙泄漏流与主流掺混对下游静叶流场的影响

　　叶冠间隙泄漏流与主流的掺混对下游静叶表面压力分布的影响如图 4.9 所示。在 0.5mm 间隙下，10%叶高处流体基本上以零冲角进入下游静叶，50%叶高处气流已略微出现负冲角，在 90%叶高处，气流的负冲角已比较明显。随着间隙高度增大，10%叶高处的叶片负荷变化不太明显，50%叶高处气流的负冲角略有增加，而在 90%叶高处，气流负冲角增加幅度已较明显，叶片负荷变化也尤为明显。

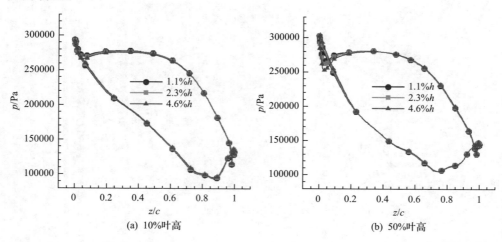

(a) 10%叶高　　　　　　　　　　　　(b) 50%叶高

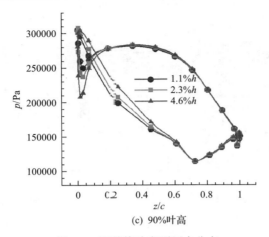

(c) 90%叶高

图 4.9　下游静叶表面压力分布

动叶片叶冠间隙泄漏流动对下游静叶出口气流角也有较大影响(图 4.10)，下游静叶机匣通道涡造成了机匣附近气流的过偏转和 70%～90%叶高处气流的欠偏转。随着间隙高度增加，机匣通道涡增强，最大气流角位置向中间叶展方向移动。从图 4.11 中可以看到，在 50%叶高以下熵增变化很小，然而，由机匣通道涡引起的高损失区却有着十分明显的变化，在 0.5mm 间隙下，上通道涡影响机匣附近 25%叶高区域，但随着间隙泄漏流增大，机匣通道涡增强涡核向中间叶展迁移，影响范围也进一步扩大。

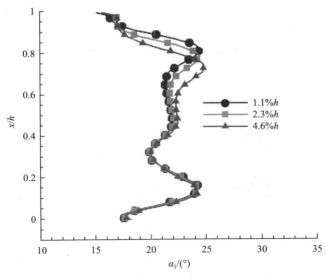

图 4.10　下游静叶出口气流角沿叶高分布

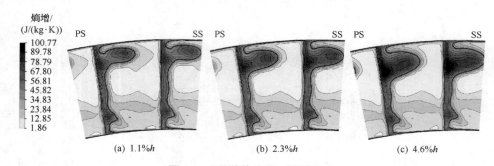

图 4.11　下游静叶出口熵增分布

如图 4.11 所示，机匣通道涡增强最可能就是由上游叶冠间隙泄漏流引起的。泄漏流与主流在动叶下游掺混后导致掺混区域流体以负冲角进入下游静叶通道，气流驻点由静叶片前缘移向吸力面，在新的驻点上气流静压值增加。从图 4.11(c) 可以看出，随着间隙高度增大，从叶片前缘到 50%轴向弦长之间的吸力面压力都有不同程度增加。考虑到气流负冲角仅仅影响静叶片上半叶展流场，在吸力面上半叶展区域指向中间叶展的正压梯度将相应增大，而压力面压力基本不变，因此机匣通道涡正压梯度的作用变强。

4.3　叶冠结构设计优化对端区损失的控制影响

基于对带冠涡轮端区二次流损失产生机理的理解，本节将对在减小叶冠间隙泄漏流与主流之间的周向速度分量差异、减小叶冠间隙泄漏量以及减小端部区域流动分离三方面措施下动叶片叶冠容腔结构的相应设计优化对端区二次流损失的控制作用进行详细研究，以期揭示出在涡轮叶冠容腔相关损失中占绝大部分的叶冠出口掺混损失的产生机制[4]。

4.3.1　叶冠间隙泄漏流动控制原则

在叶轮机械中，熵增是唯一合理的用来衡量损失的参数。根据 Denton[2]的研究工作可知，用来量化掺混过程所引起损失的质量平均熵掺混损失系数可以被定义为

$$\xi_{\mathrm{mix}} = \frac{T_2 \Delta S_{\mathrm{mix}}}{0.5 m_2 v_1^2} = \frac{T_2}{0.5 m_2 v_1^2} \cdot [m_2 s_2 - (m_1 s_1 + m_{\mathrm{jet}} s_{\mathrm{jet}})] \tag{4.2}$$

式中，m_2 为动叶片出口质量流量；s_2 为动叶片出口熵；m_1 为动叶片进口质量流量；s_1 为动叶片进口熵；m_{jet} 为泄漏流质量流量；s_{jet} 为泄漏流熵；T_2 为动叶片出口温度；v_1 为动叶片进口速度；ΔS_{mix} 为掺混引起的熵增。

此外，Denton 通过理论推导获得了用于预估各掺混损失分量大小的简单二维模型，见公式(4.3)和公式(4.4)。

$$\frac{T\Delta s}{0.5v_2^2} = 2\frac{m_{\text{jet}}}{m_2}\left(1 - \frac{v_{u,\text{jet}}}{v_{u,2}}\sin^2\alpha_2\right) \tag{4.3}$$

$$\zeta_{\text{mix}} = \frac{m_{\text{jet}}}{m_1}\left[1 + \left(\frac{v_{\text{jet}}}{v_1}\right)^2 - \frac{v_2}{v_1}\cos\theta_{\text{inj}}\right] \tag{4.4}$$

　　动叶出口区域各速度分布示意图如图 4.12 所示，其可以清晰地描述当动叶顶部间隙泄漏流重新进入主通道流时的周向和流向掺混过程。从公式(4.3)联合图 4.12(a)可以看出，间隙泄漏所引起的掺混损失与间隙泄漏量成正比，通过引导间隙泄漏流以与主流相同的周向速度重新进入主通道流是有可能减小一部分损失的；而从公式(4.4)联合图 4.12(b)也可以看出，通过引导泄漏流射流到主流的流动方向上，掺混损失也可以减小，同时　这些措施也减小了动叶出口气流滞后角。因此，在真实的涡轮三维间隙泄漏流动中，为了减小叶顶间隙泄漏流重新进入通道主流时所引起的掺混损失，间隙泄漏流在重新进入主流时似乎需要被折转并且加速。

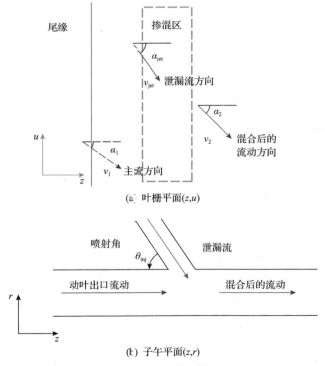

图 4.12　动叶出口区域各速度分布示意图

　　为了弄清楚叶冠间隙泄漏损失产生机理，基于以上对动叶顶部泄漏流动控制原则的讨论和分析，在本小节中将着重研究三种不同类型的叶冠结构：①机匣内侧引入导流片结构，并与冠上篦齿密封相配合(LSSTV)，②机匣内侧镶嵌蜂窝密封，与冠上篦齿密封组成蜂窝面篦齿密封(LHSS)，③带篦齿密封叶冠出口边倒棱(LSSC)。此外，还将带三种不同类型叶冠结构涡轮的气动性能与冠上仅有篦齿密封(LSS)算例进行比较，并详细讨论这三种类型叶冠结构布置对端区损失的控制作用机理。

　　带三种不同类型叶冠结构涡轮的总体性能与不带冠涡轮的对比结果如表 4.1 所示，其中"ORI"代表不带冠涡轮。从表 4.1 中可以看到，LSS 算例可有效提高涡轮气动性能。与 LSS 算例相比，LSSTV 和 LHSS 算例的间隙泄漏量得到了明显减小，尤其是 LHSS 算例，其间隙泄漏量减小了 0.69%，并且间隙泄漏流得到了明显折转，这减小了泄漏流与主流之间的周向速度差异，掺混损失得到进一步减小，从而明显改善了涡轮级性能。然而，对于 LSSC 算例来说，尽管间隙泄漏量有所降低，但涡轮级等熵效率却略有提高，这主要由于流向掺混损失减小所致。

表 4.1　2.3%h 间隙下不同叶冠结构涡轮的总体性能对比

算例	比功/(kW/kg)	等熵效率/%	间隙泄漏量/%	泄漏流角(与轴向夹角)/(°)
ORI	257.29	86.02	4.86	−39.27
LSS	259.26	86.20	3.75	−59.95
LSSTV	260.16	86.44	3.53	−33.28
LHSS	261.94	86.98	3.06	−33.13
LSSC	260.02	86.33	3.88	−61.23

4.3.2　机匣导流片结构

1. 几何结构

　　为了验证机匣上安装导流片以折转间隙泄漏流的有效性，在本小节中每个动叶片冠叶所对应机匣上安装两个导流片，其由 0.5mm 厚的平板弯折而成且位于两道篦齿之间，如图 4.13 所示。如上所述，叶冠间隙泄漏流仅受旋转壁面黏滞力影响，因而泄漏流周向速度分量仅有略微改变。为了减小机匣导流片前缘的分离损失，导流片前缘将被折弯，并与涡轮旋转轴成–60°角，其中–60°角为静叶片设计出气角，此外导流片尾缘保持平直，正对着主流道方向。

2. 结果分析

　　带冠涡轮叶冠间隙泄漏流与主流之间的流动干涉是高度三维化并且是周向不均匀的。为了减小叶冠间隙泄漏流的周向速度，进而减小泄漏流与主流之间周向速度的差异，在机匣上安装若干导流片。图 4.14 给出了动叶出口气流角沿叶高的

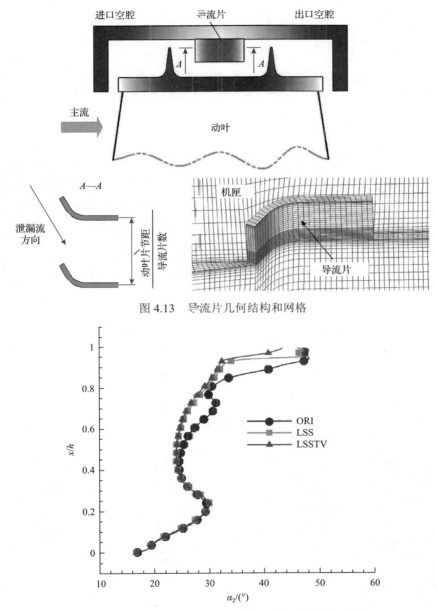

图 4.13　导流片几何结构和网格

图 4.14　ORI、LSS、LSSTV 算例动叶出口气流角分布

分布。对于气流角的分布，动叶出口气流角从中间叶展到轮毂基本相同。与原型相比，从 60%叶高到间隙处，LSS 算例与 LSSTV 算例的气流角都有不同程度减小，这主要是由于涡轮带冠减小了间隙泄漏量，进而减小了端区二次流强度。此外，叶冠出口附近几何结构比较尖锐，导致叶冠出口下游近机匣区域轴向-径向速

度增加，减小了当地静压乃至径向压力梯度，因此减小了机匣二次流径向向下的迁移幅度以及损失。然而，LSSTV 算例却具有比 LSS 算例更小的气流角，这主要是因为在导流片作用下，大部分间隙泄漏流在重新进入主通道时被折转，减小了泄漏流重新进入主流时的周向速度分量，进而减小了端区二次流强度，这从图 4.15 中可以得到证实。从图 4.14 中也可以看到，径向的气流掺混得到了减小，这主要是由于引入导流片略微减小了间隙泄漏量。

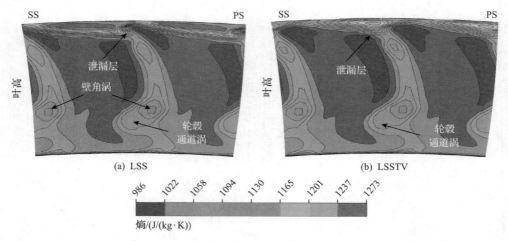

图 4.15　LSS、LSSTV 算例离动叶出口 6 mm 位置熵分布

图 4.16 给出了密封间隙中间面位置处流线分布，再次证实了泄漏流在导流片的作用下向主流方向折转。导流片的存在减小了间隙泄漏流与主流之间速度的差

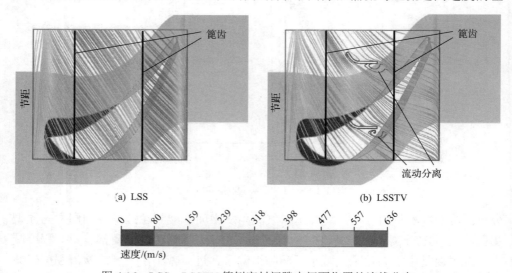

图 4.16　LSS、LSSTV 算例密封间隙中间面位置处流线分布

异以及机匣边界层厚度；另外，导流片引入所引起的各速度分量的改变减小了下游静叶片入口的气流负冲角。正是由于泄漏流可以更好地适应于主流各速度分量，周向掺混损失得到明显减小。从图 4.16 中也可以看到，尽管导流片前缘被折弯并对着静叶出口气流方向，间隙泄漏流在导流片尾缘附近仍发生了分离，流动分离增加了能量耗散，并且导流片引入不可避免地增加了壁面摩擦损失，这都有利于减小叶冠间隙泄漏量，这从表 4.1 中也可以得到证实。

　　图 4.17 给出了叶冠出口位置处子午面上流线和轴向-径向速度分布。对于冠上仅有篦齿密封算例来说，最后一道密封齿下游旋涡占据了整个叶冠出口空间，使得泄漏流垂直进入主通道流中，导致了更大的分离区，并增大了间隙泄漏流与主流的掺混区域，产生了更大的掺混损失。引入导流片后，间隙泄漏流的影响得到减小，并且叶冠出口下游轴向-径向速度的增加也减小了当地静压乃至静压梯度，导致分离区强度减小且趋近于机匣端壁。

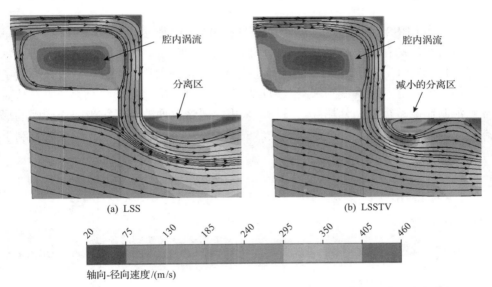

图 4.17　LSS、LSSTV 算例叶冠出口位置处子午面上流线和轴向-径向速度分布

4.3.3　机匣蜂窝密封结构

　1. 几何结构

　　蜂窝特殊的六边形结构使得蜂窝芯格内产生了强烈的旋涡流动，对间隙内轴向和周向流动都会产生强烈的阻碍作用。为了验证蜂窝密封对带冠涡轮叶冠容腔内流动的影响，本小节在机匣内侧镶嵌蜂窝带，如图 4.18 所示[5]。

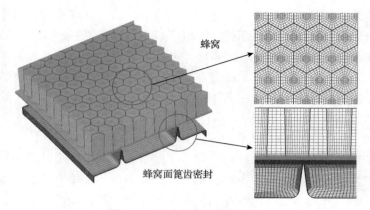

图 4.18　冠上蜂窝面篦齿密封

2. 结果分析

　　LSS 和 LHSS 算例子午面速度矢量分布如图 4.19 所示。在图 4.19(a) 中，在每一个篦齿腔内均存在一个尺度很大的旋涡，导致篦齿腔内流体能量得以充分耗散；在图 4.19(b) 中，泄漏流进入蜂窝腔后，被蜂窝特殊的六边形结构分割成尺寸大小不一的旋涡，这些旋涡受到蜂窝六边形壁面的限制，旋涡流动的阻力增大，从而导致泄漏流能量得以充分耗散。另外，采用机匣蜂窝面改变了篦齿腔内旋涡的形态，原来的大尺度旋涡变小，同时又形成了一系列小的旋涡，这些因素皆有利于叶冠间隙泄漏流的能量耗散。

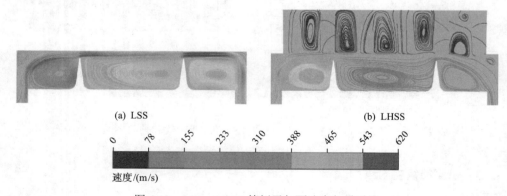

(a) LSS   (b) LHSS

0   78   155   233   310   388   465   543   620

速度/(m/s)

图 4.19　LSS、LHSS 算例子午面速度矢量对比

　　图 4.20 给出了动叶出口气流角沿叶高分布，涡轮叶顶带冠可减小动叶片出口机匣附近气流的欠偏转程度，与 LSS 算例相比，蜂窝六边形结构由于降低了密封腔中流体的周向速度，从而明显减小了从 50% 叶高到机匣之间尤其是近机匣区域的气流角。

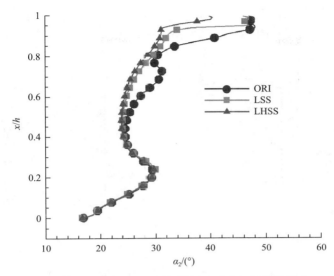

图 4.20　ORI、LSS、LHSS 算例动叶出口气流角分布

从图 4.21 中可以看到，在叶顶间隙泄漏流重新进入动叶下游主流时，密封腔内周向速度的降低可显著减小泄漏流与主流的速度不匹配程度，从而导致掺混损失大幅度减小。有关机匣通道涡的发展及其与叶冠间隙泄漏流的掺混情况可以在 Yun 等[6]的三维粒子图像测速（particle image velocimetry，PIV）试验结果中看到。

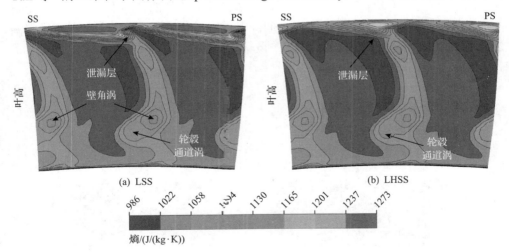

图 4.21　LSS 和 LHSS 算例离动叶出口 6mm 位置处熵分布（文后附彩图）

LSS 和 LHSS 算例密封间隙中间面位置处流线分布如图 4.22 所示，在冠上仅有篦齿密封时，叶冠间隙泄漏流几乎沿着静叶出口气流方向流动，流线比较平直，而对于 LHSS 算例，因蜂窝底部封闭，蜂窝内的流体从蜂窝中反冲出来对间隙处

的流体必然产生阻滞作用,一方面降低了间隙处流体的轴向泄漏,另一方面降低了流体的周向速度,这可以从图 4.22(b)所示的流线向轴线方向偏转中得到证实。

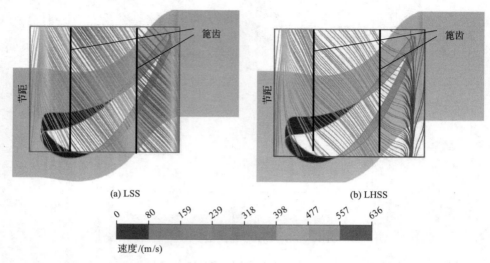

图 4.22　LSS 和 LHSS 算例密封间隙中间面位置处流线分布(文后附彩图)

　　涡轮叶冠出口位置处子午面上流线和轴向-径向速度分布如图 4.23 所示,近机匣区域数值模拟所呈现出的流动结构和 Giboni 等[7]的动态试验结果比较吻合。从图 4.23 中可以看出,在从蜂窝内反冲出来的泄漏流体的作用下,叶冠下游密封腔内旋涡涡核向下移动,减小了叶冠间隙泄漏流重新进入主流的入射角以及泄漏流与主流的掺混区域,同时叶冠出口的分离区也得到明显减小。

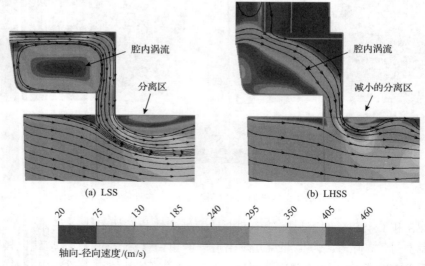

图 4.23　LSS 和 LHSS 算例叶冠出口位置处子午面上流线和轴向-径向速度分布(文后附彩图)

4.3.4　叶冠出口边倒棱结构

1. 几何结构

为了减小叶冠出口泄漏流的径向速度分量以及叶冠下游出口边分离，进而减小叶冠间隙端区的流向掺混损失，本小节将叶冠出口边进行倒棱处理，其中倒角半径为 6.5mm，如图 4.24 所示。

2. 结果分析

涡轮动叶出口气流角沿叶高分布如

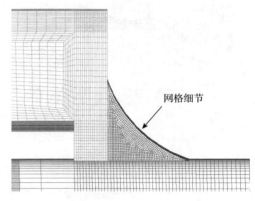

图 4.24　经过倒棱的叶冠网格局部放大

图 4.25 所示。由图 4.25 可以看到，叶冠出口边倒棱减小了间隙区域的气流角，这意味着在叶冠出口主流区流向速度增加，进而减小了主流和泄漏流相互作用区域的流向掺混损失，因此，如图 4.26 所示，与 LSS 算例相比，LSSC 算例机匣通道涡强度得到明显减小且趋近于机匣端壁。

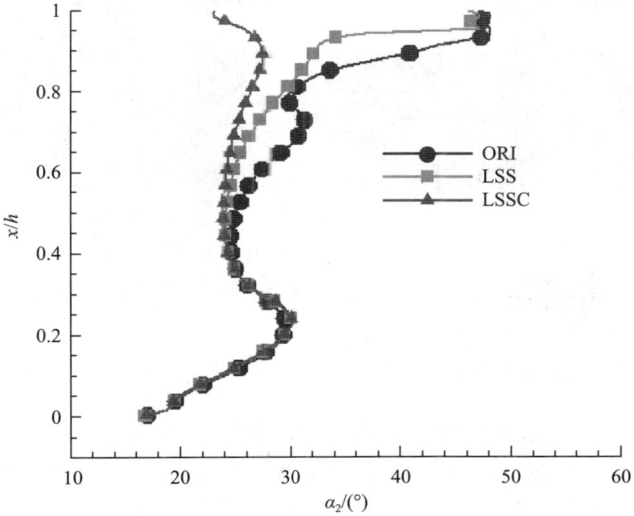

图 4.25　ORI、LSS、LSSC 算例动叶出口气流角分布

图 4.27 给出了叶冠出口位置处子午面上流线和轴向-径向速度分布。叶冠出口边倒棱使得叶冠出口边型线变得光顺，泄漏流紧贴光顺端壁，以较小的轴向-径向速度和入射角重新进入主通道中，使得叶冠下游近机匣附近分离区消失，从而减小了端区的流向掺混损失。不过从图 4.27 中也可以看到，从叶冠下游主通道流向叶冠出口空腔内的回流增加，同时也产生了额外的密封腔内损失。

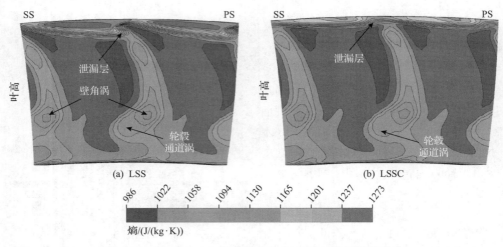

图 4.26　LSS、LSSC 算例离动叶出口 6mm 位置处熵分布

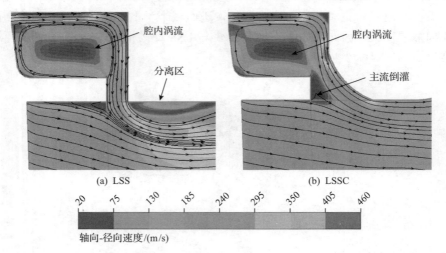

图 4.27　LSS、LSSC 算例叶冠出口位置处子午面上流线和轴向-径向速度分布

　　图 4.28 给出了叶冠出口和主通道交界面处径向速度分布，其中数据显示平面如图 4.28(a)所示。叶冠下游出口边倒棱虽然使得重新进入主流的泄漏流动区域增加，泄漏流径向速度也得到明显减小，然而，由于动叶下游压力场作用，主通道流向叶冠出口空腔内的回流也有所增加，泄漏流与回流之间的掺混增强，并且掺混改变了叶冠出口附近的压力场，最终使得间隙泄漏量有略微增加，见表 4.1。

(a) 数据展示平面

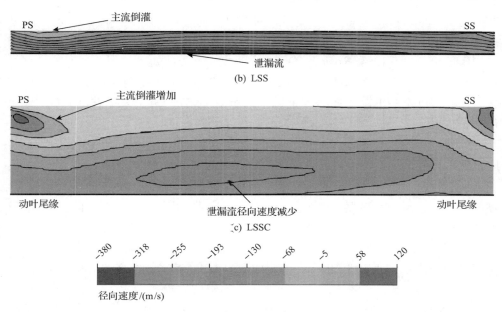

(c) LSSC

径向速度/(m/s)

图 4.28　叶冠出口和主通道交界面处径向速度分布

4.3.5　不同叶冠结构端区掺混损失比较

正如 4.3.4 小节所述，掺混损失在叶冠容腔相关的损失中是最大的。本小节将借助于质量平均熵掺混损失系数对不同叶冠结构所引起的掺混损失相对大小进行比较，如图 4.29 所示。在 2.3%h 间隙(中间)下，与 LSS 算例相比，三种叶冠结构

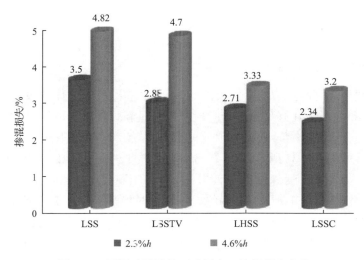

图 4.29　不同叶冠结构下叶冠出口掺混损失变化

的端区掺混损失得到明显减小。在 2.3%h 和 4.6%h（右侧）两种间隙下，LSSC 算例具有最明显的掺混损失减小幅度，然而在 4.6%h 间隙下，LSSTV 算例的端区掺混损失仅仅减小了 0.12%。Rosic 和 Denton[8]借助于某三级短叶片涡轮证实了导流片在折转泄漏流方面的有效性，并且导流片的有效程度取决于导流片数目及几何结构。因此可以推断出，在 4.6%h 间隙下，对于 LSSTV 算例来说需要更多的导流片来折转泄漏流。

此外，从图 4.29 和表 4.1 中可以推断出，影响带冠涡轮性能的主要因素是间隙泄漏量以及间隙泄漏流进入主流的方式。间隙泄漏流不但影响叶冠容腔相关损失，而且影响下游叶片列进口冲角和叶片通道内的二次流损失。此外，泄漏流的周向速度分量也会对掺混损失产生很大影响。如果间隙泄漏流在重新进入主通道时能够被有效折转并且加速，涡轮级性能将可以得到进一步改善。

4.4　非轴对称叶冠结构组织端区高效流动的机理

涡轮叶片带冠增大了叶片应力，而旨在减少叶冠质量的部分叶冠又加剧了叶冠容腔流与主流的掺混，严重影响涡轮效率。基于对涡轮叶片完全叶冠和部分叶冠的几何结构、端区流场及气动性能的关联性认识，课题组提出通过优化部分叶冠结构前缘、尾缘型线，实现对叶冠容腔泄漏流和通道主流之间相互作用和掺混的控制，以期通过采用并优化这种非轴对称叶冠形式来达到重组叶冠端区流动和叶冠减重的双重目的。本节通过建立若干不同的部分叶冠结构和非轴对称优化叶冠结构展开试验与数值计算研究，以期揭示非轴对称叶冠结构端区流动及损失的特点，从而为非轴对称叶冠结构的优化设计及端区损失控制提供理论基础，并奠定技术基础。

4.4.1　建立的涡轮叶冠模型

完全叶冠、部分叶冠及非轴对称叶冠（即优化叶冠）的具体结构形式如图 4.30 所示，其中非轴对称叶冠是在部分叶冠基础上重新设计部分叶冠结构的前缘、尾缘型线而得到的。本小节研究的 7 种部分叶冠结构和 7 种优化叶冠结构如图 4.31 和图 4.32 所示。如图 4.31 所示，对于部分叶冠结构 1~4，其尾缘切削深度（5.42mm）保持不变，仅前缘切削深度改变，叶冠 1 切削深度最小，叶冠 4 切削深度最大；对于部分叶冠结构 5~7，其前缘、尾缘同时切削，叶冠 7 切削深度最大。如图 4.32 所示，7 种优化叶冠结构是在 7 种部分叶冠结构基础上优化前缘、尾缘型线而获得的，且每种优化叶冠结构皆具有与其对应的部分叶冠结构相等的叶冠切削量。

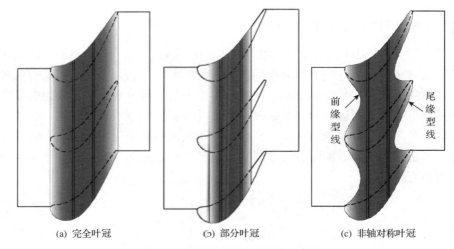

(a) 完全叶冠　　　　　　(b) 部分叶冠　　　　　　(c) 非轴对称叶冠

图 4.30　涡轮不同叶冠结构示意图

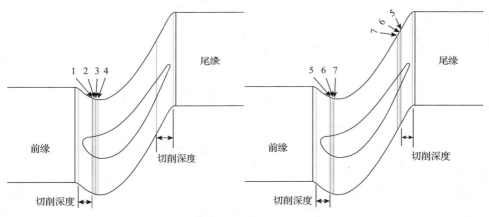

图 4.31　不同的部分叶冠结构示意图

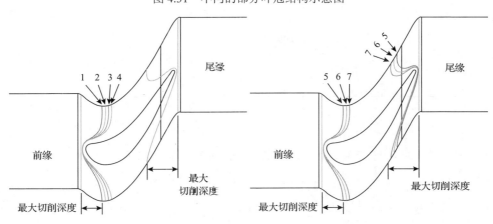

图 4.32　不同的优化叶冠结构示意图

4.4.2　不同叶冠结构端区流场特性

图 4.33 和图 4.34 分别给出了叶冠前缘切削及其优化、叶冠前缘/尾缘全切削及其优化对 90%叶高叶型负荷分布的影响。从图 4.33 中可以看出，前缘切削对叶片压力面静压分布几乎没有影响，却对叶片吸力面静压分布产生了较为明显的影响，主要是在吸力面前缘和尾缘部分。通过对叶冠前缘型线进行优化，叶片压力面静压分布几乎没有改变，而吸力面静压则产生了明显变化，具体地，吸力面前缘部分静压随切削量增加而有明显改变，但吸力面尾缘部分静压则几乎不随切削量的增加而改变。

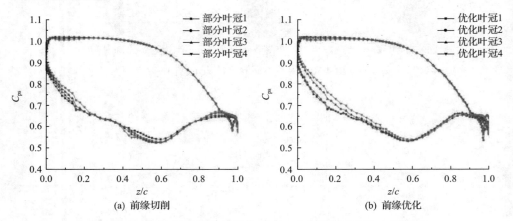

图 4.33　叶冠前缘切削及其优化对 90%叶高叶型负荷分布的影响

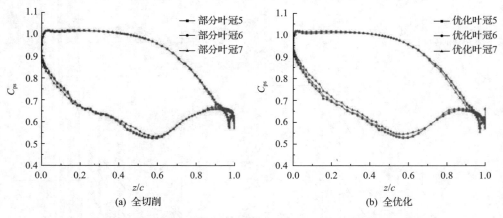

图 4.34　叶冠前缘/尾缘全切削及其优化对 90%叶高叶型负荷分布的影响

类似的变化规律在图 4.34 中也可以看到，不过，相比仅前缘切削而言，前缘/尾缘全切削似乎对叶片吸力面静压分布的影响变得更小一些，这可能由涡轮叶冠端区复杂的流动干涉所致。

图 4.35 给出了叶冠前缘切削及其优化对 90%叶高叶型负荷分布的影响对比,在叶冠切削量保持不变的前提下,仅调整叶冠前缘型线形状即可对叶型吸力面静压分布施加影响。具体地,叶冠前缘型线优化几乎不对吸力面前缘部分的静压分布产生影响,反倒是对吸力面尾缘部分的静压分布产生了较为明显的影响,这更证实了叶冠端区流动的复杂性。

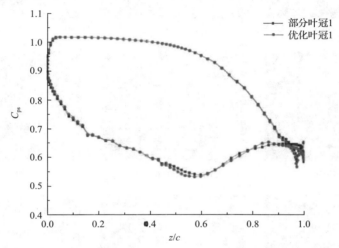

图 4.35　叶冠前缘切削及其优化对 90%叶高叶型负荷分布的影响对比

4.4.3　不同叶冠结构端区损失特性

为了深入研究不同叶冠结构带来的影响,图 4.36 给出了不同叶冠结构涡轮叶栅出口总压损失分布。需注意的是,图 4.36(b)与(f)为同一个算例的试验结果,仅仅是为了对比研究的方便,故而在本小节中重复出现。基于同样的原因,图 4.36(c)与(i)也为同一个算例的结果。通过对比图 4.36(a)~(c)可知,相比完全叶冠结构,部分叶冠结构失去了前缘和尾缘部分叶冠结构对间隙泄漏流的阻塞,故而增加了叶冠端区的掺混损失;而优化叶冠结构由于重组了叶冠端区的复杂流动,明显降低了部分叶冠结构的端区掺混损失。通过分别对比图 4.36(a)和(d)、图 4.36(a)和(e)以及图 4.36(e)和(f)可知,叶冠前缘切削、尾缘切削在不同程度上增加了端区损失,尾缘切削带来的损失更大,不过尾缘切削带来的损失却和前缘/尾缘全切削带来的损失相当,这意味着叶冠前缘切削对叶冠端区流动的影响相对较小。通过分别对比图 4.36(d)和(g)、图 4.36(e)和(h)以及图 4.36(f)和(i)可知,部分叶冠结构上的叶冠前缘/尾缘型线优化可明显降低叶冠端区损失。上述分析也可通过图 4.37 所示的不同叶冠结构涡轮叶栅出口总压损失系数沿叶高的分布得到进一步证实。

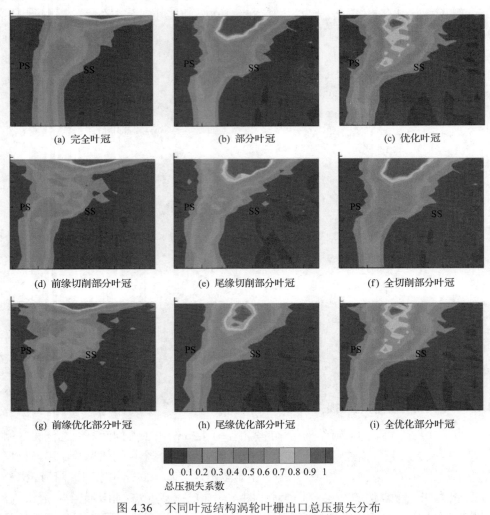

图 4.36　不同叶冠结构涡轮叶栅出口总压损失分布

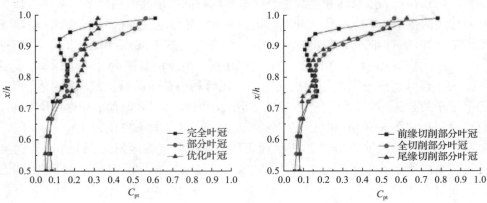

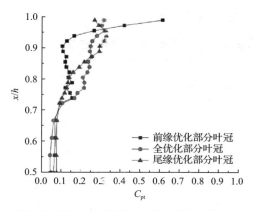

图 4.37　不同叶冠结构涡轮叶栅出口总压损失系数沿叶高的分布

表 4.2 给出了不同叶冠结构涡轮叶栅出口总压损失比较。从表 4.2 中可知，在本小节中，与完全叶冠相比，部分叶冠增加了大约 44.2%的叶冠端区损失，然而相比部分叶冠结构，优化叶冠降低了 11.3%的端区损失。同样地，前缘切削部分叶冠相比完全叶冠增加了 12.3%的损失，而前缘优化部分叶冠带来的损失则和完全叶冠相当，仅略微增加了大约 2.8%。此外，不管是部分叶冠还是优化叶冠，尾缘切削皆带来了绝大部分端区损失。

表 4.2　不同叶冠结构涡轮叶栅出口总压损失比较

叶冠结构	完全叶冠	部分叶冠	优化叶冠
总压损失系数	0.1616	0.2330	0.2067
叶冠结构	前缘切削部分叶冠	全切削部分叶冠	尾缘切削部分叶冠
总压损失系数	0.1815	0.2330	0.2234
叶冠结构	前缘优化部分叶冠	全优化部分叶冠	尾缘优化部分叶冠
总压损失系数	0.1661	0.2067	0.1926

4.5　叶片带冠与否对端区流动及级性能的影响

为了给特定应用的燃气轮机涡轮叶顶结构的选择及其优化设计提供参考，本节将对带冠和不带冠涡轮叶顶间隙泄漏流动及其对级性能的影响进行对比研究，同时考虑叶顶间隙与节弦比变化的影响[9]。

4.5.1　间隙泄漏损失影响因素对比分析

带冠和不带冠涡轮叶顶布置图如图 4.38 所示，从图中可以明显看到带冠和不带冠涡轮间隙结构的位置及其差别。

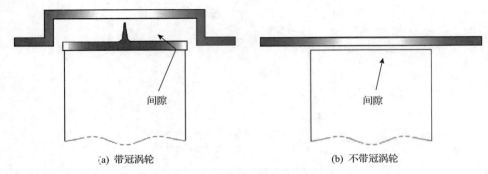

(a) 带冠涡轮　　　　　　　　　　　　　(b) 不带冠涡轮

图 4.38　带冠和不带冠涡轮叶顶布置图

对于间隙泄漏理论模型，Denton 的研究最受关注[2]。对于带冠涡轮，Denton 在冠上单密封和冠内不可压缩流动的假设下，认为冠槽内流动近似为等熵流动，并且假设泄漏掺混发生在冠篦齿密封出口处。基于以上假设，冠槽泄漏损失系数可以由公式(4.5)近似计算：

$$\xi_s = 2\frac{m_L}{m_M}\left(1 - \frac{w_{u,L}}{w_{u,2}}\sin^2\beta_2\right) \tag{4.5}$$

式中，m_L 为泄漏流质量流量；m_M 为主流质量流量；$w_{u,L}$ 为泄漏流相对周向速度；$w_{u,2}$ 为主流出口相对周向速度；β_2 为主流出口相对气流角。

对于不带冠涡轮，Denton 认为间隙泄漏流受近叶顶横向压差驱动形成一股射流，并且间隙外的掺混损失是间隙泄漏损失的主要组成部分。于是，Denton 在推导间隙泄漏理论模型时，将间隙内的掺混暂时忽略不计，并假设掺混发生在叶片吸力侧。间隙泄漏损失系数可以由公式(4.6)近似计算：

$$\xi_{Js} = 2C_d\frac{\tau}{h}\frac{c}{s}\frac{1}{\cos\beta_2}\int_0^1\left(\frac{w_s}{w_2}\right)^3\left(1 - \frac{w_p}{w_s}\right)\sqrt{1 - \left(\frac{w_p}{w_s}\right)^2}\,\frac{\mathrm{d}z}{c} \tag{4.6}$$

式中，τ 为间隙高度；h 为叶高；c 为弦长；s 为节距；w_s 为间隙吸力侧相对速度；w_p 为间隙压力侧相对速度；w_2 为主流出口相对速度。

值得注意的是，在这些公式的推导过程中，不可避免地进行了一些合理假设，因此，由以上公式所计算出来的具体数值在被试验校正以前是不足信的，不过这些公式所表达出来的趋势则是有足够精度的。从式(4.5)和式(4.6)可以看出，叶顶泄漏损失系数与相对间隙泄漏量或叶顶间隙成正比。另外，叶顶泄漏损失系数随着泄漏流和主流之间速度差异的增大而增大。对于不带冠涡轮来说，这种速度差异指的是压力侧和吸力侧之间的速度不匹配，而对于带冠涡轮来说则是指叶片列前后周向速度的差异。特别的是，对于带冠和不带冠涡轮来说，间隙泄漏损失均与相对间隙大小(τ/h)相关，并且对于不带冠涡轮来说，还有节弦比(s/c)因子影响间隙泄漏损失。

　　综上可见，间隙大小和节弦比对带冠或不带冠涡轮间隙损失会产生重要影响，鉴于 Denton 提出的间隙泄漏理论模型的局限性，有必要具体深入研究这种影响，因此，以下小节将重点研究间隙泄漏损失的产生机理、间隙和节弦比对带冠和不带冠涡轮气动性能的影响。

4.5.2　叶顶间隙端区损失发展对比分析

　　为了使带冠和不带冠涡轮的对比研究具有可比性，本小节的所有算例均具有相同的机匣外径，并且叶顶间隙相同的算例也具有相同的叶片高度。此外，本小节共选取了 0.07%～4.7%h 共 7 个不同间隙，以及 0.62～1.09 共 4 个不同节弦比参数的影响进行对比研究。带冠动叶和不带冠动叶顶部的流动情况分别如图 4.39 和图 4.40 所示。

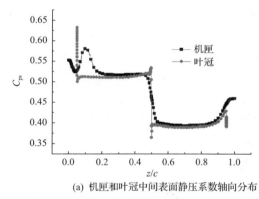

(a) 机匣和叶冠中间表面静压系数轴向分布

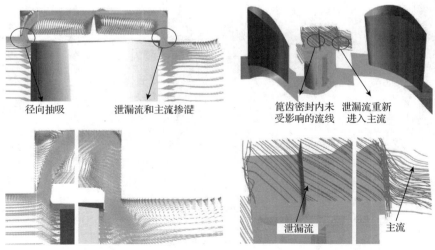

(b) 子午面轴向-径向速度矢量分布　　　(c) 带冠叶片顶部流线分布

图 4.39　带冠动叶顶部间隙泄漏流动机制

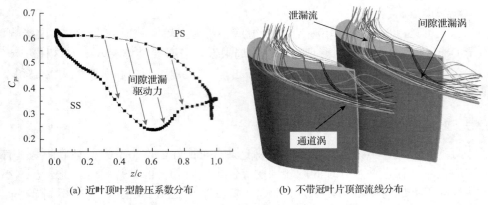

(a) 近叶顶叶型静压系数分布　　　　　　(b) 不带冠叶片顶部流线分布

图 4.40　不带冠动叶顶部间隙泄漏流动机制

　　不像不带冠动叶间隙泄漏受近叶顶部横向压差驱动那样，带冠动叶泄漏流动受叶片列上游和下游之间的静差压驱动（图 4.39(a)、图 4.39(b) 和图 4.40(a)），这导致了叶顶不同的间隙泄漏掺混过程，而这些泄漏掺混过程主要影响单位泄漏量所带来的损失，这取决于泄漏流和主流之间的速度差异，如图 4.39(c) 和图 4.40(b)所示，然而，叶冠或者间隙内流动主要影响间隙泄漏流量。从图 4.39(c) 和图 4.40(b)中也可以看到，对于带冠涡轮来说，大部分掺混发生在动叶片下游，而对于不带冠涡轮来说，掺混主要发生在动叶片近吸力侧。这些差别也对动叶片通道内损失发展产生了不同的影响。

　　带冠和不带冠动叶通道内的损失发展如图 4.41 所示。在动叶进口，对于带冠

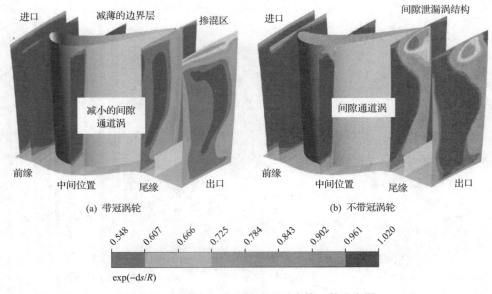

(a) 带冠涡轮　　　　　　　　　　　(b) 不带冠涡轮

$$exp(-\mathrm{d}s/R)$$

图 4.41　带冠和不带冠动叶通道内熵函数分布图

和不带冠动叶来说，机匣边界层厚度几乎是相同的，而在叶冠进口位置，叶冠结构的存在抽吸了进口机匣边界层，以致带冠动叶前缘机匣边界层厚度被大幅度减薄(图 4.41(a))。尽管叶片带冠使得动叶片通道内主流与泄漏流分开，从而使得近叶顶部通道涡的发展不再受到泄漏涡的抑制，但总体上带冠动叶通道内近叶顶部通道涡得到明显削弱，这从图 4.41 所示的尾缘截面损失分布中可以看到。在动叶片出口，对于带冠涡轮来说，叶冠间隙泄漏流以不同于主流的方向重新进入主流中，掺混损失由此产生，然而对于不带冠涡轮来说，在动叶出口处泄漏涡快速膨胀乃至耗散。此外，不带冠动叶顶部泄漏流在动叶出口形成了旋涡结构，而带冠动叶片顶部形成了一个掺混区。

4.5.3　间隙变化对带冠和不带冠涡轮气动性能的影响

叶顶间隙大范围变化对带冠和不带冠涡轮气动性能的影响如图 4.42 所示。在图 4.42(a)中，当间隙不是很小时，带冠涡轮获得了比不带冠涡轮更高的效率。在 0.62%h 间隙下，带冠涡轮和不带冠涡轮获得了相同的效率，而当间隙进一步减小时，不带冠涡轮气动性能超过带冠涡轮，类似的结论也能从 Yoon 等[10]的试验结果中看到，这主要由当间隙非常小时叶冠进出口空腔内旋涡涡流损失增加所致。此外，在不带冠涡轮中，涡轮效率基本上随着间隙的增大而线性降低，然而在带冠涡轮中，当间隙比较大时却不是线性关系，这主要是由于此时间隙大小接近叶冠出口机匣-叶冠之间的间隙，而此时机匣-叶冠之间的间隙将起到额外的密封作用(图 4.42(a))。相似的现象在图 4.42(b)所示的间隙大小对级载荷系数的影响中也可以看到。

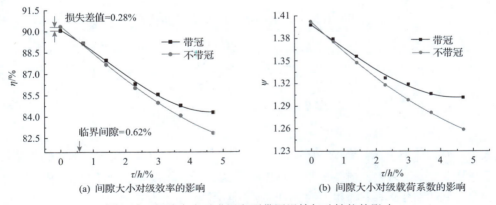

(a) 间隙大小对级效率的影响　　　　　(b) 间隙大小对级载荷系数的影响

图 4.42　间隙大小对带冠和不带冠涡轮气动性能的影响

为了量化涡轮叶顶间隙对带冠和不带冠涡轮气动性能的影响，对图 4.22 中不太大间隙下的效率数据进行线性拟合获得了带冠和不带冠涡轮气动性能对间隙变化的敏感性，如表 4.3 所示。

表 4.3　带冠和不带冠涡轮气动性能对间隙变化的敏感性

涡轮类型	效率变化速率 $\Delta\eta/(\Delta\tau/h)$	功率变化速率 $\Delta N/(\Delta\tau/h)$
带冠	1.54	2.71
不带冠	1.79	3.44

从表 4.3 中可以看到，带冠涡轮气动性能对间隙变化没有不带冠涡轮那么敏感，并且在带冠和不带冠涡轮中，功率随间隙变化速率比效率随间隙变化速率要大，这主要由流体泄漏和熵增过程不尽相同所致。通过叶顶间隙泄漏的流体并没有折弯，因而并没有做功。如果间隙泄漏没有造成熵增，那么 1%的泄漏量增加将会导致 1%的功率下降，并且这种功率下降属于一种无黏的过程。然而，在实际的涡轮中，泄漏流动在流过叶顶间隙区域时会产生分离进而导致熵增，并且当泄漏流在近吸力侧与主流掺混时也会导致熵增，这些熵增将会导致效率下降和额外的功率下降。经典的叶轮机械规律表明，1%的泄漏量增加会导致 1%的效率下降[2]。因此可以推测出：1%的泄漏量增加将会导致大于 1%的功率下降，具体数值将通过式(4.7)～式(4.10)推导得到：

$$\eta = L_u / L_{i,T} \tag{4.7}$$

$$P = m_M L_u \tag{4.8}$$

$$\Delta\eta/\eta \approx -\Delta m_L / m_L = \Delta m_M / m_M \quad [2] \tag{4.9}$$

$$
\begin{aligned}
\frac{\Delta P}{P} &= \frac{(P + \Delta P) - P}{P} \\
&= \frac{(m_M + \Delta m_M)(\eta + \Delta\eta)L_{i,T} - m_M\eta L_{i,T}}{m_M\eta L_{i,T}} \\
&= \frac{\Delta\eta}{\eta} + \frac{\Delta m_M}{m_M} + \frac{\Delta m_M}{m_M} \cdot \frac{\Delta\eta}{\eta} \\
&\approx 2\frac{\Delta\eta}{\eta}
\end{aligned}
\tag{4.10}
$$

式中，η 为等熵效率；P 为功率；$L_{i,T}$ 为理想比功；L_u 为真实比功；m_L 为泄漏流质量流量；m_M 为主流质量流量。从以上公式推导可以发现，1%的间隙泄漏量增加会导致 1%的效率下降和大约 2%的功率下降。

叶顶间隙泄漏损失需要根据叶顶带冠与否进行考虑。对于带冠涡轮来说，叶冠泄漏损失可以分为叶冠容腔内损失和叶冠间隙泄漏流重新进入主流时所造成的掺混损失；而对于不带冠涡轮来说，叶顶间隙泄漏损失主要分为间隙内损失和泄漏流离开间隙时与主流之间的掺混所造成的损失。图 4.43 给出了间隙大小对间隙泄漏损失及其各组成部分的影响。对于带冠涡轮来说，损失值借助于计算质量平均熵掺混损失系数获得；而对于不带冠涡轮来说，总损失值借助于计算带间隙和不带间隙涡轮出口的质量平均熵掺混损失系数获得，其各组成部分的值分别通过计算熵增获得。

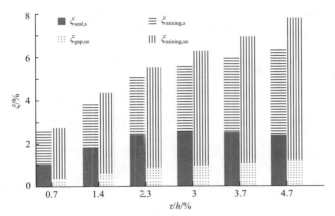

图 4.43　间隙大小对间隙泄漏损失及其各组成部分的影响

$\xi_{seal,s}$ 为带冠涡轮的叶冠容腔内损失；$\xi_{mixing,s}$ 为叶冠间隙泄漏流重新进入主流时所造成的掺混损失；$\xi_{gap,us}$ 为不带冠涡轮叶顶间隙内损失；$\xi_{mixing,us}$ 为泄漏流离开间隙时与主流之间的掺混所造成的损失

由图 4.43 可见，叶顶泄漏损失与每一个组成部分皆随叶顶间隙增大而增加，并且大部分叶顶泄漏损失是由掺混造成的，此外，不带冠涡轮中掺混损失所占的比例要高于带冠涡轮。从图 4.43 中也可以看到，在带冠涡轮中，尽管间隙泄漏量随着间隙的增加而增加，但叶冠容腔内损失却在间隙比较大时减小，这有可能是由于当间隙比较大时，叶冠进出口空腔内不利于泄漏减小的旋涡涡流掺混被削弱。

4.5.4　节弦比对带冠和不带冠涡轮间隙泄漏掺混过程及级性能的影响

图 4.44 给出了节弦比对带冠和不带冠涡轮动叶顶部泄漏流驱动力和泄漏量的影响。在本小节中，节弦比变化借助于改变动叶片数来实现。在图 4.44(a)中，级反动度被定义为动叶片列静压降与整个涡轮级静压降之比，动叶片 Zw 数使用式(4.11)计算：

$$Zw = 2\frac{s}{c}\cos^2 \beta_2 \left(\frac{w_{m,1}}{w_{m,2}} \tan \beta_1 + \tan \beta_2 \right) \tag{4.11}$$

式中，s 为节距；c 为轴向弦长；β_1 和 β_2 为进/出口气流角（相对于轴向方向）；$w_{m,1}$ 和 $w_{m,2}$ 为进/出口子午面速度。从图 4.44 中可以看到，随着节弦比减小，级反动度增加，然而动叶片 Zw 数却减小。如图 4.44(b)所示，对于带冠涡轮来说，叶顶冠槽泄漏驱动力的增加导致了总间隙泄漏量增加，单通道泄漏量却减小，这是因为单通道的泄漏面积因叶片数增多而明显减小。对于不带冠涡轮来说，叶顶间隙泄漏驱动力的减小导致了单通道泄漏量减小，叶片数增加所带来的泄漏面积的明显增加最终导致了总间隙泄漏量增加。应当指出，随着节弦比减小，叶片数增多，主通道变得拥堵，从而减小了涡轮质量流量，并且叶片数增多也增加了壁面摩擦损失。尽管叶片数增多使得流体流动的折转角减小，在一定程度上减小了二次流强度，但最终还是比较明显地增加了主涡轮通道损失。

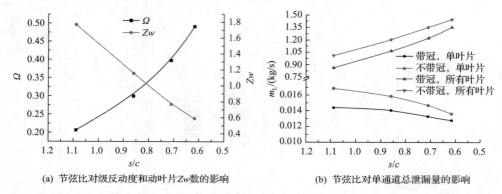

(a) 节弦比对级反动度和动叶片Z_w数的影响　　　(b) 节弦比对单通道总泄漏量的影响

图 4.44　节弦比对带冠和不带冠涡轮动叶顶部泄漏流驱动力和泄漏流量的影响

　　如图 4.45(a)所示，尽管随着节弦比的减小，总间隙泄漏流量和主通道损失增加，但涡轮级效率并没有减小，而是存在一个最佳的节弦比，在此节弦比下，涡轮获得了最好的气动性能。此外，当节弦比超过最佳值时，相对于不带冠涡轮来说，带冠涡轮的效率更加快速地降低。这是因为叶顶泄漏损失中的大部分是由掺混造成的，不仅与间隙泄漏量相关，也与泄漏流和主流之间的速度差异相关，而泄漏流和

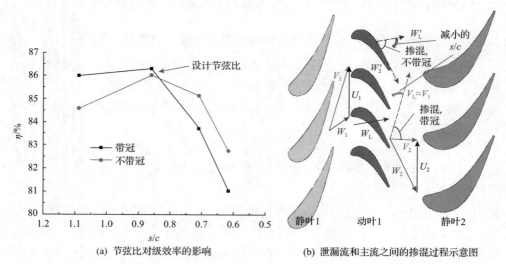

(a) 节弦比对级效率的影响　　　(b) 泄漏流和主流之间的掺混过程示意图

图 4.45　节弦比对级效率与泄漏流和主流之间掺混过程的影响

主流之间的速度差异主要影响单位泄漏量所带来的损失。然而，节弦比却对带冠和不带冠涡轮间隙泄漏掺混过程，甚至对泄漏流和主流之间的速度差异具有不同的影响。如图 4.45(b)所示，在节弦比由大变小的过程中，总的涡轮质量流量减小，带冠和不带冠涡轮中主流方向具有相同的变化趋势，泄漏流方向变化在带冠和不带冠涡轮中是相反的。从图 4.45(b)中可见，带冠涡轮中泄漏流和主流之间的掺混增加，而在不带冠涡轮中掺混却略微减小。因此，尽管带冠涡轮具有比不带冠涡轮更小的间隙泄漏流量，但是当节弦比较小时，带冠涡轮的气动性能要比不带冠涡轮稍差。

4.6　叶冠间隙端区二次流干涉及非定常控制可行性分析

如上所述，叶顶间隙端区流动比较复杂，虽然上游静叶尾迹对涡轮叶顶间隙端区气动性能的影响已有不少研究，但是涡轮叶顶间隙端区的相互干涉机理并不是很清楚。另外，涡轮内部的三维非定常流动不仅会给涡轮带来不利影响，也具有改善涡轮性能的潜力，如时序效应(clocking effect)、寂静效应(calming effect)等的发现和利用。既然非定常效应具有改善涡轮主通道流动性能的潜力，也可以探索将非定常效应用到涡轮叶顶间隙端区复杂流动的控制上[11, 12]。

4.6.1　定常和时均间隙端区流场对比

动静干涉引起了涡轮级内流动的非定常脉动，这对动叶和下游静叶流场的非定常性产生了不同的影响。为了评估动静干涉引起的非定常效应对涡轮气动性能的影响，图 4.46 和图 4.47 分别给出了动叶和下游静叶出口的定常和时均结果的熵分布图。对上游静叶内部流动前人已研究过很多，一般认为，上游静叶出口损失主要来源于尾迹，其几乎占据了整个叶高；非定常效应对上游静叶出口截面流场的影响几乎可以忽略[13]。由此可见，上游静叶对动叶通道内的非定常影响主要集中于上游静叶片列的尾迹区。

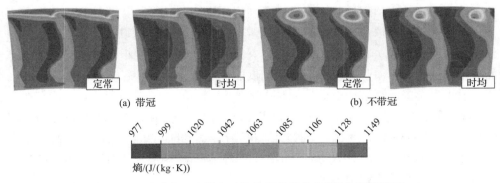

图 4.46　动叶出口定常和时均结果的熵分布图(文后附彩图)

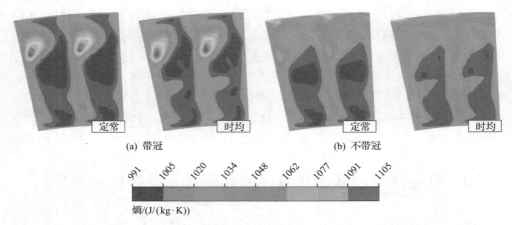

图 4.47　下游静叶出口定常和时均结果的熵分布图（文后附彩图）

在图 4.46 中，带冠和不带冠动叶出口损失区主要由间隙泄漏涡、轮毂通道涡、动叶尾迹和轮毂边界层组成，在不带冠涡轮中顶部通道涡也依稀可见。从图 4.46 中可以看到，非定常效应减小了带冠和不带冠涡轮动叶出口泄漏损失，然而，带冠和不带冠涡轮动叶出口尾迹宽度却有所增加，这主要由上游尾迹影响所致。与带冠涡轮相比，不带冠涡轮端区损失比较大，这主要由叶片带冠减小了间隙泄漏所致。从图 4.46 中也可以看到，下游静叶进口的非定常特性主要是由动叶出口端区的二次流旋涡所引起的，而尾迹区的影响则退居其次。

在图 4.47 中，机匣通道涡是一个比较明显的高损失区域，其次是占据整个叶高的下游静叶尾迹区。由于非定常效应的影响，带冠涡轮下游静叶中通道涡的强度增强，而通道涡幅度略有减小；然而，不带冠涡轮中通道涡强度却有所减小，其幅度有略微增加。另外，不带冠涡轮下游静叶端区低能流体区域的损失也明显减小。与带冠涡轮下游静叶相比，不带冠涡轮下游静叶出口通道涡的强度明显变小，不过，近端部区域损失范围却明显增加。此外，非定常效应使得带冠和不带冠涡轮下游静叶出口尾迹区损失也有不同程度增加。

以上分析也可以从图 4.48 中得到证实，并且从图中也可以看到，非定常效应使得根部通道涡损失核心向根部迁移，并且明显增加了动叶根部通道涡的强度，而非定常效应对下游静叶根部通道涡发展的影响则几乎可以忽略。

对于上游静叶尾迹影响涡轮间隙端区泄漏流动的非定常因素，有可能存在三个：①间隙泄漏驱动力变化；②叶顶间隙/叶冠内流场变化；③上游静叶尾迹和间隙泄漏涡/掺混区的相互作用。同样地，也存在两个可能的因素影响下游静叶端区二次流动：①机匣二次流驱动力变化；②间隙泄漏涡/掺混区和机匣通道涡的相互作用。下面将对此进行详细分析。

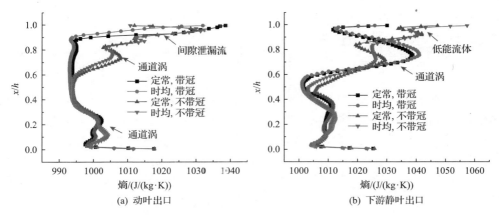

图 4.48　动叶和下游静叶出口质量平均熵沿叶高分布

图 4.49 给出了端区二次流动驱动力分布, 带冠动叶泄漏流动受叶片列上下游压差驱动 (图 4.49(a)), 而不带冠动叶泄漏流动受近动叶顶部横向压差驱动 (图 4.49(b))。此外, 下游静叶机匣二次流动也同样受近端部横向压差驱动 (图 4.49(c)), 并且,

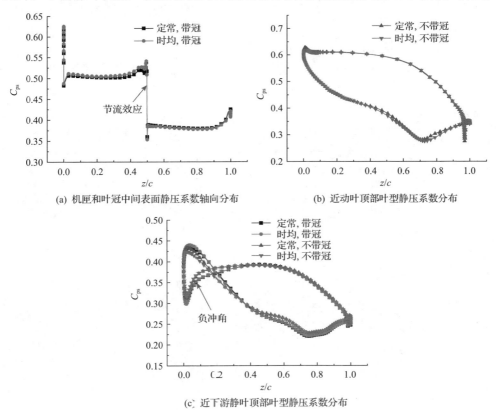

图 4.49　端区二次流动驱动力分布

上游尾迹作用对带冠和不带冠涡轮端区二次流动的驱动力影响不大，由此说明上游尾迹对带冠和不带冠涡轮端区二次流动驱动力的影响并不是造成端区二次流动强度改变的主要原因。另外，不带冠涡轮略微减小了下游静叶进口的负冲角及冲角损失。

图 4.50 给出了带冠动叶间隙区域定常和时均结果流场。图 4.50(a)为速度矢量分布，泄漏流被径向抽吸进入叶冠容腔内，在叶冠容腔内能量得到耗散之后，泄漏流重新进入主通道，从图中可以清晰地看到密封腔内旋涡的存在，也能清晰地看到动叶后部端区低速分离区的存在。图 4.50(b)为无量纲轴向涡量分布，可以看出叶冠近机匣附近具有细长且比较明显的负轴向涡量，动叶下游近端部区域的分离区中也是如此，而间隙泄漏区域具有比较大的正轴向涡量。结合图 4.50(c)可以看出，叶冠容腔内损失沿流向逐渐增加，至叶冠出口端部区域损失达到最大。对比定常和时均结果可以看出，上游静叶尾迹作用并没有明显改变叶冠容腔内部的二次流旋涡

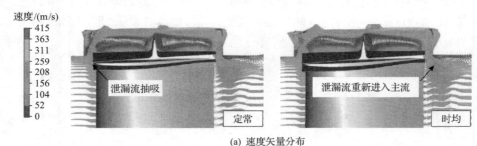

(a) 速度矢量分布

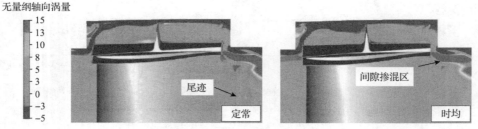

(b) 无量纲轴向涡量分布

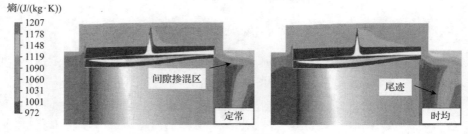

(c) 熵分布

图 4.50　带冠动叶间隙区域定常和时均结果流场

结构；然而，非定常效应却使得叶冠容腔内轴向涡量和熵值有所增加，这一定程度上减小了叶冠泄漏量，不过这一影响相对较小。由此可见，上游尾迹对叶冠容腔内二次流动结构的影响也不是造成带冠涡轮端区二次流动强度改变的主要原因。

图 4.51 给出了不带冠动叶间隙区或定常和时均结果流场，图中显示位置为 80% 叶顶轴向弦长位置，这主要是由于动叶通道中其他截面的间隙流动与图 4.51 比较相似，限于篇幅，书中只给出了一个通道截面的结果。图 4.51(a) 为速度矢量分布，从图中可以清晰地看到叶顶分离泡的存在，另外在间隙内靠近叶顶处还存在非常细小的二次流旋涡结构，它是由机匣和叶顶附近流体的相对运动所引起的。图 4.51(b) 为无量纲轴向涡量分布，可以看出泄漏涡和叶顶分离泡中具有比较明显的正轴向涡量，而泄漏涡附近的刮削涡中有较大的负轴向涡量。联合图 4.51(c) 可以看出，间隙泄漏涡引起的损失最大，其次是叶顶分离泡和刮削涡区域。对比上述结果可以看出，上游静叶尾迹作用并没有改变间隙内部的二次流结构；然而，非定常效应却使得间隙内部轴向涡量和熵值有所减小，这一定程度上减小了上游尾迹对间隙出口近吸力侧泄漏涡的贡献，但是这一影响相对来说也是比较小的。因此，上游尾迹对间隙内二次流动结构的影响也不是造成不带冠涡轮端区二次流强度改变的主要原因。

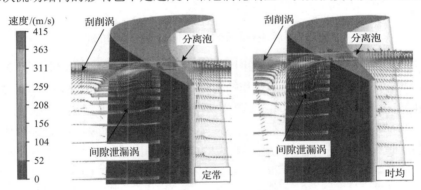

(a) 速度矢量分布

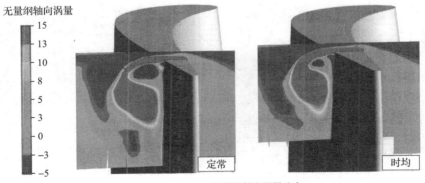

(b) 无量纲轴向涡量分布

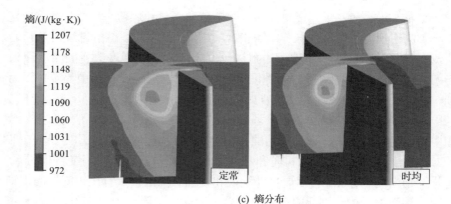

(c) 熵分布

图 4.51　不带冠动叶间隙区域定常和时均结果流场

综上所述，上游尾迹、间隙泄漏涡/掺混区和下游通道涡之间的相互作用才是影响带冠和不带冠涡轮间隙端区二次流动的最主要原因，这些相互作用导致了涡轮流场的非定常变化。因此，为了深入理解导致这些周期性变化的物理机制，深入研究带冠和不带冠涡轮间隙端区流场的瞬时变化很有必要。

4.6.2　上游尾迹、间隙泄漏涡/掺混区和下游通道涡干涉机理

图 4.52 和图 4.53 给出了不同时刻下 90%叶高无量纲径向和轴向涡量分布图（T 表示时间周期）。鉴于周向涡量和径向涡量的分布比较相似，在本书中不再展示。在图 4.52 和图 4.53 中，带冠动叶通道内通道涡比较弱，并且难以从图中分辨出来，而在不带冠动叶通道中，端区通道涡的发展要受到叶顶间隙泄漏涡的抑制，通道涡在图中也难以看到，这主要由相对大的间隙泄漏影响所致。

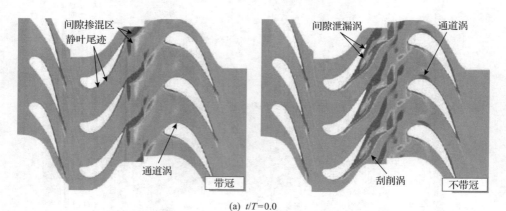

(a) $t/T=0.0$

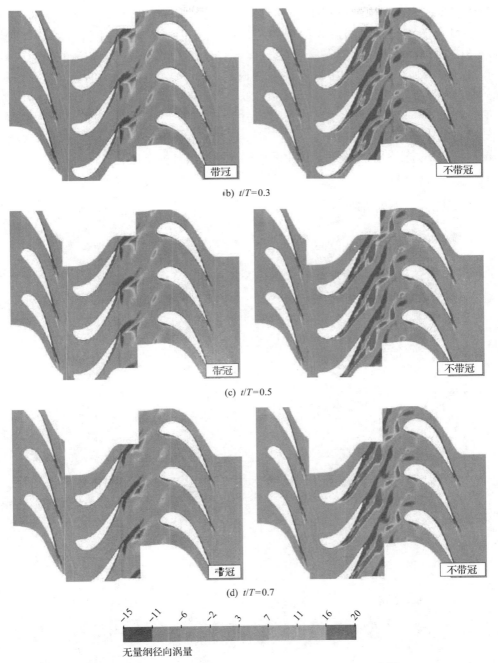

(b) $t/T=0.3$

(c) $t/T=0.5$

(d) $t/T=0.7$

$$\begin{array}{ccccccccc} -15 & -11 & -6 & -2 & 3 & 7 & 11 & 16 & 20 \end{array}$$

无量纲径向涡量

图 4.52　不同时刻下 90%叶高无量纲径向涡量分布图(文后附彩图)

在图 4.52 中，上游尾迹和间隙泄漏涡/掺混区主要包含正负相反的径向涡量，刮削涡中主要是正径向涡量，并且靠近间隙泄漏涡，而下游通道涡中主要包含负径向涡量，这在图 4.52(a)中可以很明显地看到。在 t/T=0.0 时刻，尾迹中的正径向涡量分支正在与泄漏涡和刮削涡的正径向涡量分支干涉。随着时间推移到 t/T=0.3 时刻，尾迹中的正涡量分支继续与泄漏涡正涡量分支干涉，泄漏涡的正涡量进一步增加。随着时间推移到 t/T=0.5 时刻，下一个静叶尾迹中的负涡量分支开始与泄漏涡正涡量分支接触，泄漏涡的正涡量被减弱，这种减弱过程持续到 t/T=0.7 时刻，在下一时刻(t/T=0.0)，尾迹中的正涡量分支开始与泄漏涡正涡量分支接触，继续进行下一周期的相互作用。对于带冠涡轮来说，相似的干涉过程发生在叶冠出口处，不过干涉强度较弱，这主要由尾迹已有所耗散所致。

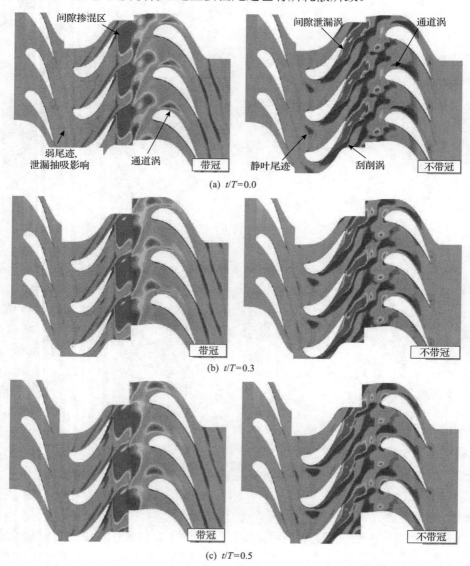

(a) t/T=0.0

(b) t/T=0.3

(c) t/T=0.5

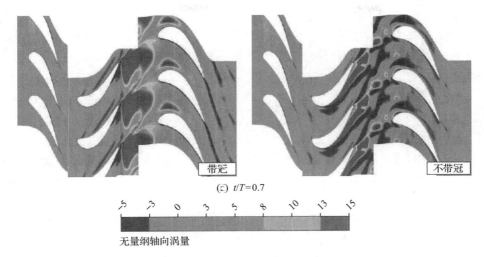

(c) $t/T=0.7$

无量纲轴向涡量

图 4.53　不同时刻下 90%叶高无量纲轴向涡量分布图(文后附彩图)

　　值得注意的是，带冠和不带冠动叶尾迹深受邻近旋涡结构干扰，尾迹与邻近旋涡的详细干涉过程可参见文献[14]和[15]。动叶尾迹与邻近旋涡的相互作用使得尾迹已经不能够被清晰地辨认出，因此，进入下游静叶通道的是尾迹和间隙泄漏涡/掺混区的混合损失区，并且像尾迹一样在下游静叶通道中传输[2]。就像上游尾迹和间隙泄漏涡/掺混区之间的相互干涉一样，相似的现象也发生在动叶端区二次流旋涡在下游静叶通道的传输过程中。在下游静叶通道中的吸力侧附近，机匣通道涡比较小，当动叶二次涡输运到吸力侧时，其正涡量分支将抵消掉部分通道涡中的负径向涡量，然后其负涡量分支将增强通道涡，这种周期性减弱、增强过程导致了静叶通道中机匣通道涡在尺度和强度上的周期性变化。

　　在图 4.53 中，轴向涡量的变化规律与周向涡量和径向涡量不同。尾迹的轴向涡量比较小，且主要为吸力侧负轴向涡量。在不带冠涡轮中，上游静叶尾迹进入动叶片通道之后，受势流作用将发生明显变形，并诱导产生比较明显的负轴向涡量。同样地，尾迹诱导出的轴向涡量在动叶通道中将由于势流影响交替性地与泄漏涡和刮削涡发生干涉，并对泄漏涡的发展产生抑制作用。然而，在带冠涡轮中，此负轴向涡量却比较小，这主要由叶冠进口空腔抽吸影响所致，因此负轴向涡量与泄漏掺混区干涉后对泄漏掺混区涡量影响较小，这在图 4.46 中也可以得到证实。

　　相似的干涉发生在下游静叶通道中，不过，进入带冠涡轮下游静叶流场的主要是泄漏掺混区的正轴向涡量，其增强了下游静叶机匣通道涡，并且需注意的是，在下游静叶通道中引起的周期性变化主要是位势的影响。而在不带冠涡轮中，除泄漏涡正轴向涡量的影响之外，还有刮削涡负轴向涡量的强烈影响。正、负轴向涡量周期性地交替作用于下游静叶正轴向涡量通道涡，这明显地减小了机匣通道涡的影响，这在图 4.47 中也可以得到证实。从以上的分析中也可以明显看到，动静干涉所引起的非定常脉动并不能与固体表面直接发生相互作用，从而使得上游尾迹对于二次流动驱动力以及间隙/叶冠内二次旋涡流动结构(图4.49～图4.51)的影响不大。

4.6.3　非定常间隙端区损失控制可行性分析

图 4.52 和图 4.53 中的分析也可以从图 4.54 所示的涡轮近顶部区域旋涡组成示意图中得到证实。由于尾迹的外缘速度大，中间速度小，因此尾迹中主要是两股方向相反的径向涡团，其余两种涡量分量的大小和方向主要依赖于尾迹属性，而泄漏涡和通道涡中涡量的三个分量大小相当。如上所述，当上游尾迹在动叶片通道中流动时，上游静叶尾迹中的旋涡分量从上游到下游，正、负交替地作用在间隙泄漏涡/掺混区或刮削涡上，从而使得间隙泄漏涡/掺混区中旋涡分量周期性地增大、减小。这种周期性增强、减弱过程也发生在下游静叶通道中。不同的叶顶结构对应着不同的涡量干涉过程。这在图 4.54 中也可以看到具体差异。

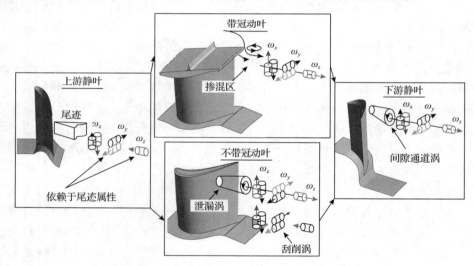

图 4.54　涡轮近顶部区域旋涡组成示意图

结合图 4.52～图 4.54 可以看出，上游尾迹在下游叶片列中的传播方向明显偏离轴向方向，因此吸力侧尾迹分支总是位于压力侧分支前侧，当压力侧尾迹分支传输到与吸力侧相同的流向位置时，考虑到尾迹传输增加了尾迹的耗散，从而尾迹的速度亏损减小，进入下游静叶通道的端区二次涡也具有同样的特性。另外，由于静叶叶型两侧壁面边界层的发展程度不同，静叶出口尾迹将呈现出非对称性，即吸力侧尾迹分支的涡量大，而压力侧尾迹分支的涡量比较小。由此可以推测出，如果静叶尾迹与二次涡涡量分量相反的某侧分支的涡量分量大于另一侧分支，那么叶顶间隙端区非定常效应将减弱二次涡的相应涡量分量,进而减小二次涡的强度,反之亦然。

图 4.55 给出了动叶片 90%叶高处动叶和下游静叶进口某点三个涡量分量随时间的变化情况。对于上游尾迹和间隙泄漏涡/掺混区的相互作用,非定常效应

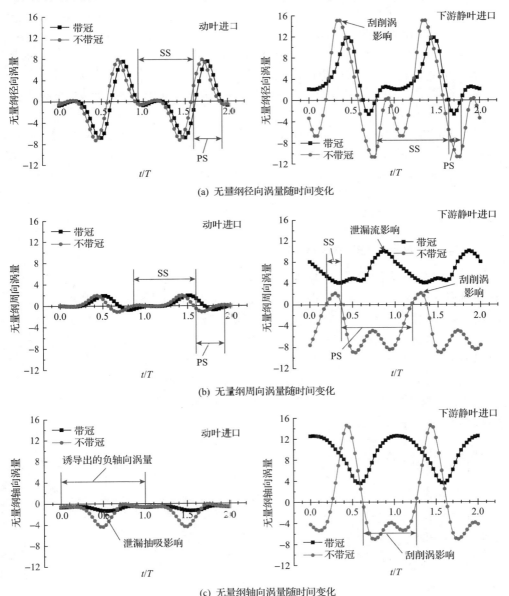

(a) 无量纲径向涡量随时间变化

(b) 无量纲周向涡量随时间变化

(c) 无量纲轴向涡量随时间变化

图 4.55　动叶片 90%叶高处动叶和下游静叶进口某点三个涡量分量随时间的变化

减小了带冠和不带冠动叶中间隙泄漏涡/掺混区的径向涡量。另外,非定常效应也减小了间隙泄漏涡/掺混区的流向涡量(包括周向涡量和轴向涡量),这主要因为当上游尾迹进入动叶通道时,受势流作用将发生明显变形,并诱导产生出不同大小的负轴向涡量,这对泄漏涡的发展将产生不同程度的抑制作用。值得注意的是,负轴向涡量的相对大小强烈依赖于尾迹属性。对于间隙泄漏涡/掺混区和下游通道涡之间的相互作用,非定常效应也在不同程度上减小了机匣通道涡的径向涡量,这取决于动叶出口尾迹和间隙泄漏涡/掺混区之间的掺混特性。此外,由于非定常效应的影响,在带冠涡轮中机匣通道涡得到明显增强,而在不带冠涡轮中机匣通道涡却被削弱,这主要是由带冠和不带冠涡轮动叶出口不同的旋涡构成差异造成的。

考虑到在二次流旋涡中流向涡量起主要作用,在涡轮非定常设计中通过巧妙的叶片端区设计控制好上游静叶尾迹属性,进而充分利用间隙端区的非定常干涉流动,则能有效减小间隙端区泄漏损失。虽然下游静叶进口损失区特性类似于尾迹,但是却不容易控制其流动特性进而充分利用间隙泄漏涡/掺混区和下游通道涡之间的非定常干涉效应。

4.6.4　非定常效应对涡轮总体性能的影响

在动叶和下游静叶出口,端区二次涡已得到充分发展。为了直观地了解带冠和不带冠涡轮端区二次涡的瞬时变化,图 4.56 给出了动叶和下游静叶出口质量平均熵沿叶高瞬时分布。图 4.56 中显示,不同时刻机匣泄漏涡/掺混区的强度和形状都发生了变化,并且对带冠和不带冠涡轮而言,动叶和下游静叶泄漏涡和机匣通道涡最强、最弱的时刻是不一样的。另外,静叶和动叶尾迹经过的通道区域非定常掺混损失也在不断变化。相似的非定常周期性变化也发生在动叶和下游静叶根部。从图 4.56 中可以看到,在动叶根部通道涡的周期性脉动比较强,而非定常效应对下游静叶根部通道涡脉动的影响却较小。

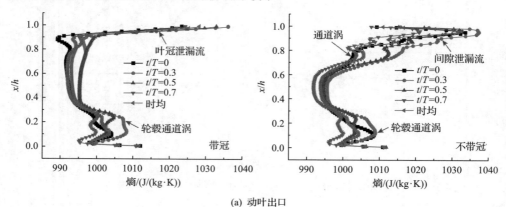

(a) 动叶出口

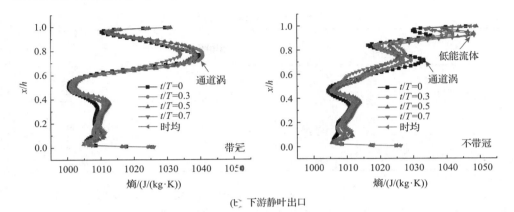

(b) 下游静叶出口

图 4.56　动叶和下游静叶出口质量平均熵沿叶高瞬时分布

为了说明非定常流动对 1.5 级涡轮性能的影响，图 4.57 给出了涡轮总体性能非定常变化。从图 4.57 中看到，带冠涡轮具有比不带冠涡轮更小的脉动量；同时带冠涡轮比不带冠涡轮具有更好的非定常性能，这从表 4.4 中也可以看到。另外，对于带冠和不带冠涡轮，当第一级具有最好的性能时，其下游静叶的性能却最差，

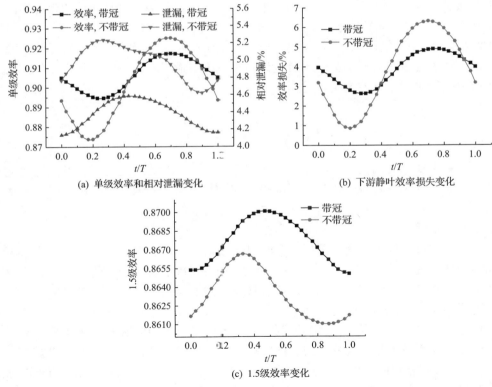

(a) 单级效率和相对泄漏变化

(b) 下游静叶效率损失变化

(c) 1.5 级效率变化

图 4.57　涡轮总体性能非定常变化

表 4.4　带冠和不带冠涡轮总体结果对比

参数	类型	数值	
		定常	时均
总质量流量/(kg/s)	带冠	24.32	24.27
	不带冠	24.33	24.30
单级效率/%	带冠	90.55	90.63
	不带冠	90.33	90.14
1.5 级效率/%	带冠	86.77	86.78
	不带冠	86.50	86.34

反之亦然。结合图 4.52 和图 4.53 可以看到,第一级最高效率点的位置刚好是动叶泄漏涡/掺混区移动到下游静叶前缘的位置,在此位置上泄漏涡在动叶前缘附近被破碎掉,泄漏涡内部集聚的低能流体在下游静叶通道中传输时导致产生了大量的非定常掺混损失,这对下游静叶气动性能产生了不利的影响。

总体上,带冠和不带冠涡轮级定常和时均效率对比情况如表 4.4 所示。从表 4.4 中可见,带冠和不带冠涡轮总质量流量的定常和时均计算值并没有明显差别,然而,带冠涡轮获得了比不带冠涡轮更高的效率。从时均角度来看,非定常效应使得单级带冠涡轮效率提高,而减小了单级不带冠涡轮效率,并且非定常效应略微增加了 1.5 级带冠涡轮效率,而 1.5 级不带冠涡轮效率却明显降低。从表 4.4 可以推测出,带冠涡轮具有比不带冠涡轮更高的下游静叶效率降,这意味着尽管带冠涡轮下游静叶进口时均损失比不带冠涡轮小,但带冠涡轮对下游静叶仍产生了比不带冠涡轮更加不利的影响。

4.7　本 章 小 结

本章主要从带冠叶片端区流场结构特点、叶冠间隙泄漏流对下游静叶气动性能的影响、叶冠结构设计优化对端区损失的控制影响、非轴对称叶冠组织端区高效流动的机理、叶片带冠与否对端区流动及级性能的影响和叶冠间隙端区二次流干涉及非定常控制可行性分析等方面进行了论述。

涡轮带冠不仅可以明显降低涡轮叶冠端区损失,还可以减小涡轮气动性能随间隙变化的敏感性,并且 1%的泄漏量增加会导致 1%的效率下降和大约 2%的功率下降。叶冠间隙泄漏损失主要是掺混损失,掺混损失不但受间隙泄漏量影响,还受泄漏流和主流速度的差异影响。在叶冠上布置导流片、蜂窝密封或者对叶冠出口边进行倒棱处理皆可以有效控制叶冠端区掺混损失,但损失控制机理不同。

带冠叶片技术是燃气轮机的一项新颖技术,虽然其具有良好的气动和振动特性,但依然存在着叶冠质量较重、端区损失依然很大等问题,课题组提出的非轴对称叶冠结构既可以在减少叶冠质量并保持带冠叶片具有良好振动特性的前提下,降低制造成本，提高转子的安全可靠性，又可以有效地组织和控制叶冠容腔泄漏流和通道主流之间的相互作用与掺混，从而接近或者达到完全叶冠结构的端区气动性能。

涡轮叶冠间隙端区非定常效应对动叶二次涡流向涡量的影响取决于上游静叶尾迹特性，当静叶尾迹的一侧分支所具有的与动叶二次涡相反的流向涡量大于另一侧分支时，非定常效应将减弱二次涡。鉴于在二次流旋涡中流向涡量起主要作用，可通过合理的叶片端区设计控制好静叶尾迹属性，充分利用间隙端区非定常干涉流动，进而有效地减小涡轮叶顶间隙端区损失。

参 考 文 献

[1] 高杰, 郑群, 李义进. 动叶顶部蜂窝面迷宫密封对涡轮级气动性能的影响. 航空动力学报, 2012, 27(1): 160-168.

[2] Denton J D. Loss mechanism in turbomachines. Journal of Turbomachinery, 1993, 115(4): 621-656.

[3] Gier J, Stubert B. Interaction of shroud leakage flow and main flow in a three-stage LP turbine. Journal of Turbomachinery, 2005, 127(4): 649-658.

[4] Gao J, Zheng Q, Yue G Q, et al. Control of shroud leakage flows to reduce mixing losses in a shrouded axial turbine. Proceedings of the IMechE Part C: Journal of Mechanical Engineering Science, 2012, 226(5): 1263-1277.

[5] Gao J, Zheng Q, Wang Z. Effect of honeycomb seals on loss characteristics in shroud cavities of an axial turbine. Chinese Journal of Mechanical Engineering, 2013, 26(1): 69-77.

[6] Yun Y I, Porreca L, Kalfas A I, et al. Investigation of 3D unsteady flows in a two-stage shrouded axial turbine using stereoscopic PIV and FRAP-part II: Kinematics of shroud cavity flow. ASME Paper GT 2006-91020, New York, 2006.

[7] Giboni A, Wolter K, Menter J R, et al. Experimental and numerical investigation into the unsteady interaction of labyrinth seal leakage flow in a 1.5 stage axial turbine. ASME Paper GT2004-53024, New York, 2004.

[8] Rosic B, Denton J D. Control of shroud leakage loss by reducing circumferential mixing. Journal of Turbomachinery, 2008, 130(2): 021010.1-021010.7.

[9] Gao J, Zheng Q, Zhang H, et al. Comparative investigation of tip leakage flow and its effect on stage performance in shrouded and unshrouded turbines. Proceedings of the IMechE Part G: Journal of Aerospace Engineering, 2013, 227(8): 1265-1276.

[10] Yoon S, Curtis E, Denton J D, et al. The effect of clearance on shrouded and unshrouded turbines at two levels of reaction. ASME Paper GT2010-22541, New York, 2010.

[11] Gao J, Zheng Q. Comparative investigation of unsteady flow interactions in endwall regions of shrouded and unshrouded turbines. Computers & Fluids, 2014, 105: 204-217.

[12] Gao J, Zheng Q, Jia X Q. Performance improvement of shrouded turbines with the management of casing endwall interaction flows. Energy, 2014, 75: 430-442.

[13] Bunker R S. Axial turbine blade tips: Function, design, and durability. Journal of Propulsion and Power, 2006, 22(2): 271-285.

[14] Pfau A, Treiber M, Sell M, et al. Flow interaction from the exit cavity of an axial turbine blade row labyrinth seal. Journal of Turbomachinery, 2001, 123(2): 343-352.

[15] Behr T. Control of rotor tip leakage and secondary flow by casing air injection in unshrouded axial turbines. Switzerland: Swiss Federal Institute of Technology Ph.D. Dissertation, 2007.

第 5 章　不带冠涡轮叶片叶顶间隙泄漏
流动及控制技术

5.1　叶顶间隙泄漏流动结构及损失分析

叶顶间隙泄漏流动对涡轮性能有很大影响，国内外学者致力于对间隙泄漏流动方面的研究，主要目的不仅是弄清楚间隙泄漏流动结构及其损失产生机理，更重要的是通过研究叶顶间隙泄漏流动，采取相关控制措施去减小叶顶间隙泄漏流动，进而减小叶顶泄漏损失。

5.1.1　间隙泄漏流与泄漏涡的形成过程

涡轮叶顶间隙泄漏情况如图 5.1 和图 5.2 所示，部分主流流体在叶顶压力侧的前半部分受横向玉差驱动进入间隙形成间隙泄漏流，泄漏流体以射流的形式通过间隙，在叶顶间隙内经历流动分离及再附等流动掺混过程，流出间隙之后有一部分泄漏流被通道涡卷吸。泄漏涡与叶片近吸力侧通道涡旋向相反，在沿流向发展的过程中，两者之间相互掺混，将对端区流场产生重要影响[1]。从图 5.2 中可以看到，机匣相对转动引起的近机匣二次流动阻塞了前缘附近的泄漏流动。从泄漏流与泄漏涡的形成过程可以看出，间隙内流动主要影响泄漏量，而泄漏流与主流之间的掺混则主要影响单位泄漏量所引起的损失，这取决于泄漏流和主流之间的速度差异大小。

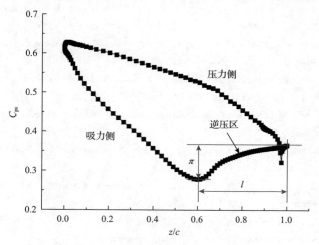

图 5.1　叶片近顶部静压系数分布

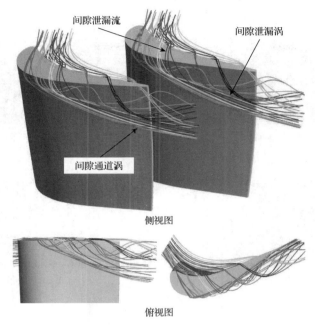

侧视图

俯视图

图 5.2　叶片顶部流线分布

5.1.2　间隙大范围变化下泄漏涡与通道涡的相互作用

　　叶片通道中主要的旋涡结构有叶顶间隙泄漏涡和通道涡。为了能够清楚地看到叶顶间隙泄漏涡与通道涡的相互作用，间隙区域不同轴向位置处流线如图 5.3 所示。在叶片近顶部吸力侧，旋涡干涉及机匣相对转动的影响使得端区流场尤为复杂。由于端壁附近新边界层的形成、机匣相对转动的影响，以及叶片流道内横向压力梯度的影响等，间隙通道涡快速发展，整体上通道涡的形成要早于叶顶间隙泄漏涡。

　　在叶顶间隙尺度比较小时（图 5.3(a)～(c)），间隙泄漏涡比较弱，而机匣区域横向二次流动比较强烈，以致在叶片前缘附近的二次流从吸力侧进入间隙内，从而对间隙泄漏产生了阻塞作用。随后，在间隙泄漏流的作用下，近机匣二次流又从吸力侧下游位置流出。随着主通道流动向下游发展，泄漏涡开始在叶片吸力侧形成，而此时通道涡已比较强，因此，泄漏涡附近的低能流体将被通道涡卷吸，通道涡将进一步增强。

　　在叶顶间隙尺度比较大时（图 5.3(d)～(f)），泄漏涡形成得比较早，通道涡的发展受到一定程度上的抑制，并被挤压至间隙泄漏涡下方。随着主通道流动向下游发展，通道涡被端区旋涡间的相互作用削弱，同时间隙泄漏涡强度也略微减弱，不过由于泄漏涡卷吸通道涡附近的低能流体而尺寸有所变大。相似的流动变化情况也可以从 McCarter 等[2]的试验结果中看到。

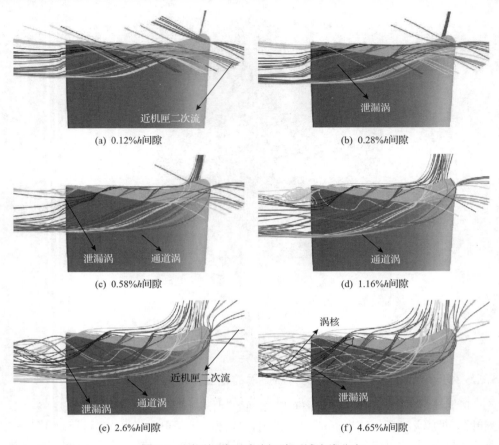

图 5.3　不同间隙下叶片间隙区域流线分布

　　以上分析也可以从图 5.4 中得到证实，由于间隙泄漏涡的影响，一个相对比较低的静压区域占据着叶片吸力侧近顶部区域。一般地，图 5.3 和图 5.4 从不同的方面显示出叶顶泄漏涡与通道涡之间的相互作用机理因间隙尺度大小而异。从图 5.3 中也可以看到，尤其是在大的间隙下，间隙泄漏涡核主要由叶片前半段靠近叶片顶部的泄漏流线组成，其他的泄漏流体环绕叶顶泄漏涡核形成泄漏涡。

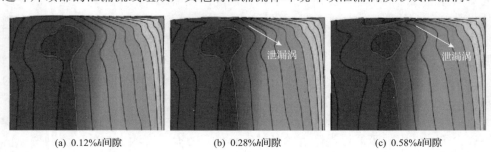

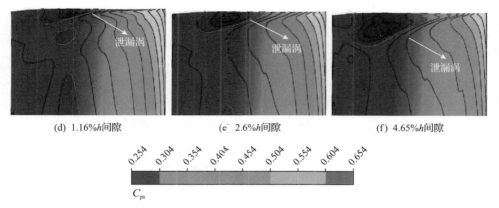

(d) 1.16%h间隙　　　　　　(e) 2.6%h间隙　　　　　　(f) 4.65%h间隙

0.254　0.304　0.354　0.404　0.454　0.504　0.554　0.604　0.654

C_{ps}

图 5.4　叶片吸力面上半叶展静压系数分布(右侧：前缘)

在叶片尾缘附近，旋涡干涉已得到充分发展。从图 5.5 所示的不同间隙下 90% 轴向弦长位置熵分布中可以看出，在小间隙尺度下，泄漏涡比较弱，通道涡卷吸来自泄漏涡附近的低能流体，从而自身得到了增强，并远离叶片吸力面，导致更多的端区掺混损失产生。随着叶顶间隙高度的增加，通道涡由于卷吸了更多的低能流体，所造成的损失也相应增加。另外，在大间隙尺度下，泄漏涡比较强，通道涡结构遭到泄漏涡卷吸作用的破坏，因而强度变弱。在更大的间隙尺度下 (图 5.5(f))，在 90%轴向弦长上半叶高位置已看不到通道涡影响。随着叶顶间隙高度的增加，泄漏涡损失区域增大，并且向相邻通道压力侧延伸。图 5.6 给出了不同间隙下 110%轴向弦长位置熵分布，在这个位置上，泄漏涡、通道涡和尾迹表现出强烈的掺混与扩散特性，然而，从图 5.5 和图 5.6 中可以看到，在 90%和 110% 轴向弦长位置，泄漏涡与通道涡的相互作用机理比较相似。由此可以推断出，只有在适当尺度间隙下，叶顶间隙泄漏涡和通道涡之间的相互作用才可以被有效利用，从而减小涡轮端区流动损失。

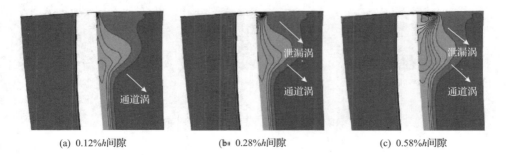

(a) 0.12%h间隙　　　　　　(b) 0.28%h间隙　　　　　　(c) 0.58%h间隙

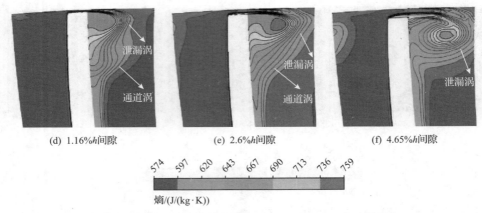

图 5.5　不同间隙下 90%轴向弦长位置熵分布(文后附彩图)

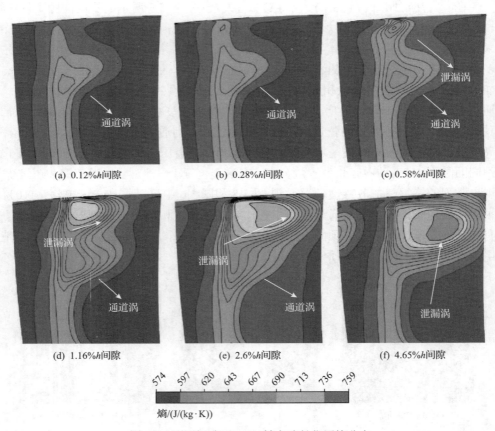

图 5.6　不同间隙下 110%轴向弦长位置熵分布

5.1.3　进气冲角对叶顶间隙内流动的影响

图 5.7 给出了原型机匣在不同冲角下起始于间隙中间面的近顶部流线分布。在叶顶前部,当冲角从正冲角减小至零冲角时,泄漏流以射流形式从叶顶压力侧进入间隙,并从叶顶吸力侧流出;当冲角从零冲角减小到负冲角乃至大负冲角时,部分间隙泄漏流体从叶顶前缘吸力侧流入,又从吸力侧下游位置流出,而不是在叶顶横向压力差作用下从压力侧流向吸力侧。然而,在叶片尾部,在所有的冲角下,间隙泄漏流总是从压力侧流入,并从吸力侧流出。

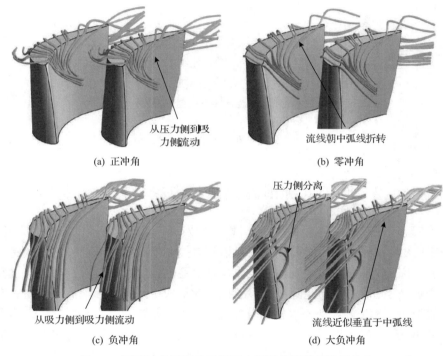

(a) 正冲角　　　　　　　　　　(b) 零冲角

(c) 负冲角　　　　　　　　　　(d) 大负冲角

图 5.7　不同冲角下起始于间隙中间面的近顶部流线分布

从以上的分析中可以看出,气流冲角变化明显影响叶片前缘区域的间隙泄漏流动,而在叶片后大半部分区域,冲角变化对间隙泄漏流场影响较小,类似结论也可以从 Yamamoto[3] 的涡轮叶栅可视化试验中得到证实。以上的现象意味着边界层流动惯性对叶片前缘区域泄漏流动影响很大,而叶顶横向压差主要影响叶顶大半部分区域的泄漏流动情况。因此,叶顶间隙泄漏流动情况可以被进一步分为直接泄漏和间接泄漏两种。

为了深入分析叶顶间隙内泄漏流动机制,给出了不同气流冲角下叶片顶部静压系数分布,如图 5.8 所示,叶顶间隙泄漏主要发生在 40%~80%轴向弦长区域。

图 5.8 也可以证实图 5.7 中的分析结论，即叶片前缘区域的压力分布对冲角变化比较敏感，而叶片后大半部分区域的压力分布变化不大，从图 5.8 中也能够明显看出叶片顶部直接泄漏和间接泄漏两种不同的泄漏流动类型，并且叶顶间隙泄漏流动主要是由间接泄漏造成的。

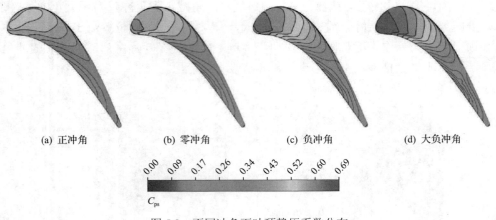

图 5.8　不同冲角下叶顶静压系数分布

5.2　叶顶间隙泄漏涡破碎现象及损失机制

随着现代燃气涡轮向大功率、高性能方向发展，间隙泄漏流动变得尤为复杂，进而带来大量端区损失，然而现代密封措施对控制泄漏量本身已没有太大进步空间，进一步的叶顶间隙端区气动性能改善则需通过控制和组织叶顶间隙泄漏流本身来实现，因此，对叶顶间隙泄漏掺混损失的形成机制及其影响因素的研究有着十分重要的理论意义[4-6]。不过，国内外已有研究只是从泄漏流与主流的速度不匹配(大小和方向)导致掺混损失这一角度开展并采取措施[7]，而并没有考虑到泄漏涡作为一种"旋拧涡"，自身还存在着稳定性问题。此外，王松涛等[8]通过理论分析结合试验研究指出，对涡轮叶片结构进行适当正弯后有利于通道涡稳定，进而可减少通道涡区域的掺混损失及二次流损失。因此，深入研究涡轮叶顶泄漏涡的稳定性可以加深对叶顶泄漏损失机理的理解，对探求可靠的泄漏损失控制措施具有很大的指导意义。

5.2.1　泄漏涡破碎现象及动力学分析

如上所述，涡轮叶片顶部横向压差促使间隙泄漏涡形成，并逐渐沿叶片吸力面向下游移动，在此过程中泄漏涡尺度也不断增加，在叶片吸力面后半部分，泄漏涡核的流向速度(V_{sw})在逆压梯度的影响下不断降低，达到一定程度后就会发生破碎现象，带来涡破碎损失，这可以从图 5.9 中得到证实。另外，可以看到沿流向第 2 个截面位置泄漏涡核中心出现了逆向流动，这意味着泄漏涡已经破碎。从泄漏涡核流线的发展过程中也可以明显看到，在吸力侧后半部分逆压区，泄漏流线进行反向缠绕流动，并且泄漏流线所占据的空间也明显膨胀。从图 5.10 中可以更加清晰地看到泄漏涡破碎造成的低能回流区域，不过在泄漏涡外部还比较稳定。

　　涡运动所产生的离心力大于作用在旋涡上的径向压力梯度，从而导致旋涡破碎现象发生，但考虑到实际旋涡流动的三维特性，旋涡将更早地发生破碎现象[9]。下面将首先分析外流中流向涡的破碎机理。

　　忽略流动的可压缩性，并假定来流均匀，具有准柱状涡核的流向涡中心的压力与外部主流区压力之间的关联关系(即 Hall 涡核方程[10])如下：

$$\left.\frac{\mathrm{d}p}{\mathrm{d}s}\right|_{r=0} = \left.\frac{\mathrm{d}p}{\mathrm{d}s}\right|_{r=\infty} + 2\rho\int_0^\infty \frac{\varGamma}{r^3}\frac{\partial\varGamma}{\partial r}\frac{V_r}{V_z}\mathrm{d}r \tag{5.1}$$

式中，r 为旋涡半径；s 为流向涡的涡核方向；V_r 为旋涡的径向速度；V_z 为旋涡的轴向速度；$\varGamma$ 为环量；ρ 为密度。

　　由式(5.1)可知，旋涡中心沿涡核方向的压力梯度主要由主流压力梯度和旋涡复杂运动的非线性耦合作用组成。旋涡与主流之间的三维黏性作用使得旋涡的尺寸沿涡核方向不断增加(即存在正的径向速度分量)。涡破碎前的流向涡一般具有正的流向速度分量。实际流场中旋涡涡量沿径向也不断增大。因此，泄漏涡自身的非线性耦合作用会导致涡核中心的压力梯度大于主流压力梯度，从而导致旋涡发展到一定程度后就会发生破碎现象。

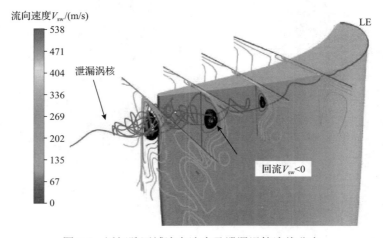

图 5.9　近间隙区域流向速度及泄漏涡核流线分布

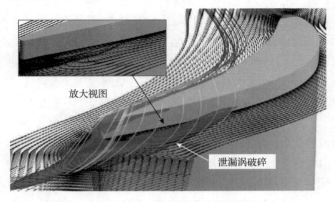

图 5.10　泄漏涡破碎造成的低能回流区域

　　值得注意的是，在涡轮动叶片通道内，泄漏涡还受到科氏力作用，泄漏涡的动力学行为可以借助公式(5.1)和图 5.11 来分析。从公式(5.1)可以看出，涡轮通道内的逆压梯度将直接传递给泄漏涡核，所以很明显主流逆压梯度的存在不利于间隙泄漏涡的稳定，并且逆压梯度越大，越不利于泄漏涡稳定。从图 5.11 中也可以看到，由于泄漏涡的旋转方向与涡轮叶片旋转方向相同，泄漏涡还受到向外的科氏力($f_{Cori.}$)作用，其与泄漏涡旋转产生的离心力($f_{Cent.}$)方向相同，致使泄漏涡维持自身结构稳定所需的径向正压梯度在一定程度上增加，所以泄漏涡受到的科氏力也不利于其自身的稳定。

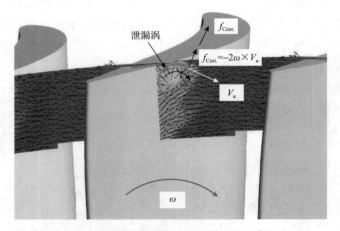

图 5.11　涡轮内泄漏涡受到的科氏力和离心力

5.2.2　叶顶泄漏涡非定常破碎特性

1. 叶顶泄漏涡非定常破碎过程

旋涡破碎是非常复杂的流动现象，目前的研究认为旋涡是否破碎主要取决于流向逆压梯度和涡旋强度[11]，而涡轮叶片列之间的相互作用必然使得涡破碎的影响因素发生周期性变化，从而导致叶顶间隙泄漏涡呈现出随时间变化的破碎过程。

图 5.12 给出了非定常叶顶间隙泄漏涡核流线图，流线上颜色表示的是无量纲螺旋度。一般认为，转子内二次流流场受当地涡量沿相对气流方向的分量主导。无量纲螺旋度可以消除涡量沿流向衰减的影响而定量标识泄漏涡周围流体紧密缠绕泄漏涡核的程度，其定义如下：

$$\bar{H} = \frac{\boldsymbol{\xi} \cdot \boldsymbol{w}}{|\boldsymbol{\xi}| \cdot |\boldsymbol{w}|} \tag{5.2}$$

式中，$\boldsymbol{\xi}$ 和 $\boldsymbol{w}$ 分别为涡量矢量和相对速度矢量。H 定义为涡量与气流相对速度之间夹角的余弦，其绝对值越大，表示涡卷吸能力越强，在涡核处其绝对值趋于 1，其符号说明旋涡相对流向速度的旋转方向。

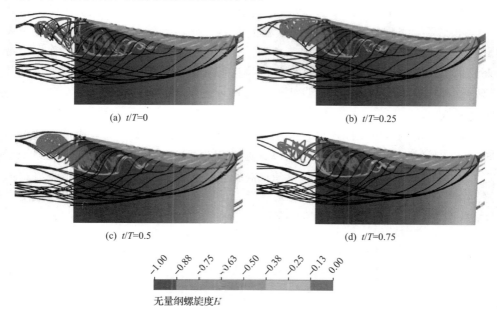

(a) t/T=0　　　　　　　　　　　　　　　(b) t/T=0.25

(c) t/T=0.5　　　　　　　　　　　　　　(d) t/T=0.75

−1.00　−0.88　−0.75　−0.63　−0.50　−0.38　−0.25　−0.13　0.00

无量纲螺旋度 H

图 5.12　非定常叶顶间隙泄漏涡核流线及无量纲螺旋度分布（文后附彩图）

从图 5.12 中可以看出无量纲螺旋度绝对值沿流向的变化规律：无量纲螺旋度绝对值在叶片前半部分区域缓慢减小，说明泄漏流线紧密缠绕在泄漏涡核周围，此时泄漏涡结构变化不大；无量纲螺旋度绝对值在叶片后半部分区域则迅速减小，这说明间隙泄漏流卷吸并缠绕在泄漏涡核周围的强度随流向变化的衰减速度迅速增大，泄漏涡保持集中涡结构的能力减弱，这使得泄漏涡在叶片后半部分某一位置发生了破碎现象，此时间隙泄漏涡核上产生了内驻点，涡核突然膨胀，涡流进入回流区，这也可以从图 5.13 中得到证实。

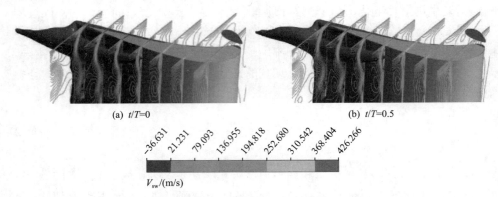

(a) $t/T=0$　　　　　　　　　　　　　　　　(b) $t/T=0.5$

-36.631　21.231　79.093　136.955　194.818　252.680　310.542　368.404　426.266

$V_{sw}/(m/s)$

图 5.13　泄漏涡破碎造成的低能区域的流向速度非定常变化

结合图 5.12 和图 5.13 还可以看到，占据泄漏涡核中心的低速回流区出现在叶片近间隙吸力侧后半部分区域，该回流区造成了泄漏涡体积的突然膨胀，使得大量的低能流体聚集在近间隙吸力侧角区，并与周围主流发生强烈的相互作用，带来大量的掺混损失。另外，随着时间的推进，泄漏涡破碎造成的回流区尺度及其起始位置出现了周期性变化，这主要由尾迹效应引起的叶顶附近流场出现周期性脉动所致。

以上分析也可以从图 5.14 所示的不同流向位置处泄漏涡核无量纲流向速度随时间的变化情况中得到证实。涡核位置通过相对速度分布和涡量分布的结果来确定，该处的涡量具有临近区域最大值的特点。图中数据点横坐标为涡核与叶片前缘距离占叶顶轴向弦长的百分比，纵坐标为涡核上的流向速度与叶片出口速度之比。从图 5.14 中可以看出，若把涡核上流向速度为零的点定义为泄漏涡破碎点(大

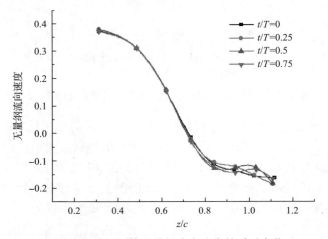

图 5.14　泄漏涡核无量纲流向速度的瞬时变化

概在 71%轴向弦长位置附近），那么在泄漏涡破碎点之前，涡核上的流向速度基本不随时间变化，该处流动可以被认为是定常的。然而，在泄漏涡破碎点之后，不同时刻涡核上的流向速度不同，表明泄漏涡破碎点之后涡核上的流向速度是非定常的，这可以从图 5.15 中得到证实。此外，还可以看到，泄漏涡破碎点的位置是非定常的，它在一定的流向范围内周期性前后摆动。

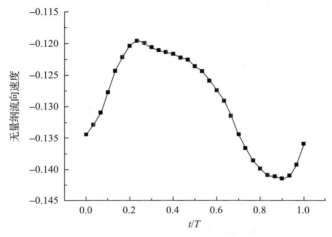

图 5.15　93%轴向弦长处泄漏涡核瞬时无量纲流向速度分布

2. 非定常效应影响泄漏涡破碎的原因分析

流向逆压梯度和涡旋强度是影响旋涡破碎特性的两个主要因素，因此，一方面，非定常效应引起的负荷分布变化会直接影响泄漏涡的破碎特性，另一方面，非定常效应对间隙内部流动的影响会作用到间隙泄漏量以及吸力侧泄漏出流特性上，进而对泄漏涡的涡旋强度产生作用，最终影响泄漏涡的破碎特性。另外，上游非定常尾迹具有较强的速度亏损，尾迹中主要包含径向涡量，因而它在掠过泄漏涡的过程中与泄漏涡之间的相互作用将不可避免地对泄漏涡的动力学特性产生影响。因此，对于非定常效应影响叶顶泄漏涡破碎的深层次原因，作者主要从以下三个方面进行分析：一是近叶顶负荷分布的变化；二是叶顶间隙内部流动的变化；三是尾迹与泄漏涡之间的相互作用。

图 5.16 给出了定常和时均结果近叶顶负荷分布，其中纵坐标为静压系数，其定义为

$$C_{ps} = (p - p_{w,\text{in}}^*)/(0.5\rho \cdot w_{\text{in}}^2) \tag{5.3}$$

式中，p 为当地静压；$p_{w,\text{in}}^*$ 为进口相对总压；ρ 为密度；w_{in} 为进口相对速度。

从图 5.16 中来看，近叶顶大部分区域负荷分布的定常结果与时均结果没有变

化，主要在吸力侧逆压区内静压系数有明显变化，使得近叶顶负荷整体上略有减小。然而，逆压段长度和逆压梯度值几乎没有变化，这说明非定常效应对近叶顶负荷分布的影响并不是造成叶顶泄漏涡呈现出非定常破碎特性的主要原因。

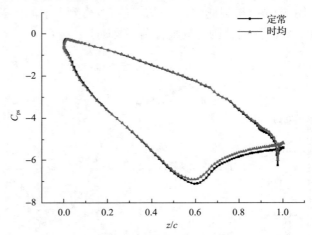

图 5.16　近叶顶负荷分布的定常和时均结果

图 5.17 给出了叶顶间隙内部相对速度矢量和无量纲流向涡量分布的定常和时均结果，其中无量纲流向涡量定义为

$$\xi_s = \frac{\boldsymbol{\xi} \cdot \boldsymbol{w}}{2\omega |\boldsymbol{w}|} \tag{5.4}$$

式中，ω 为转子角速度大小。限于篇幅，图 5.17 中只给出了一个截面的结果。需注意的是，该截面近似垂直于泄漏涡核方向。

图 5.17(a) 为叶顶间隙内相对速度矢量分布，可以明显看到在此截面上泄漏涡已形成完整涡结构，并且叶顶压力侧分离泡也已存在，在间隙内以及间隙吸力侧靠近机匣位置还存在一个狭长的、很薄的低速区域。图 5.17(b) 为叶顶间隙内无量纲流向涡量分布，从图中可以看出叶顶分离泡以及泄漏涡中具有明显的负流向涡量，而机匣附近低速区域则有较大的正流向涡量，并且其旋转方向与叶顶分离泡和泄漏涡相反，从而可推测出该低速区域很有可能是由机匣转动引起的。通过对比定常结果和时均结果可以看出，非定常效应并没有改变叶顶间隙内的旋涡结构，仅时均结果间隙内的泄漏流速度略有减小，这说明非定常效应对叶顶间隙内部流动的影响也不是造成叶顶泄漏涡呈现出非定常破碎特性的主要原因。

图 5.18 给出了某时刻 90% 叶高位置无量纲径向涡量分布。从图 5.18 中可以明显看出上游尾迹的"逆射流"现象以及尾迹中的正、负径向涡量分布，由此可以推测出上游尾迹引起的逆射流在掠过叶顶间隙泄漏涡的过程中，将与间隙泄漏涡发生强烈的非定常相互作用。鉴于叶顶间隙区域流动的三维特性，这种相互作用

除了引起泄漏涡径向涡量的周期性变化，还将同时引起周向涡量和轴向涡量的周期性变化，最终引起叶顶间隙泄漏涡的周期性非定常破碎。

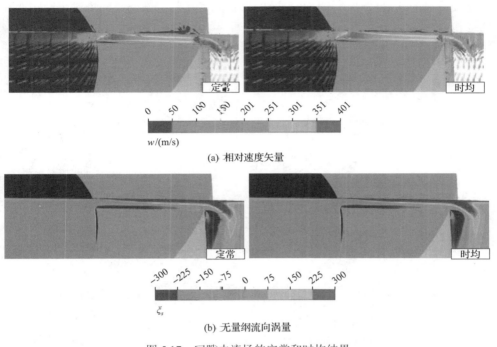

(a) 相对速度矢量

(b) 无量纲流向涡量

图 5.17　间隙为流场的定常和时均结果

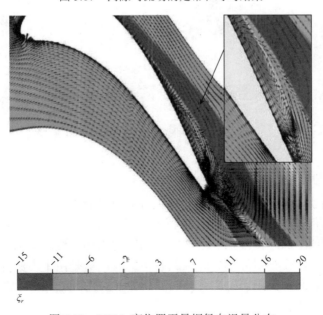

图 5.18　90%叶高位置无量纲径向涡量分布

以上分析也可以从图 5.19 中得到证实，从图 5.19 中可以看到，在叶片吸力侧后半部分，泄漏涡破碎造成的低速回流区(零流向速度等值线包围的区域)内呈现出比较明显的速度波动，并且回流区的形状尤其是其尾部随时间推进也有很明显的变化。

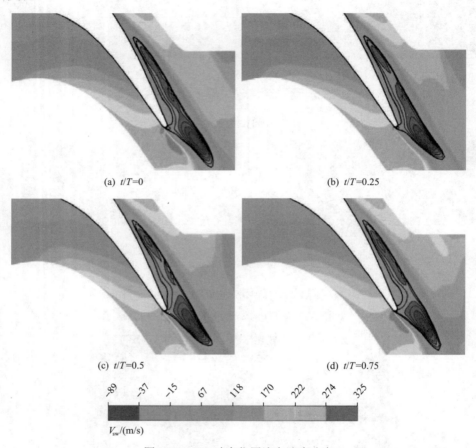

(a) $t/T=0$　　　　　　　　　　　　　　　　(b) $t/T=0.25$

(c) $t/T=0.5$　　　　　　　　　　　　　　　　(d) $t/T=0.75$

-89　-37　-15　67　118　170　222　274　325

V_{sw}/(m/s)

图 5.19　90%叶高位置流向速度分布

3. 泄漏涡破碎与非定常损失的关联

图 5.20 给出了叶顶泄漏涡破碎位置的非定常变化曲线，非定常效应使得间隙泄漏涡破碎位置呈现出周期性的前后摆动，且前后摆动幅度有 0.6%轴向弦长尺度，这导致叶顶间隙外掺混损失也产生了相应的周期性波动。另外，从整体上来看，非定常效应还使得泄漏涡破碎位置有所提前，这是由于上游静叶尾迹引起的逆射流现象诱导间隙泄漏涡核位置处的流动提前滞止。

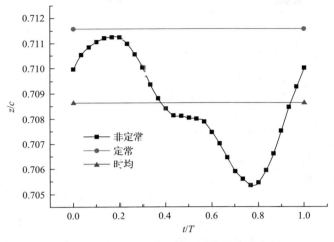

图 5.20　叶顶泄漏涡破碎位置的非定常变化

　　为了深入分析泄漏涡破碎对叶顶间隙外掺混损失的影响，作者以泄漏涡破碎位置为分界点，将间隙外掺混损失分为两个部分加以研究，其中泄漏涡破碎前掺混损失主要来源于泄漏流与周围主流之间速度不匹配而产生的黏性和湍流掺混；泄漏涡破碎后掺混损失除此之外还包括泄漏涡破碎所引起的附加损失。有关定义如下：间隙泄漏损失通过计算带间隙与不带间隙涡轮出口的质量平均熵增获得，间隙内损失基于间隙吸力侧、压力侧熵增计算获得，间隙外掺混损失则为间隙泄漏损失与间隙内损失之差。同理，泄漏涡破碎前后间隙外掺混损失则为泄漏涡破碎位置前后间隙泄漏损失与其相对应间隙内损失之差。

　　图 5.21 和图 5.22 分别给出了泄漏涡破碎前间隙外掺混损失、泄漏涡破碎后间隙外掺混损失与破碎前损失之差的非定常变化曲线。从图 5.21 中可以看出，泄漏涡破碎前间隙外掺混损失随着上游尾迹的周期性干涉产生了相应的波动，但波动

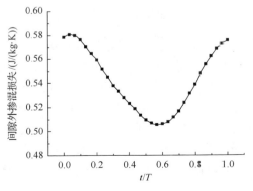

图 5.21　泄漏涡破碎前间隙掺混损失的非定常变化

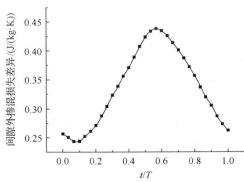

图 5.22　泄漏涡破碎前后间隙外掺混损失差异的非定常变化

幅度较小；而结合图 5.21 和图 5.22 可以看出，泄漏涡破碎后间隙外掺混损失的波动幅度却比较大，并且泄漏涡破碎位置越靠后，破碎后的间隙外掺混损失越小，即泄漏涡破碎引起的附加损失越小。此外，结合图 5.20 可以看到，尽管泄漏涡破碎位置前后摆动幅度较小，却明显增加了泄漏涡破碎后间隙外掺混损失的波动幅度，对涡轮间隙端区性能产生了不可忽视的影响。

5.2.3　间隙高度对泄漏涡结构及破碎特性的影响

叶顶间隙高度是影响间隙泄漏涡强度的重要因素，其势必影响间隙泄漏涡三维运动的非线性耦合作用，最终对间隙泄漏涡的破碎特性产生重要影响。图 5.23 给出了不同间隙(τ/h)下叶片顶部逆压区逆压梯度值 π 和逆压区长度 l 的分布，图中给出了这两个参数相对其各自平均值的相对偏差分布情况。由图 5.23 可知，逆压区特性随间隙高度仅发生了很微小的变化，逆压区的存在对泄漏涡破碎特性的影响远小于泄漏涡强度变化带来的影响。

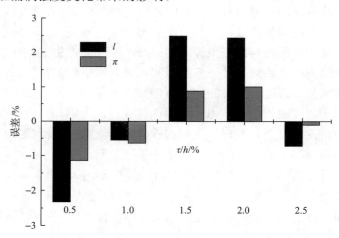

图 5.23　不同间隙下叶片近顶部逆压区特性图

泄漏涡强度变化带来的影响如图 5.24(a)所示，当间隙比较小时，泄漏流由于特别弱被叶顶横向二次流动压制而紧贴在近间隙吸力侧区域，并没有形成完整的涡结构，尽管在后半部分逆压区域内吸力面极限流线趋于逆向流动，但这并不意味着泄漏涡发生了破碎。随着叶顶间隙高度增大，泄漏涡的产生位置更靠近前缘，这表现在图 5.24 中就是叶片吸力面附近的泄漏流分离线提前形成且更加远离吸力侧。从图 5.24(b)中可以看到，叶片后半部分吸力面极限流线趋于逆流，这意味着泄漏涡发生了破碎，而在图 5.24(c)中，由于泄漏涡远离吸力面，泄漏涡核是否破碎无法从吸力面极限流线分布中进行判断。

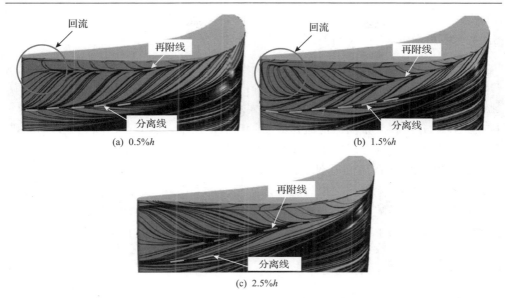

图 5.24　不同间隙下近间隙吸力侧极限流线图

若把泄漏涡核内流向速度分量为零的点定义为泄漏涡破碎点[4]，则由图 5.25 可以看到在 1.5%h 间隙下泄漏涡最先发生了破碎，而在更大间隙下，泄漏涡破碎现象延后发生，泄漏涡趋于相对稳定。尽管如此，在 0.5%h 间隙下叶片吸力面尾部出现了流向速度为零的点，但由于此间隙下并没有形成泄漏涡，因而不能称为破碎。

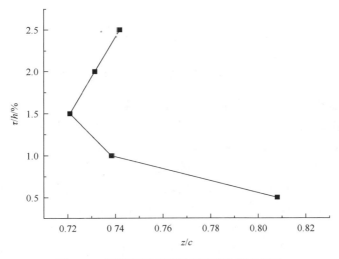

图 5.25　间隙高度对泄漏涡破碎位置的影响

5.2.4 泄漏涡破碎与损失的关联

涡轮叶顶泄漏损失主要分为间隙内损失和间隙外泄漏流与主流的掺混损失。Denton 的研究工作[12]表明，涡轮间隙外掺混损失不仅与泄漏量成正比，还随着泄漏流和主流之间速度不匹配程度的增大而增大。事实上，泄漏涡破碎前具有较大的尺度，并且有大量的低能流体被卷吸在涡核内部，因而当泄漏涡破碎时，破碎流体会与泄漏涡外主流发生干涉，从而也会对间隙外掺混损失产生一定影响。

图 5.26 给出了间隙高度对单位泄漏间隙外掺混损失系数的影响，从图中可以看出，单位泄漏间隙外掺混损失随叶顶间隙的增大而减小，这主要由泄漏流和主流之间速度的差异减小所致，不过，在 1.5%h 间隙下的数值却比较反常，有可能由泄漏涡破碎带来了额外的掺混损失所致。

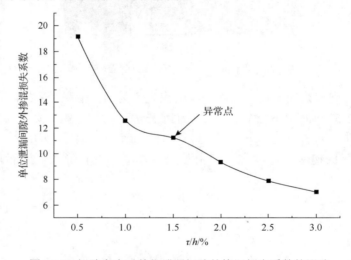

图 5.26　间隙高度对单位泄漏间隙外掺混损失系数的影响

图 5.27 给出了间隙高度对泄漏涡破碎前后单位泄漏间隙外掺混损失系数的影响，在所有的叶顶间隙下，泄漏涡破碎前单位泄漏间隙外掺混损失系数都小于泄漏涡破碎后，并且在形成完整的泄漏涡结构时(1.0%～2.5%h)，泄漏涡破碎前单位泄漏间隙外掺混损失系数随叶顶间隙高度变化不大，而泄漏涡破碎后单位泄漏间隙外掺混损失系数随叶顶间隙高度的增大而减小，究其原因除了泄漏流和主流之间速度的差异减小，还主要是由于大间隙有助于泄漏涡稳定，延迟了泄漏涡破碎。

图 5.28 给出了间隙高度对泄漏涡破碎前后间隙外掺混损失的影响，泄漏涡破碎前间隙外掺混损失随叶顶间隙高度的增大而近似呈线性增大，这主要是由于单位泄漏间隙外掺混损失系数随叶顶间隙变化不大，而泄漏量随间隙高度呈线性增

加；泄漏涡破碎后间隙外掺混损失包含泄漏流和主流之间速度差异所造成的随间隙高度呈线性增加的掺混损失和泄漏涡破碎损失两部分，其随间隙的变化规律为"凸抛物线形"，这是由于在 1.5%h 间隙下泄漏涡最先发生了破碎，产生了比较大的破碎损失。

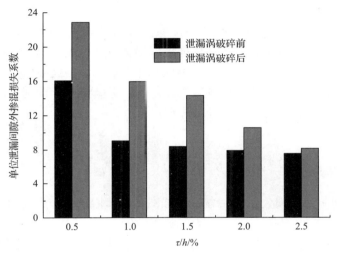

图 5.27　间隙高度对泄漏涡破碎前后单位泄漏间隙外掺混损失系数的影响

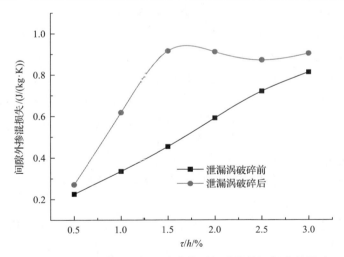

图 5.28　间隙高度对泄漏涡破碎前后间隙外掺混损失的影响

5.3　叶顶间隙泄漏流动及损失的控制原则

涡轮叶顶间隙泄漏流动严重影响燃气涡轮性能, 研究叶顶间隙泄漏流动机理,从而改进叶顶间隙流道结构(如叶顶部、机匣表面等), 对减少泄漏损失、改善涡轮性能具有十分重要的作用。现有的针对间隙流动被动控制方面的研究主要从肋条叶顶、叶顶小翼等方面入手, 而这些研究基本上处于起步阶段, 绝大多数工作以涡轮平面叶栅或低速涡轮为研究对象, 很少有从气动角度系统地研究涡轮叶顶间隙流动的被动控制技术。

涡轮叶顶间隙泄漏流动受叶片顶部横向压差驱动并以射流形式进入间隙, Denton[12]认为间隙内损失比较小, 而间隙外泄漏流与主流掺混所导致的损失才是叶顶间隙泄漏损失的主要组成部分, 因此, 作者通过忽略间隙内的掺混损失, 假定泄漏流与主流的掺混发生在叶顶吸力侧附近, 并基于对叶顶间隙泄漏控制体的计算分析, 发展了涡轮叶顶泄漏损失模型:

$$\xi = 2C_d \frac{\tau}{h} \frac{c}{s} \frac{1}{\cos \beta_2} \int_0^1 \left(\frac{w_s}{w_2}\right)^3 \left(1 - \frac{w_p}{w_s}\right) \sqrt{1 - \left(\frac{w_p}{w_s}\right)^2} \frac{dz}{c} \tag{5.5}$$

式中, C_d 为间隙泄漏损失系数, 为 0.6~0.8(具体值取决于密封几何结构、流动条件等); c/s 为弦长与节距之比; w_p 为间隙压力侧入口相对速度; w_s 为间隙吸力侧出口相对速度; w_2 为间隙吸力侧位置主流相对速度; β_2 为动叶出口气流角; τ/h 为相对间隙。

从公式(5.5)中可以看出, 涡轮叶顶间隙泄漏损失与泄漏量(也就是间隙大小)成正比, 并且, 间隙掺混损失随着泄漏流与主流各速度分量的不匹配程度增加而增加。从公式(5.5)中也可以看出, 为了减小叶顶间隙泄漏损失, 可以从以下四个方面出发采取控制措施: ①减小间隙泄漏损失系数 C_d, ②通过调整动叶出口流动条件来减小叶顶负荷, 如减小动叶出口气流角 β_2 等, ③改变动叶片近顶部气动特性, 如增加间隙压力侧入口相对速度 w_p 或者减小间隙吸力侧出口相对速度 w_s 等, ④增加节弦比 s/c 等。不过, 公式(5.5)在推导过程中, 不可避免地引入了一些合理假设, 因此基于公式(5.5)所得到的这四个方面的控制措施并不一定是有效的, 但涡轮叶顶间隙端区损失控制可以从这四个方面出发开展研究。

5.4　叶顶凹槽形态对动叶气动性能的影响

改变叶顶结构以控制间隙泄漏损失的关键在于叶顶区域的局部结构设计。凹槽叶顶结构类似于迷宫密封, 而迷宫密封封严性能的影响因素主要有密封齿数和泄漏流流向[13]。本节基于迷宫密封的封严原理进行设计并对比研究凹槽顶、凹槽顶布置流向肋条以及凹槽顶布置横向肋条三种不同的叶顶结构对间隙泄漏流动及叶片气动性能的影响, 在本节最后对凹槽内布置横向肋条叶顶结构的变工况特性也将进行分析[14]。

5.4.1　提出的不同叶顶结构

图 5.29 给出了四种不同的叶顶结构，图 5.29(a) 和图 5.29(b) 分别是平顶和凹槽顶，图 5.29(c) 中流向肋条沿叶顶凹槽内的中弧线位置布置，图 5.29(d) 中横向肋条正对泄漏流方向布置，肋条角度参考平顶间隙中间面上流线方向而定，叶顶基准间隙为 0.5mm，0.25mm 和 1mm 间隙作为对比。

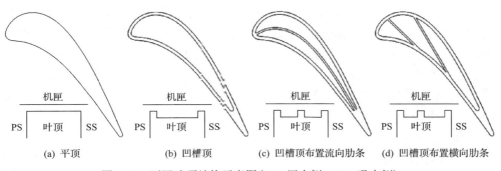

(a) 平顶　　　　　(b) 凹槽顶　　　　(c) 凹槽顶布置流向肋条　　(d) 凹槽顶布置横向肋条

图 5.29　不同叶顶结构示意图(PS: 压力侧，SS: 吸力侧)

5.4.2　不同叶顶结构间隙内流场及损失分布

叶顶结构处理对间隙内的流场结构影响很大，进而影响涡轮叶顶间隙泄漏损失以及气动性能。图 5.30 给出了不同叶顶结构的叶顶流线分布图。当叶片采用平顶结构时(图 5.30(a))，泄漏涡的形成过程比较简单，此处不再赘述。

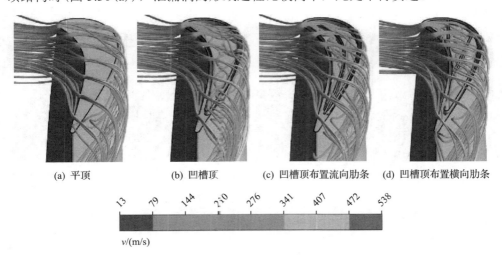

(a) 平顶　　　　　(b) 凹槽顶　　　　(c) 凹槽顶布置流向肋条　　(d) 凹槽顶布置横向肋条

$v/(m/s)$

图 5.30　不同叶顶结构的叶顶流线图

对于凹槽顶(图 5.30(b))，气流进入叶顶间隙后偏转，使得在泄漏流和端壁之间存在较大的低速回流区，并在凹槽两侧角区也存在一系列小分离涡区，这些大小涡区的共同作用将增加叶顶间隙泄漏流动阻力。如图 5.30(c) 所示，在凹槽内中弧线位置布置流向肋条，将叶顶凹槽一分为二，间隙泄漏流场类似于叶顶存在双凹槽时的流场，这进一步增加了间隙泄漏的流动阻力；不过，在叶片的后半段，引入流向肋条减小了槽内空腔尺寸，泄漏流不能在凹槽内充分产生涡流便流出间隙，不利于泄漏流能量的耗散。如图 5.30(d) 所示，在凹槽内布置正对泄漏流方向的横向肋条，避免了图 5.30(c) 中叶片后半段槽内空腔太小的问题，并且过流断面面积剧烈变化导致间隙内高速流和低速流并存，从而在间隙区域出现大量的涡流区，以上这些因素皆增加了间隙泄漏流动阻力。从图 5.30 中也可以看到，叶顶凹槽起到了双齿迷宫密封的作用，而在凹槽内布置流向、横向肋条则相当于增加了迷宫密封的齿数，并且在凹槽内布置横向肋条避免了布置流向肋条时叶片后半段槽内空间太小不利于泄漏流能量耗散的问题，还考虑了泄漏流的流向影响，从而可有效减小泄漏量。

以上分析也可以从图 5.31 所示的不同叶顶结构的动叶机匣上静压系数分布中得到证实，当叶片采用平顶时，在动叶机匣上的叶片后部靠近压力侧存在很明显的低压区，这主要是由间隙泄漏流加速进入叶顶间隙造成的，并且横向压差比较大，表明叶片后部是形成间隙泄漏流动的主要区域。经过叶顶处理后，机匣上静压分布出现了明显不同，叶片后部的低压区分散开来，并且当地静压值增大，同时减小了叶顶横向压差。不过，尽管各凹槽叶顶结构的动叶机匣上静压系数分布比较相似，但从表 5.1 中可以看出，在凹槽内布置横向肋条获得了最小的间隙泄漏流量。

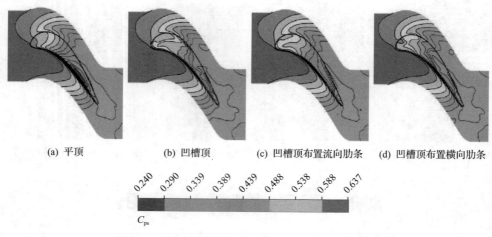

(a) 平顶　　　(b) 凹槽顶　　　(c) 凹槽顶布置流向肋条　　　(d) 凹槽顶布置横向肋条

0.240　0.290　0.339　0.389　0.439　0.488　0.538　0.588　0.637

C_{ps}

图 5.31　不同叶顶结构的动叶机匣上静压系数分布

表 5.1　不同叶顶结构的间隙泄漏量对比

参数	间隙泄漏量/%
平顶	2.421
凹槽顶	1.913
凹槽顶布置流向肋条	1.906
凹槽顶布置横向肋条	1.897

　　改进叶顶结构可减小叶顶泄漏涡尺度，这必然会影响叶顶泄漏涡引起的掺混损失，然而改进叶顶结构也对间隙内气流造成了干扰，这也会影响叶顶泄漏损失的发展。从图 5.32 中可以看到，动叶片出口上半叶展的损失主要由泄漏涡和通道涡的耗散引起，由于泄漏涡和通道涡的旋向相反，叶顶结构改进在引起泄漏涡变化的同时，也会对叶片通道中泄漏涡与通道涡的相互作用产生明显影响。从图 5.32 中可以看到，叶顶凹槽削弱了间隙泄漏流动，明显减小了泄漏涡引起的高损失区

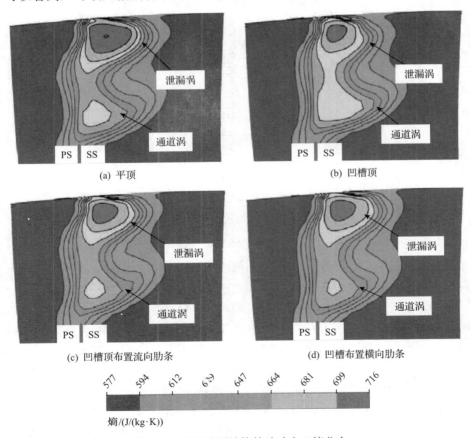

(a) 平顶

(b) 凹槽顶

(c) 凹槽顶布置流向肋条

(d) 凹槽布置横向肋条

577　594　612　629　647　664　681　699　716

熵/(J/(kg·K))

图 5.32　不同叶顶结构的动叶出口熵分布

域，然而却增加了通道涡引起的高损失区域，整体上叶顶凹槽并没有获得太大收益。不过，在叶顶凹槽内布置流向和横向肋条时，泄漏涡和通道涡强度都有不同的程度减小，从而可有效减小叶片端区损失。整体上，凹槽内布置横向肋条获得了最小的通道损失。

5.4.3　不同间隙下不同叶顶结构对涡轮总体性能的影响

叶顶间隙高度是影响间隙流动的主要因素，其必然影响叶顶结构改进措施的成功与否。图 5.33～图 5.35 给出了不同叶顶间隙下涡轮叶顶凹槽、主叶片以及整个转子叶片产生的功率对比。

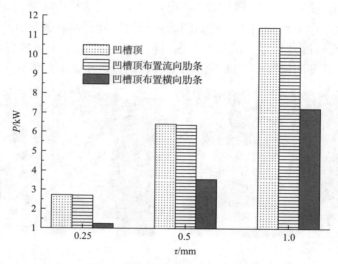

图 5.33　不同间隙下涡轮叶顶凹槽产生的功率对比

正如动叶片压力面和吸力面上的压力差一样，凹槽内侧壁面和肋条壁面上所产生的压力差也是叶片旋转做功量的一个来源。由于转子叶片是从压力面向吸力面方向旋转而输出功率，因此，如果凹槽内侧壁面和肋条壁面上所受到的压力差朝向吸力侧，则表明流过凹槽的泄漏流对转子叶片做了正功[14]。由图 5.33 可知，在三个间隙高度下，流过凹槽的泄漏流均对转子叶片做了功，并且做功能力随着间隙高度的增加而增加。此外，在特定的间隙高度下，凹槽内布置肋条均影响凹槽的做功能力，尤其是凹槽内布置横向肋条。从图 5.34 中可以看到，尽管流过凹槽的泄漏流对转子叶片做了功，但却影响了叶片自身的做功能力。在三个间隙高度下，带凹槽结构的叶片自身做功量最小。与凹槽相比，凹槽内布置流向和横向肋条皆在不同程度上增加了叶片自身的做功能力。图 5.35 给出了不同间隙下整个转子叶片产生的功率对比，在三个不同间隙下，仅有凹槽内布置横向肋条提高了转子叶片的做功能力，并且在大间隙下凹槽内布置横向肋条使得转子叶片输出功率最大提高幅度约达 0.21%。

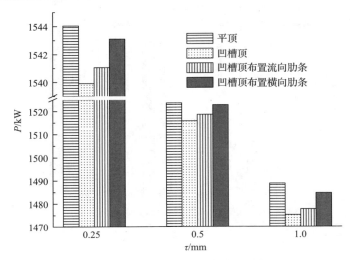

图 5.34　不同间隙下主叶片产生的功率对比

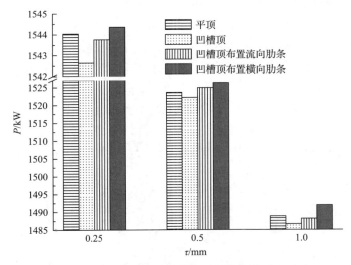

图 5.35　不同间隙下整个转子叶片产生的功率对比

图 5.36 给出了不同间隙下涡轮等熵效率增加对比,其定义为叶顶结构改进的动叶效率与平顶效率之差。在 0.25mm 间隙下,凹槽内布置流向肋条提高了涡轮效率,但幅度较小,而凹槽内布置横向肋条还略微降低了涡轮效率,这主要是由于在小间隙下,叶顶泄漏损失在动叶总损失中所占的比例很小,叶顶结构改进所引起的效率收益相对有限。然而,在大间隙下,叶顶结构改进所引起的效率收益则比较明显,并且凹槽内布置横向肋条叶顶结构获得了最好的动叶气动性能。

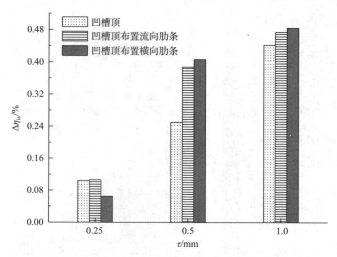

图 5.36　不同间隙下涡轮等熵效率增加对比

5.4.4　凹槽内布置横向肋条叶顶结构的变工况特性

如上所述,凹槽内布置横向肋条叶顶结构获得了最佳的气动性能,而叶顶间隙泄漏流动的形成机理强烈地依赖于发动机的运行工况,因此有必要对凹槽内布置横向肋条叶顶结构在工况改变时且动叶片进口存在冲角时的表现进行研究。为了便于分析,本小节又给出了另外两种凹槽内横向肋条具有不同朝向的叶顶结构。图 5.37 给出了叶顶槽内肋条朝向和冲角定义,其中算例 1 为肋条正对着泄漏流方向布置;算例 2 为肋条垂直于轴向弦长布置;算例 3 为肋条沿着泄漏流方向布置,并考虑了五个进口冲角(15°、10°、0°(设计工况)、–10°及–20°)下的影响。

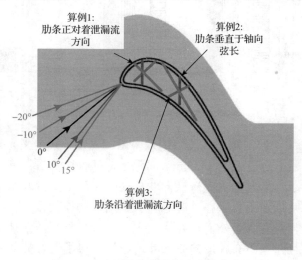

图 5.37　叶顶槽内肋条朝向和冲角定义

　　图 5.38～图 5.40 分别给出了 15°、0°以及–20°冲角下叶顶流线图。进气冲角对间隙内部流动的影响详见 5.1.3 节，在此不再赘述。从图 5.38～图 5.40 中可以看到，在三个不同冲角下，算例 1 的肋条朝向皆能正对间隙泄漏流方向，其可以有效地阻碍间隙泄漏流动，从而明显提高涡轮动叶的气动性能。从图 5.41 中可以明显看到其变工况总体性能，即在每个动叶片进气冲角下，算例 1 都具有最高的效率收益，由此可见，凹槽内布置正对泄漏流方向的横向肋条叶顶结构具有良好的冲角适应性。

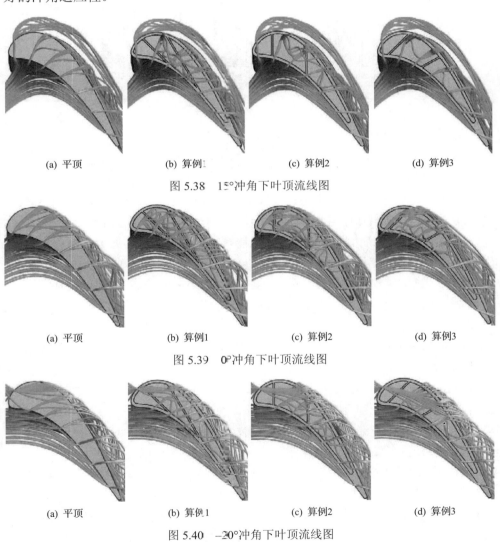

| (a) 平顶 | (b) 算例1 | (c) 算例2 | (d) 算例3 |

图 5.38　15°冲角下叶顶流线图

| (a) 平顶 | (b) 算例1 | (c) 算例2 | (d) 算例3 |

图 5.39　0°冲角下叶顶流线图

| (a) 平顶 | (b) 算例1 | (c) 算例2 | (d) 算例3 |

图 5.40　–20°冲角下叶顶流线图

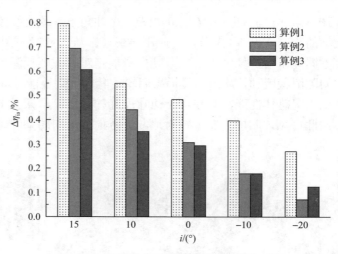

图 5.41　不同冲角下涡轮等熵效率增加对比

5.5　叶顶间隙形态对动叶气动性能的影响

在涡轮叶顶间隙泄漏损失中，泄漏涡与通道涡的相互作用导致的掺混损失占绝大部分，并且其相互作用不仅影响了叶片通道内流场，而且对涡轮级匹配产生重要影响。从前人的研究中可以看到，机匣端部区域泄漏涡与通道涡的旋向相反，而且沿着流向不断变化，两者之间的相互作用势必影响动叶通道内的整体流动。有效利用叶顶间隙泄漏涡与通道涡之间的相互作用来使得间隙泄漏涡与通道涡相互抑制，以此来改善端部区域流动状况，有可能是一种可有效减少动叶端区损失的方法。

轴向非均匀间隙概念于 1994 年首次由 Mohan 和 Guruprasad[15]提出，随后，针对压气机叶片顶部不同间隙形态的影响，国内外研究人员进行了大量的试验和数值研究，揭示了不同叶顶间隙形态对叶片气动性能的影响。轴向非均匀间隙概念指通过在叶片前半部分采用更小的间隙，而在叶片后半部分采用更大的间隙，从而使得更多间隙泄漏量从叶片后部流出，与机匣通道涡、边界层以及刮削涡相互作用，进而改善端区流动状况。

轴向非均匀间隙概念是否也适用于涡轮流动尚未可知，不过，燃气轮机在使用过程中，涡轮叶顶磨损也可能改变叶顶间隙形态，造成非均匀间隙形状。此外，訚兴明等[16]以某航空发动机涡轮叶顶间隙形态为研究对象，采用数值手段对叶顶间隙形态进行了优化，研究发现在优化后的非均匀间隙形态下，涡轮效率提高了0.395%。本节将进一步探讨轴向非均匀间隙概念在燃气涡轮上的应用，尝试寻求一种最优的间隙弦向分布，以便有效控制泄漏涡与通道涡之间的干涉，进而减小动叶通道中的总流动损失[17]。

5.5.1　提出的不同叶顶间隙形态结构

为了方便研究叶顶间隙形态对涡轮动叶气动性能的影响，本小节分别考虑了不同间隙大小的均匀间隙、从前缘到尾缘线性变化的渐扩型间隙和渐缩型间隙以及从前缘到尾缘非线性变化的后台阶型间隙和前台阶型间隙等。图 5.42 给出了不同的轴向非均匀间隙示意图，详细的间隙尺寸弦向分布见表 5.2。需注意的是，所有的轴向均匀和轴向非均匀间隙具有相同的机匣外径，并且所有的轴向非均匀间隙具有相同的周向泄漏面积，平均间隙值为 2.6%叶高（1.12mm）。

图 5.42　不同的轴向非均匀间隙示意图（左侧：前缘）

表 5.2　间隙弦向分布定义

间隙形状	间隙类型	前缘	尾缘	台阶位置
均匀间隙		2.6%叶高	2.6%叶高	—
渐扩型间隙	线性	2.17%叶高	3.04%叶高	—
渐缩型间隙		3.04%叶高	2.17%叶高	—
后台阶型间隙	非线性	2.33%叶高	3.26%叶高	70% 轴向弦长
前台阶型间隙		3.26%叶高	2.33%叶高	30% 轴向弦长

5.5.2　不同叶顶间隙形态下动叶气动性能对比

轴向涡量可以对叶片通道内间隙泄漏流和通道二次流的本质及其相互作用提供有价值的理解。图 5.43 给出了 1.12 mm 轴向均匀间隙下 20%、50%和 80%轴向弦长位置无量纲轴向涡量分布，正值表明是逆时针方向旋转。无量纲轴向涡量被定义为

$$\omega_z = \left(\frac{\partial v_y}{\partial x} - \frac{\partial v_x}{\partial y} \right) \cdot \left(\frac{h}{v_{\text{in}}} \right) \tag{5.6}$$

式中，h 为叶高；v_{in} 为进口速度；v_x 为径向速度；v_y 为周向速度。

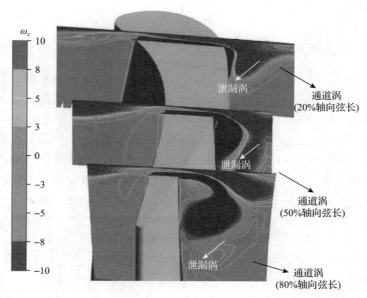

图 5.43　1.12mm 轴向均匀间隙下 20%、50%和 80%轴向弦长位置无量纲轴向涡量分布
（文后附彩图）

　　从图 5.43 中可以明显看到泄漏涡和通道涡的相互作用，并且随着流动向下游发展，泄漏涡在尺度上逐渐增加，通道涡却逐渐减小，并被挤压至泄漏涡下方。

　　为了比较在不同轴向非均匀间隙下涡轮动叶的气动性能，图 5.44 给出了不同的轴向非均匀间隙下 20%、50%和 80%轴向弦长位置近顶部熵流向分布，并且图 5.45 给出了图 5.44 中三个不同轴向位置处质量平均无量纲熵增对比，需注意的是，轴向非均匀间隙对比的三个不同位置截面区域位于机匣附近 25%叶高区域。从图 5.44 和图 5.45 中可以看到，在叶片前半部分，如上所述，通道涡在很短距离内得到快速发展。对于渐缩型间隙和前台阶型间隙，前半段更大的间隙使得更多的间隙泄漏流体进入间隙内（图 5.42），在间隙内靠近吸力侧，近机匣二次流对间隙泄漏流动产生了一定的阻塞作用，从而使得泄漏涡和通道涡的相互作用得到充分利用。从图 5.44(c)、(e)所示的 50%轴向弦长位置损失分布与图 5.45 中可以看到，间隙泄漏涡和通道涡的有效相互作用减小了泄漏涡的强度，进而减小了涡轮动叶通道中的总流动损失。对于渐扩型间隙和后台阶型间隙，在前缘附近，由于减小的间隙泄漏面积（图 5.42），间隙泄漏涡变得更弱，以致近机匣二次流抽吸更多地来自于强度比较弱的泄漏涡附近的低能流体。随着流动从前缘向 50%轴向弦长位置发展，由于压力侧和吸力侧静压差驱动以及对增强的通道二次涡的抽吸作用，间隙泄漏涡迅速增强。

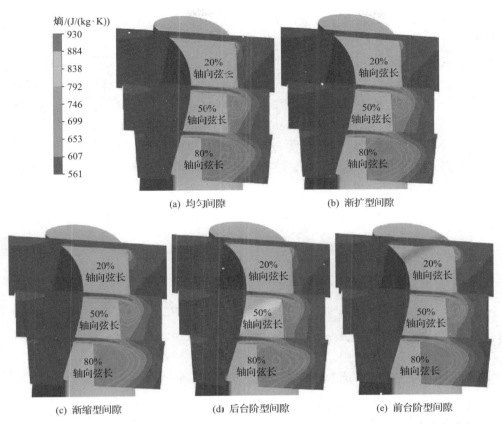

图 5.44　不同的轴向非均匀间隙下 20%、50% 和 80% 轴向弦长位置近顶部熵流向分布

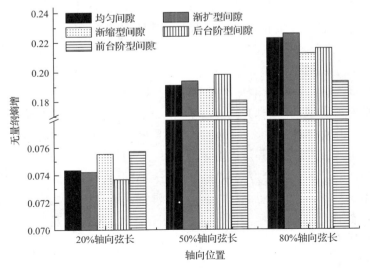

图 5.45　不同的轴向非均匀间隙下 20%、50% 和 80% 轴向弦长位置质量平均无量纲熵增对比

在叶片后半部分，间隙泄漏涡的强度比通道涡大[2]。渐缩型间隙和前台阶型间隙的泄漏涡比较小，如图 5.45 中 80%轴向弦长位置所示，这主要是由于叶片后半部分更小的间隙（图 5.42）减小了泄漏涡的尺度和强度，并且使得通道涡更加趋近叶片吸力侧，减小了机匣附近的高损失区域。对于渐扩型间隙和后台阶型间隙，叶片后半部分变大的间隙（图 5.42）增加了泄漏涡的尺寸，同时泄漏涡由于其对强度比较弱的通道涡附近低能流体的抽吸作用而增强。从图 5.44～图 5.46 中可以看到，与渐缩型间隙相比，由于更加有效的泄漏涡和通道涡的相互作用，前台阶型间隙获得了更小的间隙泄漏损失，然而，渐扩型间隙却获得了最大的间隙泄漏损失，这可能由叶顶负荷变化所致。

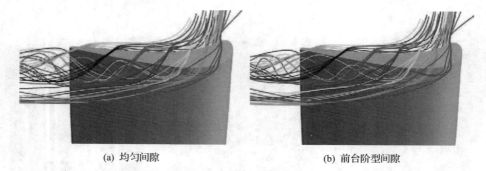

(a) 均匀间隙　　　　　　　　　　　　　　　　　(b) 前台阶型间隙

图 5.46　轴向均匀间隙和轴向不均匀前台阶型间隙下通过间隙的流线分布

为了进一步研究叶顶间隙内的泄漏流动机理，图 5.47 给出了不同轴向非均匀间隙下叶片近顶部静压系数分布。叶片前缘区域并没有强烈的压力梯度导致间隙泄漏，间隙泄漏主要发生在 40%～80%轴向弦长区域。从图 5.47 中也可以看到，前台阶型间隙的前缘区域静压梯度减小，而其他间隙的前缘区域静压系数分布并没有太大改变；前台阶型间隙的主要泄漏区域与其他类型间隙相比得到明显缩小，渐缩型间隙的主要间隙泄漏区域也有所减小，对于渐扩型间隙和后台阶型间隙，间隙泄漏区域变大，泄漏量增加，尤其是渐扩型间隙。

最直接用来衡量轴向非均匀间隙概念的方法就是对比研究不同的轴向非均匀间隙下涡轮动叶总体性能。图 5.48 给出了不同轴向非均匀间隙对间隙泄漏量与等熵效率的影响，其中间隙泄漏量以占总涡轮质量流量的百分比形式出现。由图 5.48 可见，渐缩型间隙和前台阶型间隙获得了更大的间隙泄漏量下降值，尤其是前台阶型间隙（0.5%降），由于更加有效地利用了泄漏涡和通道涡之间的干涉，效率提高了 0.3%。然而，渐扩型间隙和后台阶型间隙增加了间隙泄漏量，并且渐扩型间隙恶化了叶顶流场，进而导致了最大的间隙泄漏量。

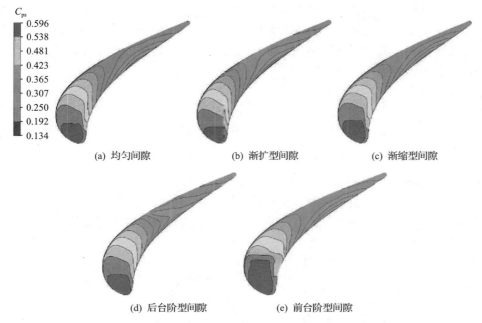

(a) 均匀间隙　　　　　　(b) 渐扩型间隙　　　　　　(c) 渐缩型间隙

(d) 后台阶型间隙　　　　　(e) 前台阶型间隙

图 5.47　不同的轴向非均匀间隙下叶片近顶部静压系数分布

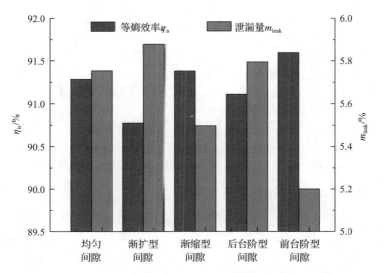

图 5.48　不同的轴向非均匀间隙对间隙泄漏量和等熵效率的影响

5.5.3　变工况条件下不同叶顶间隙形态动叶气动性能对比

为了研究变工况条件下不同叶顶间隙形态涡轮动叶的总体性能，涡轮转子在三个不同的转速下工作(n_L(60% n_D)、n_D 和 n_H(120% n_D)),以便获得不同非均匀间隙下涡轮动叶的变工况性能。图 5.49 给出了变工况条件下轴向均匀间隙叶片近顶部负荷分布,其中,下标 L、D 和 H 分别代表着低转速、设计转速和高转速。叶片负荷被定义为

$$\psi = \frac{p_p - p_s}{p_{in}^*} \tag{5.7}$$

式中,p_{in}^* 为进口总压;p_p 为压力侧静压;p_s 为吸力侧静压。

如图 5.49 所示,涡轮在三个不同转速下工作改变了叶片前缘冲角,对叶片近顶部负荷分布产生了明显影响。随着涡轮转子转速从低 n_L 值(正冲角)到高 n_H 值(负冲角),叶片近顶部总负荷略有减小,并且最大负荷位置从前缘移动到约 70%轴向弦长位置。

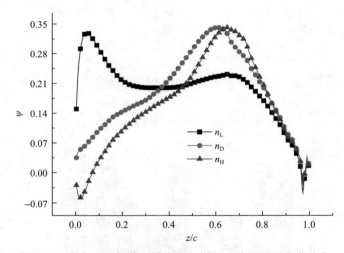

图 5.49 在变工况条件下轴向均匀间隙叶片近顶部负荷分布

在变工况条件下不同轴向非均匀间隙间隙泄漏量相对变化如图 5.50 所示。在三个不同工况下,前台阶型间隙皆获得了比其他类型间隙更好的气动性能,并且获得了最小的间隙泄漏量。随着最大负荷位置向下游移动,渐缩型间隙的间隙泄漏量减小,这很有可能由叶片近顶部负荷分布改变以及近顶部总负荷略微减小所致。然而,尽管叶片近顶部总负荷略微减小,随着叶片近顶部最大负荷位置向下游移动,渐扩型间隙和后台阶型间隙的间隙泄漏量却增加。因此可以推断出,当叶片近顶部最大负荷位置和最大间隙位置处于同一位置时将产生很大损失。

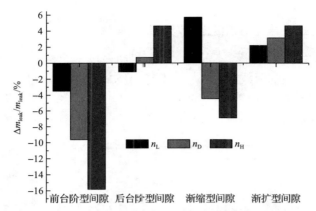

图 5.50　在变工况条件下不同轴向非均匀间隙间隙泄漏量相对变化

5.6　机匣端壁造型对动叶气动性能的影响

基于对涡轮叶顶间隙泄漏流动结构及其损失产生机理的深入理解，不同类型的措施被用来控制叶顶间隙泄漏流动导致的掺混损失，较常见的用来减小叶顶泄漏损失的措施就是改变叶顶结构；另一种可有效减小叶顶泄漏损失的措施就是机匣端壁造型[18]。

5.6.1　提出的不同机匣端壁结构

为了研究涡轮动叶端区二次流动机理，并试图找到一种最优的机匣端壁结构，本节将着重研究四种典型的机匣端壁结构，如图 5.51 所示。图 5.51 (a) 为原型机匣端壁结构，图 5.51 (b) 为后台阶结构存在时的机匣台阶结构，前台阶布置在叶片前缘上游 15%轴向弦长位置，后台阶布置在叶片尾缘下游 25%轴向弦长位置。在图 5.51 (b) 的基础上，将后台阶面用平滑斜面代替，试图将槽内的气流平稳地引入主流，从而形成图 5.51 (c) 所示的沟槽机匣结构。在图 5.51 (d) 中，前后台阶面都用弧线代替，以便获得一个比较光滑的机匣端壁。此外，在图 5.51 (b)～(d) 所示的三种机匣端壁结构下涡轮叶顶都与原型机匣保持平齐，这也是实际燃气轮机中的惯用做法；所有的机匣结构都具有相同的外径以及相同的边界条件。叶顶间隙均为 3%h，该间隙取值相对较大，这主要是考虑到在大间隙下泄漏流对涡轮影响比较大，便于研究机匣端壁造型的影响。

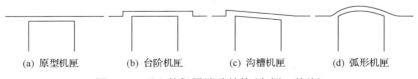

图 5.51　研究的机匣端壁结构(左侧：前缘)

5.6.2　不同机匣端壁结构下端区流场及端壁结构优化

考虑到机匣台阶的作用，本节设计了三种机匣端壁结构。图 5.52 给出了不同机匣结构下叶片近顶部流线分布。从图 5.52(a) 中可以看到，对于原型机匣，大量泄漏流体进入间隙内，导致了较大的损失，并且间隙泄漏流在吸力侧近顶部卷起形成泄漏涡，阻塞了主通道流动，最终降低了主通道流体的做功量和效率。

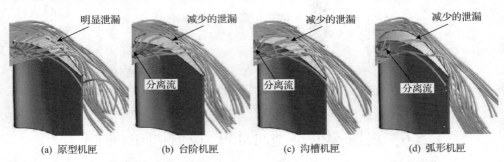

(a) 原型机匣　　　(b) 台阶机匣　　　(c) 沟槽机匣　　　(d) 弧形机匣

图 5.52　不同的机匣结构下起始于机匣边界层外侧前缘处的叶片近顶部流线分布

如图 5.52(b)～(d) 所示，这些机匣端壁结构都具有某种类型的位于叶片前缘上游的台阶结构，在机匣台阶后侧，可以清楚地看到低动量分离流体堆积，这阻塞了间隙区域向前的直接泄漏流动。另外，弧形机匣具有最少的从压力侧到吸力侧的间隙泄漏流量。因此，可以推断出机匣端壁造型使得更多的流体被用来做功，进而提高了涡轮动叶效率。

在图 5.53 中，在间隙吸力侧附近可看到一个明显的由泄漏涡诱导的低压区，随着泄漏涡远离叶片吸力面，泄漏涡所带来的负面影响也减小。从图 5.53 中可以看到，经过机匣端壁造型，叶片吸力侧静压值明显增加，这主要由泄漏量得到明显减小所致，尤其对于弧形机匣结构。一般地，图 5.52 和图 5.53 从两个不同的方面证实了，在叶片前缘上游布置机匣台阶结构可以对向前的直接泄漏流动形成阻塞作用，进而减小叶顶泄漏损失。

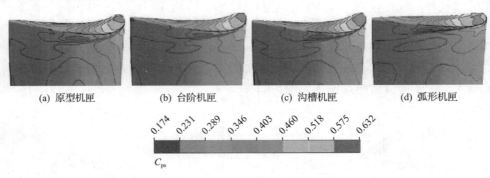

(a) 原型机匣　　　(b) 台阶机匣　　　(c) 沟槽机匣　　　(d) 弧形机匣

0.174　0.231　0.289　0.346　0.403　0.460　0.518　0.575　0.632

C_{ps}

图 5.53　不同的机匣结构下近间隙吸力侧静压系数分布

机匣端壁造型涡轮端区的细微流动特征可以从图 5.54～图 5.56 中看到，图 5.54 给出了不同动叶机匣结构下叶片前缘前侧子午面速度矢量分布。在机匣台阶后侧可以看到一个比较明显的回流区，其狙塞了通过间隙区域的泄漏流，进而减小了间隙泄漏损失。然而，弧形机匣的回流区略微偏小，这主要由相对光滑的机匣端壁所致。

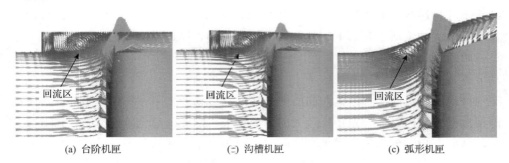

(a) 台阶机匣　　　　　(二) 沟槽机匣　　　　　(c) 弧形机匣

图 5.54　不同的机匣结构下叶片前缘前侧子午面速度矢量分布

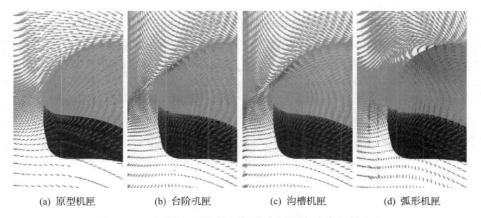

(a) 原型机匣　　　(b) 台阶机匣　　　(c) 沟槽机匣　　　(d) 弧形机匣

图 5.55　不同的机匣结构下间隙中间面上速度矢量分布

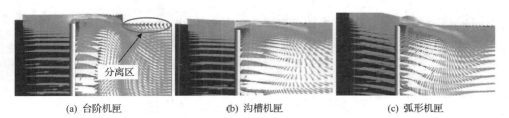

(a) 台阶机匣　　　　　(b) 沟槽机匣　　　　　(c) 弧形机匣

图 5.56　不同的机匣结构下叶片尾缘后侧子午面速度矢量分布

不同机匣结构下间隙中间面上速度矢量分布如图 5.55 所示，与原型机匣相比，叶顶速度矢量分布变化较大，特别是机匣台阶后侧的回流区增加了机匣附近的二次流动。另外，经机匣端壁造型后，叶顶速度也有明显减小。从图 5.55 中也可以看到，尽管在沟槽机匣中，台阶后的渐缩型线使得间隙区域流体有所加速，然而台阶机匣和沟槽机匣之间的速度差异却比较小。此外，对于弧形机匣来说（图 5.55(d)），虽然二次流动形成比较晚，但是二次流动折转角却比其他机匣端壁造型大，这主要由叶片前部区域机匣型线渐扩所致。图 5.56 给出了不同的机匣结构下叶片尾缘后侧子午面速度矢量分布。如图 5.56(a) 所示，后台阶结构的存在对端区流动造成不利影响，其造成了流动分离，导致了比较大的分离损失，不过，如图 5.56(b) 和 (c) 所示，在沟槽机匣和弧形机匣结构中并没有看到明显的流动分离。

如上所述，前台阶结构对向前的直接泄漏流动产生阻塞作用，进而减小了间隙泄漏损失，但是却导致了比较大的分离损失，因此，前台阶结构有待进一步优化，从而在端区分离损失增加和间隙泄漏损失减小之间找到最优值。另外，后台阶结构的存在也带来了不利影响，其几何尺寸也有待进一步优化。本小节着重研究前后台阶角对端区流场的影响，图 5.57 给出了台阶机匣和沟槽机匣下前后台阶角对端区损失的影响，前后台阶角的定义如图 5.57(a) 所示，当前台阶角为 15° 时，前台阶结构后侧的回流区是最大的，其对向前的直接泄漏流动产生最大的阻塞作用。在 15° 前台阶角的基础上，后台阶角从 0°～75° 变化，如图 5.57(d) 所示，叶片尾缘分离区随着后台阶角的增加而减小。

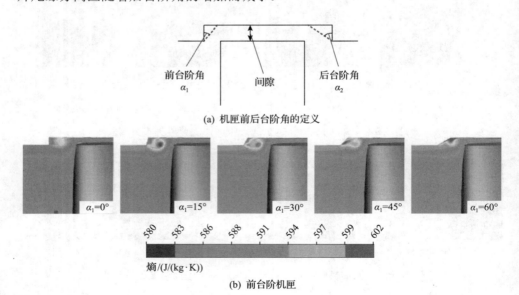

(a) 机匣前后台阶角的定义

熵/(J/(kg·K))

(b) 前台阶机匣

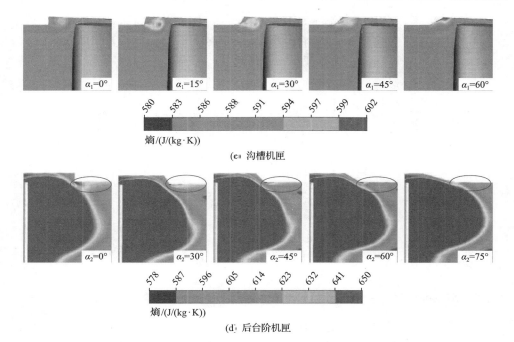

(c) 沟槽机匣

(d) 后台阶机匣

图 5.57　台阶机匣和沟槽机匣下前后台阶角对端区损失的影响

图 5.58 给出了台阶机匣和沟槽机匣下前后台阶角对间隙泄漏量和等熵效率的影响，当前台阶角为 15°时，间隙泄漏损失的减小量明显地超过了端壁台阶所带来的分离损失，从而使得涡轮动叶获得相对最高的效率。与此同时，如图 5.58 (b) 所示，尽管间隙泄漏量略微增加，涡轮动叶效率却仍随着后台阶角的增加而增加，这主要是由于不仅间隙泄漏量影响涡轮动叶效率，端区分离损失也对涡轮动叶性能产生重要影响，因此，涡轮动叶效率的相对变化取决于这两方面因素的共同作用。

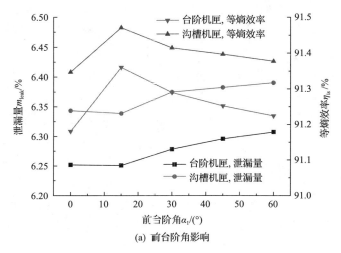

(a) 前台阶角影响

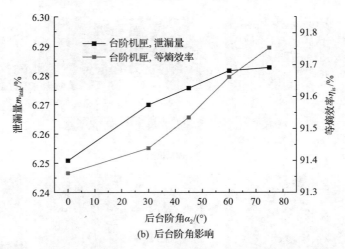

图 5.58　台阶机匣和沟槽机匣下前后台阶角对间隙泄漏量和等熵效率的影响

5.6.3　处理机匣区域三维流动机理对比分析

机匣上的台阶结构和通过间隙区域的泄漏流动增加了端壁边界层厚度，其对动叶通道内二次流的发展以及泄漏涡和通道涡之间的相互作用产生了重要影响。基于处理机匣端壁结构，图 5.59 给出了端壁区域起始于叶片前缘上游 97.6%叶展位置处流线分布，对于处理机匣端壁结构，前台阶后侧的低动量流体在动叶通道内横向压力梯度作用下从压力侧向吸力侧迁移。在前台阶后侧螺旋横向二次流动的作用下，叶片前缘马蹄涡压力侧分支提前向邻近叶片吸力侧移动，这使得间隙通道涡提前形成。间隙通道涡卷吸来自端区增厚的边界层低能流体而迅速增强，其对间隙内泄漏流动的发展产生了抑制作用。如图 5.59 所示，与原型机匣相比，在处理机匣端壁结构下通道涡强度都在不同程度上有所增加。沟槽机匣中通道涡的强度比台阶机匣略小，这主要由沟槽机匣在机匣台阶后的渐缩型线减薄了端壁边界层所致。尤其是对于弧形机匣，通道涡强度最强，这主要由弧形机匣在叶片尾部的渐扩型线增厚了端壁边界层所致。因此可以推测出，在不同程度上变强的通道涡对间隙泄漏涡的发展起到了抑制作用。

动叶通道内间隙泄漏涡和通道涡的相互作用机理可以从图 5.60～图 5.62 中看到。图 5.60 给出了 20%轴向弦长位置熵分布，对于所有的算例，从图中并不能清楚地看到泄漏涡的存在，这主要由在 20%轴向弦长位置泄漏涡比较小且比较靠近吸力侧所致。而在处理机匣端壁结构中通道涡强度都相对比较强，尤其是弧形机匣，此时，泄漏涡和通道涡的相互作用还比较弱。图 5.61 给出了 60%轴向弦长位置熵分布，在压力侧与吸力侧的静压差作用下泄漏涡快速发展，在泄漏涡的作用下通道涡被挤压至泄漏涡下方。由于泄漏涡和通道涡的旋向相反，通道涡和间隙泄漏涡之间产生了强烈的相互作用，因此泄漏涡被压缩抑制的同时，通道涡在尺度和强度上都有明显减小。对于台阶机匣和沟槽机匣，泄漏涡的尺度有明显减小，而强度却有略微增加。对于弧形机匣，由于泄漏涡和通道涡之间强烈的相互作用，泄漏涡的强度却被削弱。在 110%轴向弦长位置，通道流动已经得到了充分发展，图 5.62 给出了 110%轴向弦长位置熵分布。对于处理机匣端壁结构，泄漏涡的强度明显减小，特别是对于弧形机匣。此外，台阶机匣中通道涡的强度比沟槽机匣略小，这可能由更加强烈的旋涡间相互作用所致。

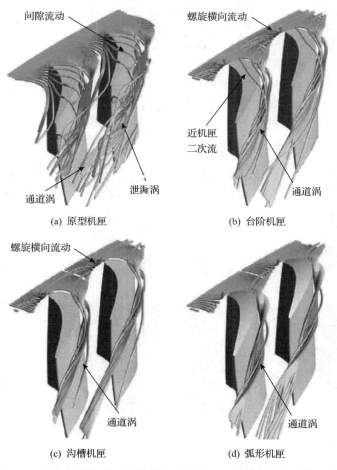

(a) 原型机匣　　　　　　　　　　　(b) 台阶机匣

(c) 沟槽机匣　　　　　　　　　　　(d) 弧形机匣

图 5.59　端壁区域起始于叶片前缘上游 97.6%叶展位置处流线分布

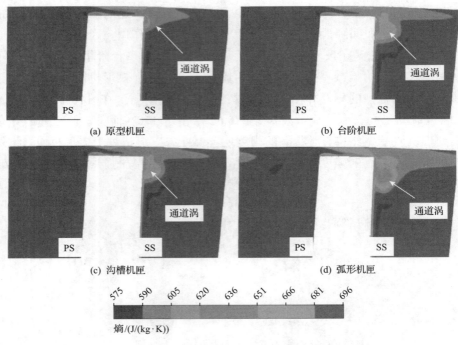

图 5.60 20%轴向弦长位置熵分布

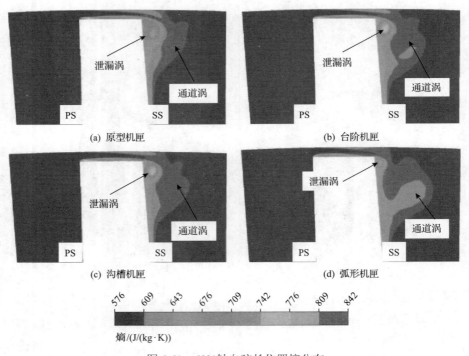

图 5.61 60%轴向弦长位置熵分布

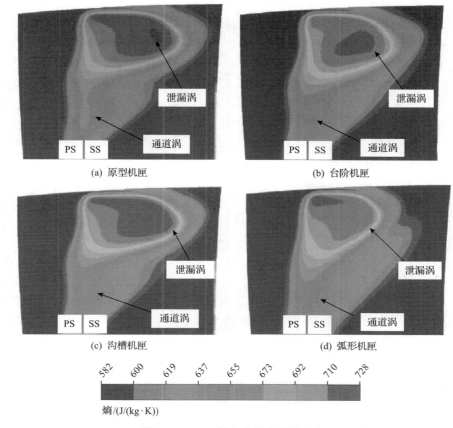

(a) 原型机匣　　　　　　　　　　　(b) 台阶机匣

(c) 沟槽机匣　　　　　　　　　　　(d) 弧形机匣

582　600　619　637　655　673　692　710　728

熵/(J/(kg·K))

图 5.62　110%轴向弦长位置熵分布

为了进一步加深对不同机匣端壁结构下叶顶间隙泄漏流动机理的理解，图 5.63 给出了不同机匣结构下叶片顶部静压系数分布。整体上看，弧形机匣获得了最小的间隙泄漏流量。从图 5.63 中也能够比较明显地辨认出叶片顶部直接泄漏和间接泄漏这两种不同的叶顶间隙泄漏流动类型。与原型机匣相比，在叶片前部，进口来流受到机匣台阶结构的阻塞作用，因此叶片前部的流向压力梯度得到明显降低；在叶片后部，有效的泄漏涡和通道涡间相互作用减小了叶片近顶部横向压差，进而有效减小了叶片后部的间接泄漏流动。从图 5.63 中也能看到，间隙泄漏流动主要是由叶顶后部的间接泄漏造成的。

机匣端壁造型减小间隙泄漏的物理机制也可以从图 5.64 所示的不同机匣结构下台阶后侧偏转角减小机制中看到，图中给出了动叶进口、前台阶和叶片前缘之间中间位置以及动叶出口三个位置处的速度三角形，并且用于计算速度三角形的区域位于近机匣侧 5%叶高范围。由以上的分析可知，由于受动叶通道内朝向吸力面的横向压力梯度的影响，在前台阶后侧存在许多螺旋横向二次流动。沟槽机匣

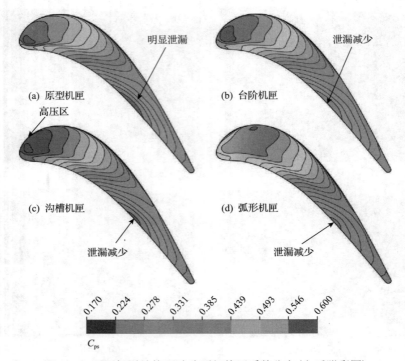

图 5.63　不同机匣结构下叶片顶部静压系数分布(文后附彩图)

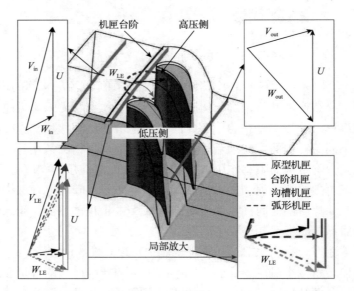

图 5.64　不同机匣结构下台阶后侧偏转角减小机制示意图

V_{in}-进口绝对速度；W_{in}-进口相对速度；V_{out}-出口绝对速度；W_{out}-出口相对速度；
U-圆周速度；V_{LE}-前缘绝对速度；W_{LE}-前缘相对速度

中螺旋横向分离流的偏转角大于台阶机匣和弧形机匣，这意味着沟槽机匣中台阶后侧存在更为强烈的分离涡流，其对可下游的直接泄漏流动产生最大的阻塞作用，然而在弧形机匣中直接泄漏流动却是最弱的。另外，从图 5.64 中也可以定性地对叶顶后部的间接泄漏流动进行分析，由于动叶通道内压力场作用，台阶后侧螺旋分离流折转意味着台阶后侧流体提前做功，这减小了叶片近顶部的做功量，进而减小了叶顶间隙泄漏损失。

　　为了能够准确判断设计工况下动叶机匣端壁造型对涡轮动叶气动性能的影响，图 5.65 给出了不同机匣结构对间隙泄漏量增加值和等熵效率增加值的影响。间隙泄漏量增加值通过计算带与不带机匣端壁造型涡轮的泄漏量之差获得，等熵效率增加值也通过同样的方式获得。从图 5.65 中可以看到，每一种机匣端壁造型都对涡轮动叶气动性能产生了很明显的影响，台阶机匣获得了比沟槽机匣更高的等熵效率值，而弧形机匣则获得了最好的气动性能。

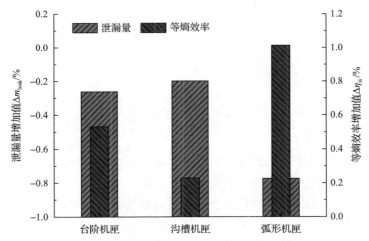

图 5.65　不同机匣结构对间隙泄漏量增加值和等熵效率增加值的影响

5.6.4　不同工况下处理机匣对端区损失控制作用的对比分析

　　实际燃气轮机并不总是在设计工况下工作，因此，有必要对机匣端壁造型在非设计工况下且动叶进口存在冲角时的表现进行继续研究。本小节主要研究了 $-60° \sim 30°$ 范围内 7 个冲角下机匣端壁造型对涡轮动叶气动性能的影响，其中冲角定义如图 5.66(a) 所示，图中也给出了机匣台阶的相对位置。

　　图 5.66(b) 给出了不同冲角下不同机匣结构的涡轮总体性能对比，对于台阶机匣和沟槽机匣结构，当进口来流以正对着机匣台阶方向流入($-40°$冲角)时，涡轮获得了最高的等熵效率增加值，这主要是由于此时机匣台阶对向前的直接泄漏流动产生了最大的阻塞作用，这从图 5.52 和图 5.64 中也可以看到。对于弧形

机匣来说，动叶通道内间隙泄漏涡和通道涡的相互作用主要影响涡轮性能，如图 5.66(b) 所示，弧形机匣在设计冲角下而不是在−40°冲角下获得了最好的气动性能改进，这很有可能是由于在变工况下不利的泄漏涡和通道涡间相互作用恶化了动叶性能。

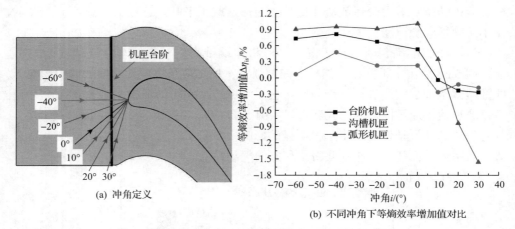

(a) 冲角定义

(b) 不同冲角下等熵效率增加值对比

图 5.66　不同冲角下不同机匣结构的涡轮总体性能对比

5.7　涡轮叶片叶顶间隙变化减敏研究

减小叶顶间隙高度显然是控制间隙泄漏流、减少泄漏损失最有效的手段之一，但实际工作上的限制使得叶顶间隙必然存在，而且燃气轮机工况、工作载荷的改变会造成涡轮叶顶间隙发生变化且变化幅度比较明显，此外，在燃气轮机长时间运行过程中，腐蚀、磨损等因素也会给间隙高度带来严重影响，这些都使得叶顶间隙高度的变化更加复杂。国内外研究人员提出了一些间隙控制方法，其出发点皆旨在减少叶顶存在间隙时带来的不利影响，尽管也有一些研究人员开展了叶顶间隙高度对间隙泄漏流动及控制方法影响方面的研究[19-21]，但并没有进一步探讨这些控制方法在叶顶间隙变化时的敏感性如何[22]。

5.7.1　叶顶间隙变化对间隙流场结构及损失的影响

1. 间隙内速度矢量和马赫数分布

图 5.67 给出了平顶、凹槽顶、平顶喷气和凹槽顶喷气 4 种不同叶顶结构示意图，其中 PS 和 SS 分别表示压力侧和吸力侧。凹槽顶、平顶喷气和凹槽顶喷气分别为典型被动间隙控制(passive clearance control，PCC)、主动间隙控制(active clearance control，ACC)和复合间隙控制(compound clearance control，CCC)

方法，并且本书所有研究均以平顶（ORI）作为对照。每种叶顶类型分别考虑了 0.5%h、1%h、1.5%h、2%h 和 2.5%h 间隙下的影响，其中涡轮叶顶基准间隙取为 1.5%h。另外，叶顶凹槽槽深取为 1mm，肩壁厚度取为 0.77mm；喷气孔沿中弧线位置垂直叶顶方向布置，共有 4 个喷气孔，分别位于 10%、30%、50% 和 70% 轴向弦长位置，其直径为 1mm，长度为 20 倍孔径，叶顶喷气量设定为 0.4% 主通道流量。

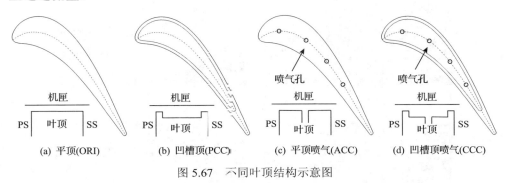

图 5.67　不同叶顶结构示意图

　　叶顶间隙大小是影响叶顶间隙流动的主要因素，在不同间隙控制方法下，当间隙高度改变时，间隙内部流动会有不同程度上的变化。图 5.68 给出了 1%h 和 2%h 间隙下 30% 轴向弦长位置且平行于泄漏流方向的横截面上的马赫数分布。有关平顶和凹槽顶叶片间隙泄漏流动方面的研究已进行了很多，此处不再赘述[23]。对于平顶喷气结构，喷气射流从喷气孔垂直喷出，对从叶顶压力侧进入间隙的流体起到了阻塞作用，然后相互掺混在一起后向叶片吸力侧流动。对于凹槽顶喷气结构，间隙内的流动结构与平顶喷气结构比较类似，间隙内不但存在着泄漏流和喷气的相互掺混，还存在着泄漏流和凹槽的相互作用。

　　随着叶顶间隙由 1%h 增大到 2%h，间隙压力侧入口速度增加，间隙泄漏量也相应增加，如图 5.68（a）所示。对于凹槽顶结构，在大间隙下更多的间隙泄漏流被束缚在叶顶凹槽内做涡流运动，从而起到了更大的泄漏阻塞作用，并且与平顶结构相比，间隙压力侧入口速度在两个间隙下的差别略有减小，这意味着，凹槽顶结构减缓了间隙泄漏量随间隙高度增大而增加的速度。而对于平顶喷气结构，在两种间隙下喷气皆穿越泄漏流达到了机匣表面，并且在两种间隙下间隙压力侧入口速度大小相近，这意味着，在大间隙下，平顶喷气不但产生了更大的阻塞作用，并且其间隙泄漏量随间隙高度增大而增加的速度明显减缓。相似的现象也发生在凹槽顶喷气结构上。综上，叶顶结构的不同，导致叶顶间隙内流动结构不同，进而使得在间隙高度改变时，所产生的泄漏阻塞作用变化量也大不相同。

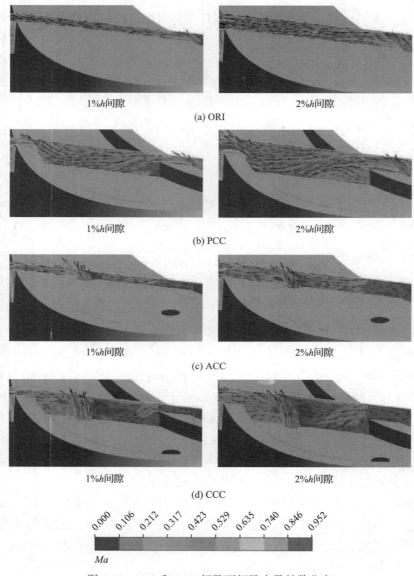

(a) ORI

(b) PCC

(c) ACC

(d) CCC

图 5.68　1%h 和 2%h 间隙下间隙内马赫数分布

2. 动叶片出口节距平均熵增沿叶高分布

　　不同的叶顶结构(或者间隙控制方法)对间隙泄漏产生了不同的阻塞作用,这必然会反映到对通道吸力侧泄漏涡及其与通道涡相互作用的影响上,进而当间隙改变时,通道端区损失改变量也各不相同,从而影响涡轮性能对间隙变化的敏感性。图 5.69 给出了 1%h 和 2%h 间隙下动叶片出口节距平均熵增沿叶高的分布,在 1%h 间隙下，对于平顶结构，间隙泄漏涡引起的最大损失与间隙通道涡相当。当采用凹槽顶结构时，泄漏涡与通道涡所引起的损失都有不同程度的减少。而当采用平顶喷气结构或凹槽顶喷气结构时，泄漏涡和通道涡强度减小得更加明显。随着叶顶间隙高度增加，间隙泄漏流增强使得泄漏涡尺寸快速变大，从而使得由间隙泄漏涡引起的损失迅速增加（图 5.69(b)）。从图 5.69 中可以看出，三种间隙控制方法在大间隙下都对泄漏涡强度产生了更大的减少量，尤其在凹槽顶喷气结构下更为明显。不过，各间隙控制方法对通道涡的阻塞作用在不同间隙下却大小相当。

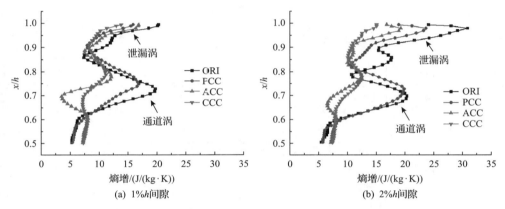

图 5.69   1%h 和 2%h 间隙下动叶片出口节距平均熵增沿叶高的分布

5.7.2 涡轮性能随叶顶间隙的变化规律

1. 涡轮效率随叶顶间隙变化

图 5.70 给出了采用四种叶顶结构时涡轮效率随叶顶间隙的变化曲线。从图 5.70 中可以看出，尽管在四种叶顶结构下涡轮效率皆随着间隙高度的增加而降低，但效率的降低速度并不相同。整体上，三种间隙控制方法皆在不同程度上降低了涡轮效率随间隙高度的增大而降低的速度，即涡轮性能对间隙变化的敏感性，并且平顶喷气结构和凹槽顶喷气结构获得了更低的间隙变化敏感性。

2. 不同叶顶结构下间隙变化敏感性

为了量化涡轮性能对间隙高度变化的敏感性，本小节定义了"间隙变化敏感性"这一变量：

$$S_\tau = (\Delta\eta_\tau/\eta_\tau)/(\tau/h) \tag{5.8}$$

式中，$\Delta\eta_\tau$ 为等熵效率增加值，$\Delta\eta_\tau = \eta_0 - \eta_\tau$，$\eta_0$ 为零间隙下的等熵效率，η_τ 为

有间隙下的等熵效率；τ/h 为相对间隙。

　　为了更加方便地分析涡轮效率随间隙高度的变化趋势，图 5.71 给出了不同叶顶结构下叶顶间隙变化敏感性曲线。从图 5.71 中可以看出，涡轮效率的间隙变化敏感性（或降低速度）随间隙的变化而有着不同的变化规律。

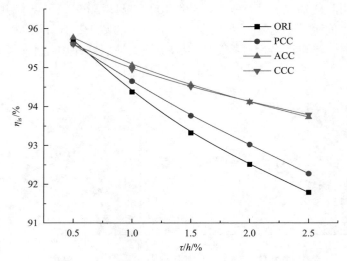

图 5.70　涡轮等熵效率随叶顶间隙的变化曲线

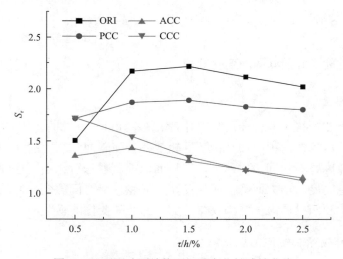

图 5.71　不同叶顶结构下间隙变化敏感性曲线

　　对于平顶结构，当间隙较小时，涡轮效率的降低速度随间隙高度增加而增加，而当间隙高度大于 1.5%h 之后，效率的降低速度则随间隙高度增加而缓慢减小。对于凹槽顶结构，其效率降低速度在各个间隙下（0.5%h 间隙除外）皆小于平顶结构，且随间隙变化的幅度变小。对于平顶喷气结构和凹槽顶喷气结构，效率降低速度在大于 1.0%h 间隙下皆远小于平顶结构,并随着间隙高度的增加呈下降趋势,这意味着,在大间隙下,带叶顶喷气涡轮的性能对间隙变化更不敏感。需注意的是,在 0.5%h 间隙下,在凹槽顶喷气结构下涡轮效率的降低速度要高于平顶喷气结构,这可能由叶顶喷气与凹槽之间不合理的耦合作用所致。不过,从图 5.72 所示的不同叶顶结构下间隙变化敏感性的对比中可以看出,整体上凹槽顶喷气结构获得了最低的涡轮性能随间隙变化的敏感性。

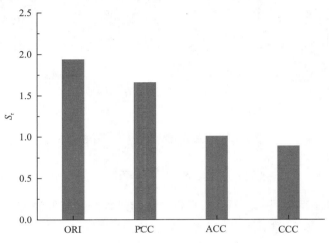

图 5.72　不同叶顶结构下间隙变化敏感性对比

5.7.3　变工况影响

鉴于叶顶间隙泄漏流动的形成机理强烈地依赖于涡轮的运行工况,因此有必要对各间隙控制方法在非设计工况下且动叶片进口存在冲角时的表现进行研究。

1. 不同气流冲角下叶顶间隙区域流线分布

图 5.73 给出了不同气流冲角下平顶叶片叶顶间隙区域泄漏流线图,5.1.3 节对变冲角下的流动现象已有简单描述,此处不再赘述。

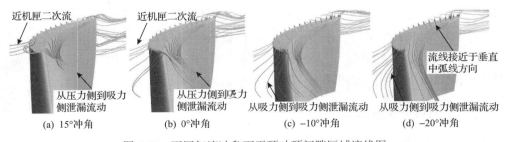

图 5.73　不同气流冲角下平顶叶顶间隙区域流线图

2. 不同气流冲角下叶顶截面区域静压系数分布

不同气流冲角下叶片顶部截面区域静压系数分布如图 5.74 所示,其计算公式如式(5.3)所示。

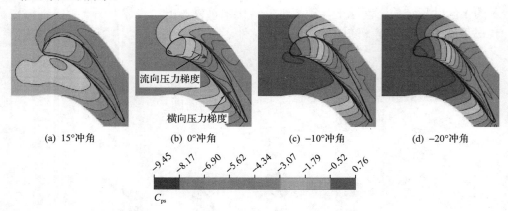

(a) 15°冲角　　　　　(b) 0°冲角　　　　　(c) -10°冲角　　　　　(d) -20°冲角

图 5.74　不同气流冲角下叶片顶部截面区域静压系数分布

从图 5.74 中可以进一步看到,靠近叶片前缘部分区域并没有很强的压力梯度驱动间隙泄漏,高间隙泄漏发生在 30%~80%轴向弦长区域,而靠近尾缘 20%轴向弦长区域也没有产生明显泄漏。此外,可以明显看到,叶片前缘区域压力梯度方向为流向方向,而叶片后半部分区域压力梯度方向为横向方向,前缘部分区域压力梯度方向随着冲角的变化而变化,而后半部分压力梯度方向几乎不受冲角变化影响。由此可以推断出,对于以上提到的各间隙控制方法,凡是其泄漏控制机理对叶片顶部前缘流场敏感的皆对工况变化敏感。

正如 5.7.1 节所述,基于重组间隙内旋涡之间的相互作用,凹槽顶结构增加了间隙泄漏阻力,进而减少了泄漏量,而当进气方向改变时,间隙凹槽内各主要旋涡结构仅有尺度上的相对变化,而其结构及相对位置变化不大,故而凹槽顶结构对工况变化不太敏感。对于叶顶喷气结构,由于存在最佳的喷气参数(喷气方向正对间隙泄漏流方向)[24],所以涡轮性能最佳,带叶顶喷气的涡轮性能对工况变化比较敏感。同样地,由于凹槽顶喷气结构间隙内不但存在着泄漏流和喷气之间的相互掺混,还存在着泄漏流和凹槽之间的相互作用,因而凹槽顶喷气结构的工况变化敏感性介于凹槽顶结构和平顶喷气结构之间。

3. 不同间隙控制方法下冲角变化敏感性

为了量化各间隙控制方法对冲角变化的敏感性,本小节定义"冲角变化敏感性"这一变量，具体定义为动叶进口存在冲角时采用控制方法带来的效率收益与零冲角时采用控制方法带来的效率收益的差值，计算公式为

$$S_i = \Delta\eta_{\mathrm{cc},\,i} - \Delta\eta_{\mathrm{cc},\,0} \tag{5.9}$$

式中，$\Delta\eta_{\mathrm{cc},\,0}$ 为零冲角时采用控制方法带来的效率收益；$\Delta\eta_{\mathrm{cc},\,i}$ 为存在冲角时采用控制方法带来的效率收益。

以上分析可以从图 5.75 所示的不同间隙控制方法下冲角变化敏感性曲线中得到证实，凹槽顶带来的效率收益在各个进口冲角工况下变化不大，其变化幅度远小于平顶喷气结构和凹槽顶喷气结构，因而凹槽顶结构具有良好的冲角变化适应性。

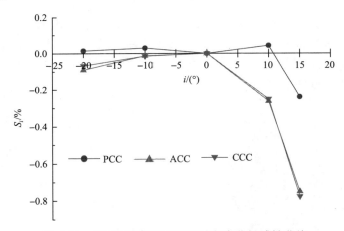

图 5.75　不同间隙控制方法下冲角变化敏感性曲线

5.8　涡轮叶顶间隙的自适应喷气控制研究

自适应式叶顶喷气作为一种被动式叶顶喷气技术，不需要利用外部压缩机提供气源，而是利用涡轮流道前后压力差，从涡轮内部引气，利用压差在叶顶喷气，进而达到阻塞间隙流动的目的，并且在不同工况下皆能够起到控制效果，且间隙控制效果随工况变化是自适应的。这一设想首先由 Auxier[25]提出，他通过在动叶内部打孔将动叶叶盆和叶顶连接，在静压差的驱动下，气体从叶盆进入，通过孔道后从叶顶喷出，以阻塞间隙泄漏流动。2007 年，Hamik 和 Willinger[26]认为 Auxier 提出的自适应式叶顶喷气模型效果并不明显，因为孔道进口离叶顶很近，静压差不大，射流能量会很小；他们同样在动叶内打孔，但是把动叶前缘与叶顶连通。本节将对这种前缘与叶顶连通的新型自适应喷气控制结构进行研究[27]。

5.8.1 叶顶自适应喷气结构

叶顶自适应喷气结构如图 5.76 所示，叶顶喷气孔进口位置位于叶片前缘，考虑到叶片强度等问题，喷气孔走向沿弧线方向，且出口位于叶片顶部中间厚度位置。

5.8.2 叶顶自适应喷气对间隙流场及损失的影响

叶顶自适应喷气孔根据叶片前缘滞止压力高的特点，利用叶片前缘与叶顶的压差，形成一股自发射流来抑制叶顶间隙泄漏流动。图 5.77 给出了在 99%叶高下叶片表面的静压分布，以研究叶顶喷气孔对叶片载荷分布的影响。考虑到喷气孔出口位置在叶片顶部，叶顶喷射流对叶片中部及以下位置几乎不产生影响，叶片中部位置静压系数分布改变微小，胡建军等[28]对此进行了相应研究，本小节不再赘述。在 99%叶高位置，叶顶喷气孔对叶片的静压系数分布产生了较为明显的影响，并且对吸力面的影响要大于压力面。叶片整体载荷相比于原始叶片明显增加，叶片的做功能力得到了增强。

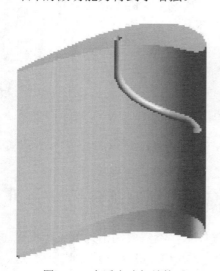 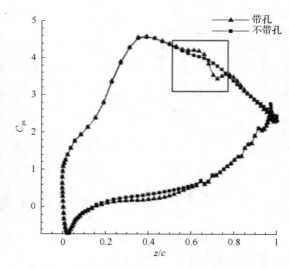

图 5.76　自适应喷气结构　　　图 5.77　自适应喷气孔对近叶顶负荷分布的影响

涡轮叶顶结构的变化会明显影响叶顶间隙内的流场结构，图 5.78 给出了机匣表面的静压系数分布。从图 5.78(a)中很明显地看到一个极低静压区域，这是泄漏流高速流过叶顶间隙造成的。采用叶顶自适应喷气结构时，可以很清晰地从图 5.78(b)中看到静压系数分布的变化，极低静压区域的静压值明显增大，表明喷气阻塞了间隙泄漏量。

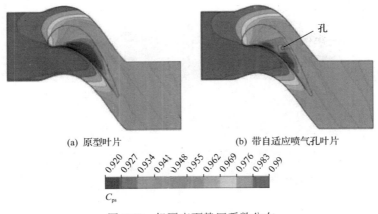

(a) 原型叶片　　　　　　　　　　　(b) 带自适应喷气孔叶片

0.920　0.927　0.934　0.941　0.948　0.955　0.962　0.969　0.976　0.983　0.99

C_{ps}

图 5.78　机匣表面静压系数分布

图 5.79 给出的是叶栅尾缘位置的总压损失分布,图 5.79(a)为试验结果,图 5.79(b)为数值预测结果。通过分析图 5.79 可以看到,叶片 50%叶高以上位置的叶栅损失主要包括两个部分:一个是泄漏涡(TLV)造成的损失,另一个是通道涡(TPV)造成的损失。在叶顶开设自适应喷气孔,可以有效地减小泄漏涡的强度,抑制了间隙泄漏流动,不过对通道涡的抑制效果并不明显。总体上,叶顶端区损失得到了降低。

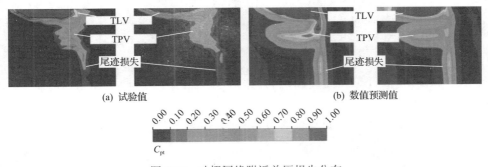

(a) 试验值　　　　　　　　　　　　(b) 数值预测值

0.00　0.10　0.20　0.30　0.40　0.50　0.60　0.70　0.80　0.90　1.00

C_{pt}

图 5.79　叶栅尾缘附近总压损失分布

5.8.3　叶顶自适应喷气孔参数对间隙控制效果的影响

1. 叶顶自适应喷气孔进口位置的影响

本小节研究控制参数时主要采用控制变量法。进口位置作为一个重要的叶顶喷气孔控制参数,首先对其进行研究。图 5.80 给出了距离叶根 15mm、30mm 和 45mm 下的叶片模型。图 5.81 给出了不同进口位置的总压损失系数对比。从图 5.81 中可以看出,采用自适应叶顶喷气(带孔)可以有效地减小叶栅损失,抑制间隙泄漏流动,这也证实了上述结果。另外,进口位置的选取对总压损失系数几乎没有影响,这是由于叶片前缘位置的总压沿叶高基本不变,这意味着进口位置对叶顶自适应喷气孔性能不会产生影响。

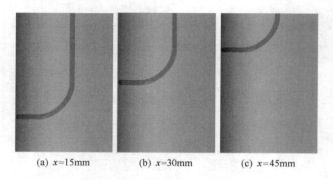

(a) x=15mm　　　　(b) x=30mm　　　　(c) x=45mm

图 5.80　自适应喷气孔进口位置

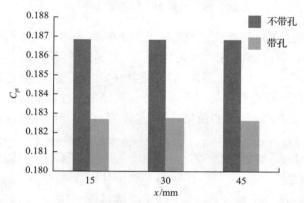

图 5.81　不同的进口位置对叶栅总压损失的影响

2. 叶顶自适应喷气孔出口位置的影响

出口位置在叶顶的分布主要由两个因素决定：一个是喷气孔在中弧线上的位置分布，称为横向变化；另一个是喷气孔在厚度上的位置分布，称为纵向变化。首先对横向变化进行研究，图 5.82 给出了距叶片前缘 25%弦长、50%弦长和 75%弦长位置的涡轮叶片顶部模型。

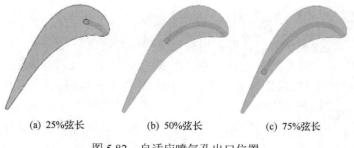

(a) 25%弦长　　　　(b) 50%弦长　　　　(c) 75%弦长

图 5.82　自适应喷气孔出口位置

　　图 5.83 是不同出口位置下叶栅出口总压损失系数分布。为了进一步分析出口位置对叶顶喷气的影响，现通过图 5.83 来观察间隙泄漏涡的发展。从图 5.83 中可以看到，当出口位置位于中弧线中间位置时，叶顶泄漏涡强度明显变小，涡核位置并未改变，此时叶顶喷气有效地抑制了间隙泄漏流。当孔出口位置接近叶型前缘时，泄漏涡（TLV）和通道涡（TPV）基本保持不变，此时叶顶喷气孔已失去了抑制间隙泄漏的效果。当孔出口位置接近叶型尾缘时，叶顶泄漏涡与通道涡却有所增加，此时泄漏量和泄漏损失则相应增加。

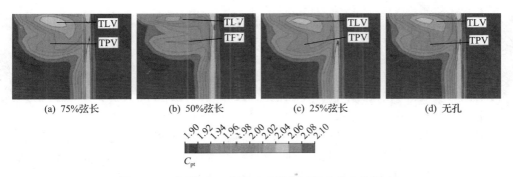

(a) 75%弦长　　　　(b) 50%弦长　　　　(c) 25%弦长　　　　(d) 无孔

1.90　1.92　1.94　1.96　1.98　2.00　2.02　2.04　2.06　2.08　2.10

C_{pt}

图 5.83　不同的出口位置对叶栅总压损失分布的影响

　　图 5.84 给出了三种孔出口位置下叶栅出口总压损失系数对比。从图 5.84 中可以看出，自适应喷气孔出口位置的分布（右侧）对叶栅损失影响较大；当孔出口位于中弧线中间位置时，对泄漏流动的抑制效果最佳；孔出口靠近叶型前缘和尾缘位置，对泄漏流动的抑制效果较差，甚至起到相反的效果，这与孔进口位置所表现出的变化规律差别很大。

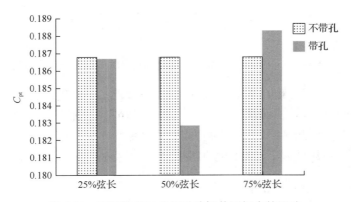

图 5.84　不同的出口位置对叶栅总压损失的影响

通过研究孔出口位置的横向变化，获得了一个最佳的沿中弧线的分布位置。

在此条件下继续研究孔出口位置的纵向变化，图 5.85 给出了压力侧(PS)、吸力侧(SS)和中弧线位置上的叶片顶部模型。

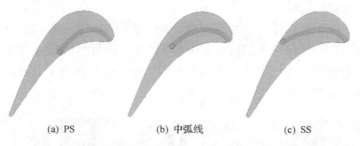

(a) PS　　　　　　　(b) 中弧线　　　　　　(c) SS

图 5.85　自适应喷气孔出口在厚度方向的位置

通过不同叶顶厚度方向的孔出口位置下的叶栅出口总压损失系数分布来分析泄漏涡的发展。从图 5.86 中可以看到，叶顶通道涡(TPV)的大小变化与厚度方向孔出口位置分布基本上无关。不过，叶顶泄漏涡(TLV)的大小分布却是不同的：靠近叶型压力面布置喷气孔时，间隙泄漏涡较小，此时叶顶自适应喷气结构对泄漏流动的抑制效果较好，靠近叶型吸力面布置喷气孔时，间隙泄漏涡较大，此时叶顶喷气结构对泄漏流动的抑制效果相比于压力面变差。

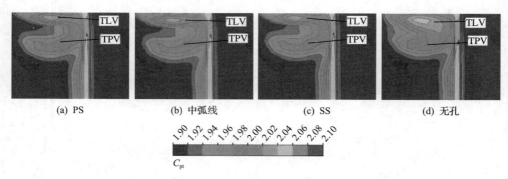

(a) PS　　　　　　(b) 中弧线　　　　　　(c) SS　　　　　　(d) 无孔

图 5.86　不同厚度方向孔出口位置对叶栅总压损失分布的影响

图 5.87 给出了叶顶自适应喷气孔在压力侧(PS)、中弧线(AL)和吸力侧(SS)位置下的叶栅总压损失系数对比。从图 5.87 可以看到，靠近压力面布置出口，总压损失系数最小，此时对间隙流动的抑制效果最为明显。而靠近吸力面布置出口时，总压损失系数最大，即对间隙流动的抑制效果最差。

3. 叶顶自适应喷气孔内径的影响

基于上面得到的最优的自适应喷气孔进出口位置，下面进行自适应喷气孔内径改变的研究。图 5.88 给出了直径为 1.0mm (d/h=2.4%)、1.5mm (d/h=3.6%)、

2.0mm(d/h=4.8%)和 2.5mm(d/h=6%)的叶片顶部模型。

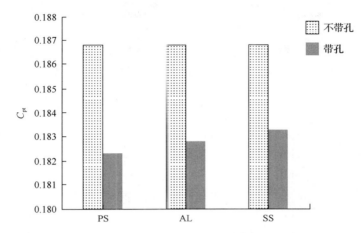

图 5.87 不同厚度方向孔出口位置对叶栅总压损失的影响

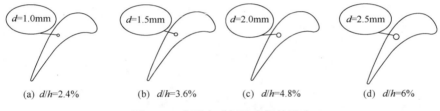

(a) d/h=2.4%　　(b) d/h=3.6%　　(c) d/h=4.8%　　(d) d/h=6%

图 5.88 自适应喷气孔内径的影响

图 5.89 给出了不同喷气孔内径下的叶栅出口总压损失系数分布。当孔径选取为 4.8%h 时,叶顶泄漏涡(TLV)和通道涡(TPV)最小;当孔径选取为大于或者小于 4.8%h 时,泄漏涡的强度和大小均会变大。另外,通道涡的强度随着孔径的增大而减小。因此,当孔径选取为 4.8%h 时,自适应叶顶喷气结构对泄漏流动的抑制效果最为显著。

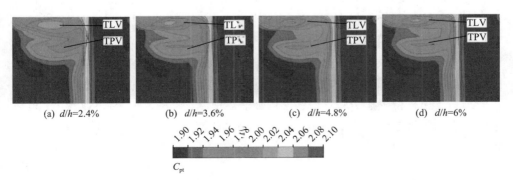

(a) d/h=2.4%　　(b) d/h=3.6%　　(c) d/h=4.8%　　(d) d/h=6%

图 5.89 不同的喷气孔内径对叶栅总压损失分布的影响

为了研究叶顶自适应喷气孔内径与叶栅总压损失系数之间的变化关系，图 5.90 给出了不同喷气孔内径下的总压损失系数变化曲线。从图 5.90 中可以看出，孔径变化对总压损失系数产生了较为明显的影响。随着孔径的增加，总压损失系数先减小后增大，呈现出抛物线形变化规律。当孔径取为 4.8%h 时，总压损失系数获得最小值，此时自适应叶顶喷气对叶顶间隙泄漏流动的控制效果最好。

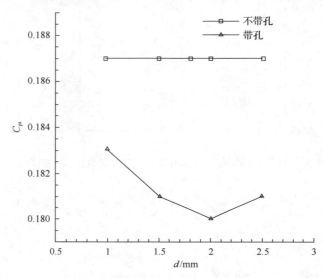

图 5.90　叶栅总压损失系数随孔径变化曲线

4. 叶顶间隙的影响

在以上所获得的最佳叶顶自适应喷气孔参数的基础上，开始进行变叶顶间隙研究。叶顶间隙高度用 τ 表示，分别取 0.5mm（τ/h=1.2%）、1.0mm（τ/h=2.4%）、1.5mm（τ/h=3.6%）和 2.0mm（τ/h=4.8%）。

图 5.91 给出了机匣表面静压系数分布，从图中可以看出，采用叶顶自适应喷气孔时，机匣表面极低静压区的静压值均得到提高，说明采用叶顶喷气后能减小叶顶表面附近进入间隙的流体流速。同时，在间隙为 3.6%h 下，采用喷气结构会在叶顶中前部靠近吸力面侧出现一个大面积的低压区，通过对比可以发现，叶顶无孔时在叶顶中前部有一个由极低静压区沿叶型厚度方向延伸出的低压区，这导致叶顶喷气出口位置压力较低，这会增加射流速度，从图 5.91(c) 可以看出，叶顶喷气孔出口附近的静压明显高于其他间隙高度的情况，这可能也是图 5.91(c) 中多出一个低压区的原因。

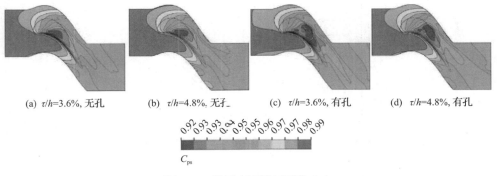

(a) τ/h=3.6%, 无孔　　(b) τ/h=4.8%, 无孔　　(c) τ/h=3.6%, 有孔　　(d) τ/h=4.8%, 有孔

0.92 0.93 0.93 0.94 0.95 0.95 0.96 0.97 0.97 0.98 0.99

C_{ps}

图 5.91　机匣表面静压系数分布

　　现选取间隙 3.6%h 和 4.8%h 作为研究对象，做出叶片尾缘处的总压损失系数分布。从图 5.92 所示的不同间隙下总压损失系数分布可以看出，随着间隙高度的增加，间隙泄漏涡（TLV）的影响范围逐渐增大，泄漏涡的高能区略有减小，涡核向轮毂方向发展。另外，当间隙高度为 3.6%h 时，采用叶顶自适应喷气孔，叶片尾缘泄漏涡核的能量明显减小，此时采用自适应喷气结构具有积极的影响；当间隙高度为 4.8%h 时，采用叶顶自适应喷气结构对泄漏涡有负面影响，此时叶顶喷气结构失去阻塞间隙泄漏流动的效果。

　　图 5.93 给出了不同间隙下的总压损失系数曲线，总压损失系数与间隙高度基本上呈线性关系，叶顶间隙越大，总压损失系数越大。此外，当间隙高度为 1.2%h、2.4%h 和 3.6%h 时，叶顶自适应喷气结构能够降低总压损失，其中当间隙高度为 2.4%h 和 3.6%h 时，叶顶喷气结构对间隙泄漏的控制效果明显，而当间隙高度为 1.2%h 时，控制效果较弱。当间隙高度增加为 3.6%h 时，叶顶自适应喷气结构失去了降低泄漏损失的作用。

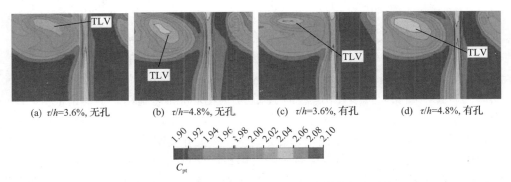

(a) τ/h=3.6%, 无孔　　(b) τ/h=4.8%, 无孔　　(c) τ/h=3.6%, 有孔　　(d) τ/h=4.8%, 有孔

1.90 1.92 1.94 1.96 1.98 2.00 2.02 2.04 2.06 2.08 2.10

C_{pt}

图 5.92　不同间隙下叶栅出口总压损失系数分布对比

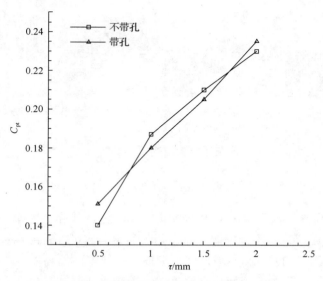

图 5.93　叶栅总压损失系数随间隙变化曲线

5.9　本 章 小 结

本章主要对叶顶间隙泄漏流动结构及损失分析、叶顶间隙泄漏涡破碎现象及损失机制、叶顶间隙泄漏流动及损失的控制原则、叶顶凹槽形态对动叶气动性能的影响、叶顶间隙形态对动叶气动性能的影响、机匣端壁造型对动叶气动性能的影响、叶顶间隙变化减敏研究以及叶顶间隙的自适应喷气控制研究等方面进行了详细论述。

本章研究发现了高负荷涡轮叶片后半部分逆压区存在泄漏涡破碎现象，泄漏涡破碎带来了额外的掺混损失，并且这是叶顶间隙泄漏流产生损失的主要组成部分，因此本章研究成果可以提供一种新的间隙泄漏损失分析与控制的机制。

本章研究发现，适当的非均匀间隙形态可有效利用旋涡干涉作用，使得泄漏涡与通道涡相互抑制，从而减小间隙端区损失；并且，可将涡轮叶顶间隙泄漏流动分为直接泄漏和间接泄漏两种类型。这为全工况间隙控制奠定了理论依据。本章进而提出一种具有良好气动特性和冲角适应性的凹槽内布置横向肋条的叶顶结构，并提出了基于台阶设计的机匣端壁造型技术及叶顶间隙变化减敏构想。

本章研究表明，叶顶喷气可有效降低涡轮性能对间隙变化的敏感性，并且仅仅涡轮叶片前缘区域泄漏流动对冲角变化比较敏感，使得凹槽顶结构具有最佳的冲角变化适应性，因而凹槽顶联合喷气设计有望显著改善船用燃气涡轮全工况气动性能。

参 考 文 献

[1] 高杰, 郑群, 姜玉廷. 涡轮间隙流动结构及其损失产生机理研究. 工程热物理学报, 2013, 34(10): 1833-1837.

[2] McCarter A A, Xiao X W, Lakshminarayana B. Tip clearance effects in a turbine rotor, Part II-velocity field and flow physics. Journal of Turbomachinery, 2001, 123(2): 305-313.

[3] Yamamoto A. Interaction mechanism between tip-leakage flow and the passage vortex in a linear turbine rotor cascade. Journal of Turbomachinery, 1988, 110(3): 486-496.

[4] 高杰, 郑群, 许天帮, 等. 涡轮间隙泄漏涡破碎对损失的影响. 航空学报, 2014, 35(5): 1257-1264.

[5] 高杰, 郑群, 张曦, 等. 涡轮叶顶泄漏涡非定常破碎特性分析. 推进技术, 2016, 37(2): 242-249.

[6] Gao J, Zheng Q, Dong P, et al. Control of tip leakage vortex breakdown by tip injection in an unshrouded turbine. Journal of Propulsion and Power, 2014, 30(6): 1510-1519.

[7] Tallman J A, Lakshminarayana B. Methods for desensitizing tip clearance effects in turbines. ASME Paper GT2001-0486, New York, 2001.

[8] 王松涛, 吴猛, 王仲奇, 等. 通道涡稳定性及对损失的影响. 工程热物理学报, 2000, 21(4): 425-429.

[9] 于宏军, 刘宝杰, 刘火星, 等. 设计状态下压气机转子叶尖泄漏涡流动研究. 航空学报, 2004, 25(1): 1-8.

[10] Hall M G. A new approach to vortex breakdown. La Jolla: Heat Transfer and Fluid Mechanics Institute, University of California, San Diego, 1967: 319-340.

[11] 李伟, 乔渭阳, 许开富, 等. 涡轮叶尖泄漏流被动控制数值模拟. 推进技术, 2008, 29(5): 591-597.

[12] Denton J D. Loss mechanism in turbomachines. Journal of Turbomachinery, 1993, 115(4): 621-656.

[13] 刘卫华, 林丽, 朱高涛. 迷宫密封机理的研究现状及其展望. 流体机械, 2007, 35(2): 35-39.

[14] 高杰, 郑群. 叶顶凹槽形态对动叶气动性能的影响. 航空学报, 2013, 34(2): 218-226.

[15] Mohan K, Guruprasad S A. Effect of axially non-uniform rotor tip clearance on the performance of a high speed axial flow compressor stage. ASME Paper 94-GT-479, New York, 1994.

[16] 岂兴明, 朴英, 周建兴, 等. 涡轮叶顶间隙形态的优化. 吉林大学学报(工学版), 2009, 39(4): 874-879.

[17] Gao J, Zheng Q, Li Y J, et al. Effect of axially non-uniform rotor tip clearance on aerodynamic performance of an unshrouded axial turbine. Proceedings of the IMechE Part A: Journal of Power and Energy, 2012, 226(5): 231-244.

[18] Gao J, Zheng Q, Yue G Q. Reduction of tip clearance losses in an unshrouded turbine by rotor-casing contouring. Journal of Propulsion and Power, 2012, 28(5): 936-945.

[19] 王大磊, 朴英. 间隙高度对某涡轮叶尖间隙泄漏流影响的研究. 推进技术, 2012, 33(4): 566-572.

[20] 王大磊, 朴英. 叶尖间隙高度对某高压涡轮级损失分布的影响. 航空动力学报, 2012, 27(1): 169-175.

[21] 杨佃亮, 丰镇平. 叶顶凹槽对燃气透平动叶气动性能及叶顶传热的影响. 西安交通大学学报, 2008, 42(7): 838-842.

[22] 高杰, 郑群, 刘云宁, 等. 涡轮叶片叶顶间隙变化减敏研究. 航空动力学报, 2015, 30(11): 2638-2646.

[23] Lattime S B, Steinetz B M. High-pressure-turbine clearance control systems: Current practices and future directions. Journal of Propulsion and Power, 2004, 20(2): 302-311.

[24] Niu M S, Zang S S. Experimental and numerical investigations of tip injection on tip clearance flow in an axial turbine cascade. Experimental Thermal and Fluid Science, 2011, 35(6): 1214-1222.

[25] Auxier T A. Aerodynamic tip sealing for rotor blades: United States Patent, 5.403.158. 1995.

[26] Hamik M, Willinger R. An innovative passive tip-leakage control method for axial turbine: Basic concept and performance potential. Journal of Thermal Science, 2007, 16(3): 215-222.

[27] 魏明, 高杰, 付维亮, 等. 涡轮叶片间隙自适应制的研究. 推进技术, 2017, 38(9): 1921-1929.

[28] 胡建军, 孔祥东, 徐进良. 间隙高度对自发射流抑制叶尖泄漏的影响. 航空动力学报, 2013, 28(7): 1510-1516.

第6章　动力涡轮全通流设计计算及流动机理

6.1　概　　述

动力涡轮是现代船用燃气轮机的重要组成部件，级数比较多，其效率显著影响发动机整体性能。实际动力涡轮由于安全运行等因素，转静之间、转子叶片和机匣之间等位置必然存在间隙、密封、台阶结构等，燃气泄漏必然发生，加之过渡段、排气蜗壳等部件对动力涡轮进出口边界的实际影响，所有这些因素明显恶化了涡轮性能；而现代船用燃气轮机设计致力于在同等效率的情况下提高载荷和压比。动力涡轮的气动设计早期以一元流和 S_2 流面设计为主，经过多年研究积累，涡轮主通道气动设计性能已有较大提高。然而，单独的动力涡轮主通道数值计算存在着边界条件不真实，并且不能反映动力涡轮内客观存在的多尺度、强掺混流动特征等弱点。由于在设计时忽略了端区流动特征与上下游部件的实际影响，在真实燃气轮机环境中，动力涡轮主通道设计的性能收益将受到明显影响。随着试验方法和数值计算方法的快速发展以及对涡轮效率的更高要求，国内外学者逐步开始了涡轮的全通流精细化设计优化研究工作。

涡轮动叶片叶冠结构对涡轮端区性能有较为明显的影响，国外研究指出，叶冠泄漏流损失占到了涡轮气动损失的 30%。实际上，早在 1976 年剑桥大学就采用二维的试验方式基于叶冠容腔和涡轮主流道的耦合进行了研究，该研究主要探索了叶冠泄漏流和主流的掺混特点，并试图了解该流动掺混对下一级涡轮静叶入口的影响。随后，国外学者逐渐开始针对叶冠容腔的流场结构、泄漏流与主流的相互影响、叶冠容腔的几何形状对流场的影响以及对叶冠容腔的几何改进和优化等开展系统深入研究。研究的方法包括试验和数值计算方法，研究类别包括定常和非定常研究。目前，对于该领域研究较多的机构有剑桥大学、瑞士联邦理工学院，其他的一些大学也做过少量的研究，主要有德国斯图加特大学、西门子公司、德国 MTU 航空发动机公司、波兰科学院和英国莱斯特大学等。

燃气轮机中通常使用过量的冷气来阻止主流燃气进入涡轮盘腔结构的转静腔中，即燃气入侵现象。涡轮根部轮缘密封的设计就是为了减少高温燃气的入侵量，从而减少冷气所需流量，使整个发动机效率得以提高。国外早在 20 世纪 60 年代开始对旋转盘腔内流动和换热特性、封严流对涡轮端区流动的影响以及轮缘密封结构设计优化等方面开展系统的理论分析和试验与计算研究。在欧洲，1998 年开始的欧洲燃气轮机内部冷却空气系统 (Internal Cooling Air Systems for Gas

Turbines，ICAS-GT) 项目和主要环形气路干扰(Main Annulus Gas Path Interactions，MAGPI) 项目推动建立了一批研究团队，如亚琛工业大学、萨塞克斯大学、萨里大学等研究团队通过联合工业界共同研究的方式长期致力于轮缘密封的封严与入侵问题研究，从最开始的简化模型理论分析、数值预测，一直到目前的真实端区结构下的耦合计算预测、局部结构的大涡模拟研究以及过渡工况影响等，并且也兴建了一批带通流的封严试验台。美国也采用了相同的研究方式，主要是美国亚利桑那州立大学和 GE 公司联合开展基础研究。需要说明的是，GE 公司 Bunker研究员搭建的 1.5 级透平叶栅环境下的封严试验台是目前为止公开发表的参数水平和结构复杂度最高的机理试验台。

因动力涡轮上游过渡段、下游排气蜗壳不是关键部件而在动力涡轮气动设计时一直未获得应有的重视。然而，船用燃气轮机涡轮间过渡段内的支板布置会带来动力涡轮进口的非周向均匀流动，同样下游的排气蜗壳内也具有非对称流动特性。若能更多关注动力涡轮上下游部件自身的气动性能及其对动力涡轮的实际气动影响，可供挖掘的潜能将对动力涡轮部件整体性能增益更加显著。美国"综合高性能涡轮发动机技术"计划的后续发展计划"通用的经济可承受的先进涡轮发动机(Versatile Affordable Advanced Turbine Engines，VAATE)"遵循的就是该思路。

综上，国外学者在前期全三维计算优化涡轮主通道性能的基础上，逐步开展了涡轮端区密封结构以及上下游部件等对涡轮气动性能的影响及评估工作，开发了相应的损失模型，并形成了气动涡轮的全通流不同维度耦合计算优化算法及其试验验证平台。由于该设计方法能够兼顾计算效率和计算精度进而缩短工程设计周期，从而对涡轮的全通流气动优化具有重要意义，但因其具有的工程价值和军事价值而被西方国家限制对外输出。在国内，经过近些年的快速发展，研究人员已完成了涡轮主通道叶片三维设计体系的构建工作，并已掌握了针对涡轮叶片、上下端壁结构的气动优化及多学科设计优化方法等。一些大学也搭建了动态涡轮试验台，如北京航空航天大学、西安交通大学、哈尔滨工程大学等。

对于端区密封结构，国内研究人员也逐步开展了相关研究，但进展比较缓慢，主要是中国科学院工程热物理研究所和哈尔滨工程大学等针对叶冠容腔结构开展了相应的数值计算优化与叶栅试验验证等工作。而在涡轮叶根端区轮缘密封方面，主要是北京航空航天大学、南京航空航天大学和西北工业大学针对航空发动机开展相关基础研究。哈尔滨工程大学也在轮缘密封不稳定流动的数值研究方法上开展了一些基础工作。同时，对于上游过渡段的影响，国内研究人员针对航空发动机开展了大量研究工作，侧重于过渡段内流动机理、过渡段来流条件的影响以及过渡段的优化设计等。截至目前，尚未见有关船用燃气轮机动力涡轮过渡段与排气蜗壳方面的公开报道。

综上可见，我国目前已基本完成了主通道涡轮气动设计体系的构建工作，主通道涡轮性能已有大幅提高。然而，对于涡轮端区密封结构、上下游部件等对涡轮主通道流动的真实影响，以及考虑端区结构影响的涡轮全工况设计优化还只是刚刚开始研究，而这一方面的工作对于评估全工况下动力涡轮的真实性能，以及进行动力涡轮的全通流多维耦合气动优化至关重要。下面从叶根端区轮缘密封流、过渡段与排气蜗壳非对称流以及动力涡轮全通流设计计算等方面着重讨论。

6.2　叶根端区轮缘密封不稳定流动特性及结构优化

6.2.1　封闭轮缘密封腔内流动不稳定性

图 6.1 和图 6.2 给出了封闭轮缘密封轴向中截面静压与径向速度的瞬时分布，虽然密封腔结构与边界条件皆是轴对称的，且不存在主流与冷气流的干扰，但在轮缘密封间隙区域的流动却是固有不稳定的，呈现出一系列不同尺度的涡结构，但总体来看，这些涡结构沿周向具有一定的相似性。高杰和 Rabs 等[1, 2]基于平板上下两股不同速度气流在平板出口汇合的非定常流动计算指出：上下两股不同速度的气体沿流向掺混时会在接触面上诱导出开尔文-亥姆霍兹不稳定涡结构，这种不稳定涡结构的衍生和发展会引起局部压力场波动；而对于上述轮缘密封间隙区域流动，静子轮毂与轮缘间隙动盘侧壁面附近的流动状况并不相同，从而导致在轮缘间隙动盘侧顶部，即在两股气流汇合的位置发生了"类开尔文-亥姆霍兹不稳定性现象"，从而产生了如图 6.1 和图 6.2 所示的独特非定常物理现象。

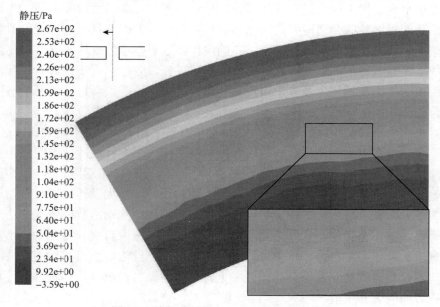

图 6.1　轮缘密封轴向中截面静压瞬时分布

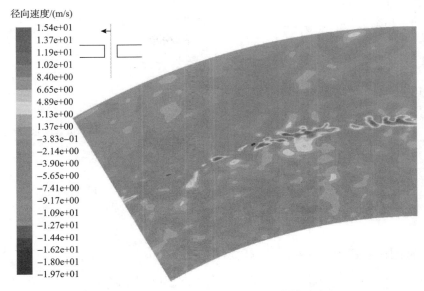

图 6.2　轮缘密封轴向中截面径向速度瞬时分布

　　图 6.3 为采用快速傅里叶变换获得的轮缘间隙中央处于 3 个不同周向位置(沿旋转方向气流首先经过起始点，然后是中间点，最后是结尾点)的监控点处瞬时压力的频率特性，其中横坐标为对转盘旋转频率进行无量纲化(f_{rf}=159.155Hz)，纵坐标为当地静压与大气压的差值。由图 6.3 可见，在 3 个不同周向位置点处压力频谱非常相似，且特征频率值基本相同，仅幅值略有差别，因此可以推测出：引起封闭轮缘密封腔内流动非定常性的因素主要是固有不稳定流动引起的振荡，压力振荡频率为 f/f_{rf} = 4.5，并且图 6.1 和图 6.2 中所示的这些涡结构以一定速度沿周向转动，在转动过程中，涡结构的压力振荡幅值有一定的波动，平均压力幅值约为 38Pa。

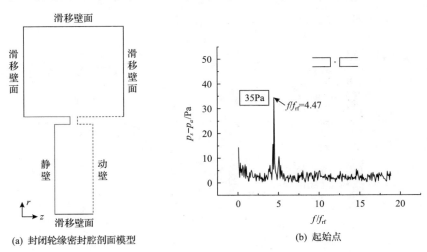

(a) 封闭轮缘密封腔剖面模型　　　　　　　　(b) 起始点

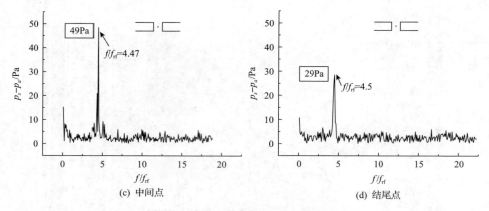

(c) 中间点　　　　　　　　　(d) 结尾点

图 6.3　轮缘密封中间点压力频谱分布

6.2.2　典型轮缘密封下密封区域瞬时流场特性

图 6.4 给出了涡轮轮缘密封子午剖面径向速度分布。在盘腔内，转盘旋转产生的泵吸效应导致冷气流沿转盘向上流动，进入轮缘密封间隙，主流入侵气体在密封间隙与冷气混合后沿静盘向下运动，这也可以从涡轮轮缘密封子午剖面封严效率瞬时分布上得到证实，如图 6.5 所示。由图 6.5 可见，在当前冷气量 $C_w=1000$ 下，在盘腔内发生了明显的燃气入侵现象。并且在轮缘密封下游主流通道内产生了类似脱落涡的结构，结合 Rabs 等[2]的研究工作与上面分析可知，这是由开尔文-亥姆霍兹不稳定性引起的。

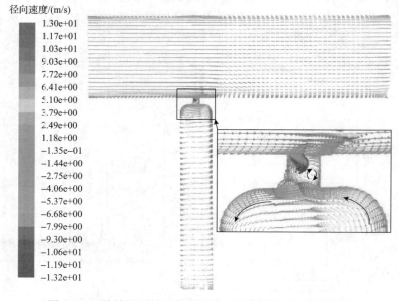

图 6.4　涡轮轮缘密封子午剖面径向速度分布(文后附彩图)

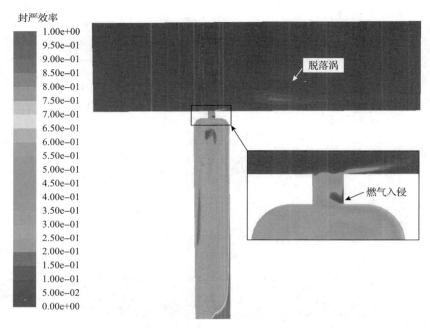

图 6.5　涡轮轮缘密封子午剖面封严效率瞬时分布(文后附彩图)

图 6.6 给出了轴向、径向与斜向三种轮缘密封结构密封间隙区域子午剖面速度矢量瞬时分布。整体上看，轮缘间隙内部流动异常复杂。对于轴向轮缘密封(图 6.6(a))，在转盘侧存在一个相对较大的分离涡区，而主流入侵气体沿静盘侧入侵盘腔，其受到的阻碍较小，可以较为顺畅地沿静盘向下运动，静盘无法得到有效保护。对于径向轮缘密封(图 6.5(b))，由于泵吸效应的直接影响，冷气与沿盘腔顶部壁面侵入盘腔主流的掺混增强，导致在间隙内、间隙出口处产生了分离涡区，这些分离涡区又会增大主流气体侵入盘腔时的流动阻力，从而达到了减少主流燃气入侵的目的。对于斜向轮缘密封(图 6.6(c))，由于密封的独特结构，冷气在间隙入口绕流转盘尖部时产生一个较大的分离涡区，这对燃气入侵盘腔的阻碍作用得到大幅增强，从而大幅减弱了轮缘间隙区域的流动非定常性，并且获得了最佳的轮缘密封封严效率，这在 6.2.3 节会有详细论述；并且在斜向密封出口处，封严冷气流对通道主流不利的 Spoiling 效应[3]也得到明显减弱。

图 6.7 给出了轴向轮缘密封静动叶轮毂端壁静压瞬时分布。在轮缘间隙附近可见一系列沿周向分布的由于流动固有不稳定性而产生的高压区，且高压区、低压区交错分布；对比图 6.7(a)和(b)可知，这些高压区沿着周向转动，且其形态也有略微变化。

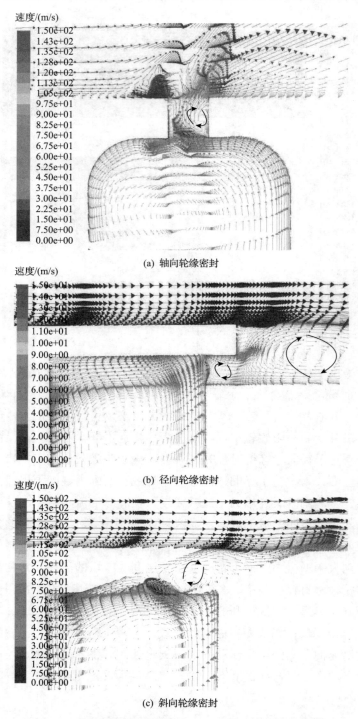

图 6.6　三种典型轮缘密封结构子午剖面速度矢量瞬时分布

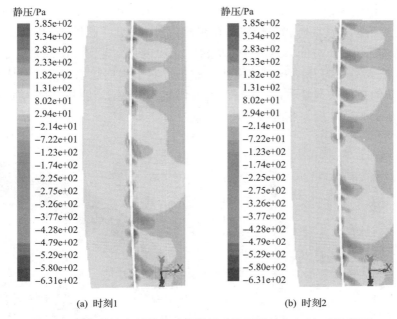

(a) 时刻1　　　　　　　　　(b) 时刻2

图 6.7　轴向轮缘密封静动叶轮毂端壁静压瞬时分布(文后附彩图)

上述分析也可以从图 6.8 所示的轴向轮缘密封轴向中截面径向速度及静压瞬时分布中得到证实。由图 6.8 可见，径向速度大于零的部分为出流，而径向速度小于零的部分为入流，即燃气入侵；从图 6.8(a)中可以明显看到，在轮缘间隙区域存在着沿周向出流、入流交错的独特现象，这增加了轮缘间隙区域流动的复杂性，并且加剧了预测最小封严流量的难度。

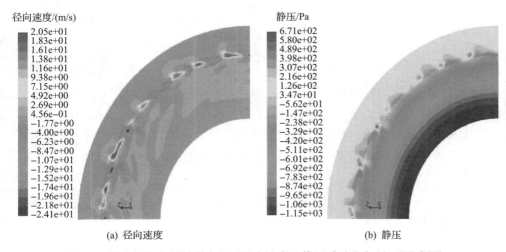

(a) 径向速度　　　　　　　　　　　　(b) 静压

图 6.8　轴向轮缘密封轴向中截面径向速度及静压瞬时分布(文后附彩图)

图 6.9 给出了径向轮缘密封动叶轮毂端壁及密封径向中截面静压瞬时分布。由图 6.9(a)可见，在动叶轮毂端壁上存在一系列结构几乎相同的低压区，且沿周向以近似相等的间距分布；这从图 6.9(b)中也可以得到证实，即一系列结构非常相似的涡结构沿周向转动发展。需注意的是，对于斜向轮缘密封，作者研究发现：在当前的封严冷气量下，并未发生主流燃气入侵现象，也并不存在如图 6.7～图 6.9 所示的独特非定常物理现象。

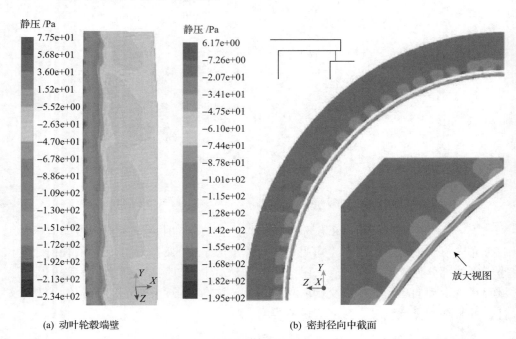

(a) 动叶轮毂端壁   (b) 密封径向中截面

图 6.9 径向轮缘密封动叶轮毂端壁及密封径向中截面静压瞬时分布(文后附彩图)

图 6.10 给出了轴向、径向及斜向轮缘密封结构间隙中间线上封严效率沿周向的瞬时分布。对于轴向轮缘密封(Atrs)，轮缘间隙区域一系列不稳定涡结构的存在诱导出周向不均匀的复杂流动及封严效率，总体上，封严效率最大值与最小值交错出现，最大值接近于 0.5，最小值接近于 0。对于径向轮缘密封(Rtrs)，鉴于上述周向不稳定涡结构的特性，其所引起的流动周向不均匀性特别微小，封严效率最大值与最小值的差别大约为 0.01，这意味着径向轮缘密封封严效率的周向不均匀性远远低于轴向轮缘密封。对于斜向轮缘密封(Ctrs)，由于在当前封严冷气量下，轮缘间隙区域并不存在不稳定的涡结构，因此在轴对称的盘腔结构与边界条件下，轮缘间隙区域的封严效率沿周向是均匀分布的。

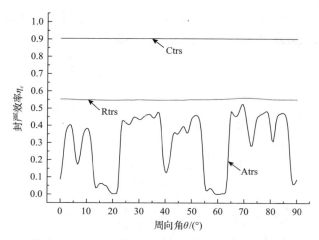

图 6.10　三种典型轮缘密封结构间隙中间线上封严效率沿周向的瞬时分布

6.2.3　典型轮缘密封下密封区域大尺度涡结构动力学特性

　　图 6.11 给出了轴向轮缘密封域内主流、密封及腔内三点位置的静压瞬时分布。Pt1、Pt2 和 Pt3 三点分别位于主流中间叶展位置、密封间隙中径位置及近盘腔顶部位置，且三点处于同一个轴向位置。从图 6.11 中可以看出，轮缘密封间隙内的流动脉动最为剧烈，并且需注意的是，即使在主流中间叶展位置，仍可以看到轮缘密封间隙区域流动不稳定性带来的小幅脉动影响，其脉动幅值大约为 50Pa。

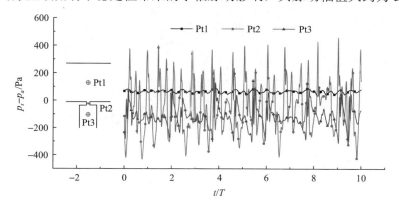

图 6.11　轴向轮缘密封域内主流、密封及腔内三点位置的静压瞬时分布（文后附彩图）

　　图 6.12 给出了轴向轮缘密封中间点(Pt2)压力频谱分布。结合图 6.3 和图 6.12 可以看出，有主流及冷气流影响下的压力频谱与封闭轮缘密封腔内相同点处的压力频谱(图 6.3)有明显不同；无主流及冷气流影响下的压力频谱信号比较单一，而有主流及冷气流影响下的压力频谱则包括更多的频率信号，其特征频率 $f/f_{rf} = 2.2$，约为图 6.3 中的 50%，而其幅值约为图 6.3 中的 3 倍，这意味着主流及冷气流的存

在改变了轮缘间隙区域的频谱特性，也意味着轮缘间隙区域的流动不稳定性可以通过改变主流及冷气流的流量等参数而得到抑制。

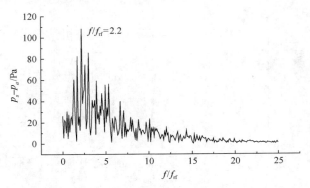

图 6.12　轴向轮缘密封中间点压力频谱分布

　　图6.13和图6.14分别给出了径向轮缘密封中间点瞬时静压及其频谱分布。结合图6.11～图6.14可以看出，对于径向轮缘密封，相对于轴向轮缘密封来说，轮缘密封中间点压力脉动比较均匀，其特征频率$f/f_{rf}=10.4$，且其脉动幅值远远小于轴向轮缘密封，这可能是由于径向轮缘密封更高的封严效率减弱了流动不稳定性。

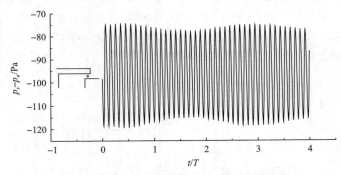

图 6.13　径向轮缘密封中间点静压瞬时分布

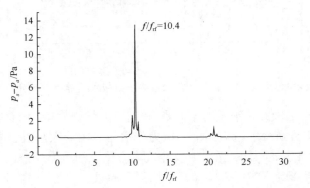

图 6.14　径向轮缘密封中间点压力频谱分布

为了计算轮缘密封间隙区域不稳定涡结构的转速，本书在非定常计算过程中输出了径向间隙内周向间距较近的两个点的压力信号，并借助互相关分析方法[4]确定旋涡转动经过已知两个点的滞后时间。作为例子，轴向轮缘密封内两个不同周向位置(周向夹角为 5°)中间点压力序列的互相关分析结果如图 6.15 所示。根据互相关分析理论并结合图 6.15 可见，从 0s 到右侧第一个峰值的正滞后时间为旋涡旋转通过两个点所需的时间。由此，旋涡转速通过已知两个点的夹角与旋涡通过两个点所需的时间之比可计算得到。在此基础上，基于旋涡特征频率(图 6.12)与旋涡旋转频率(基于旋涡转速计算获得)之比可以计算获得旋涡个数。

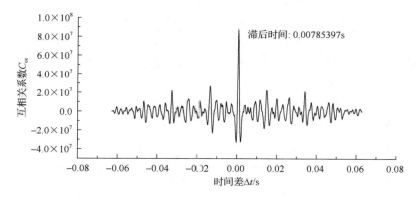

图 6.15　轴向轮缘密封内两个不同周向位置中间点压力序列的互相关分析结果

基于上述涡动力学分析方法，可以计算出轴向与径向轮缘密封的非定常涡结构特性，具体的汇总结果如表 6.1 所示。

表 6.1　轴向与径向轮缘密封非定常涡结构特性对比

特性	轴向轮缘密封	径向轮缘密封
频率	$2.2f_{转子}$	$10.4f_{转子}$
转速	$0.1126n_{转子}$	$0.1369n_{转子}$
旋涡个数	20	76

由表 6.1 可见，轴向轮缘密封内不稳定涡结构的转速大约是转盘转速的 11.26%，而对于径向轮缘密封，转速则约是转盘转速的 13.69%，两者相差不大；但旋涡个数却相差较大，在轴向轮缘密封内沿周向大约有 20 个不稳定涡结构，而在径向轮缘密封内则大约有 76 个不稳定涡结构，这可以从图 6.7～图 6.9 中得到佐证。

6.2.4　典型轮缘密封下旋转诱导封严特性及结构优化

为了给旋转诱导封严效率计算模型改进精度及轮缘密封结构设计优化提供数

据支撑和定性参考，本小节给出了典型轮缘密封的旋转诱导封严特性情况，总体封严效率值基于间隙中径面上封严效率的质量平均获得，具体汇总结果如表 6.2 所示。需注意的是，当前数值计算并未考虑来流预旋的影响，尽管当前数值计算模型并不包含在 Gentilhomme 等[5]的试验中，但 Bayley 和 Owen[6]提出的最小封严冷气量预测模型(式(6.1))可以在本小节中使用；并且，Bayley 和 Owen[6]基于理论分析构建了与试验数据吻合较好的关联封严效率与封严冷气量的经验关联式(式(6.2))：

$$C_{w,\min} = 0.61 G_c Re_\theta \tag{6.1}$$

$$\eta_c = \frac{C_w}{0.8 C_w + 0.2 C_{w,\min}} \tag{6.2}$$

其中，$C_{w,\min}$ 为最小封严流量的无量纲值；G_c 为间隙与轮毂半径之比；Re_θ 为旋转雷诺数；η_c 为封严效率；C_w 为冷气量的无量纲值。

表 6.2　典型轮缘密封旋转诱导封严效率对比

密封类型	计算平面	封严效率(C_w=1000)			
		时均值	瞬时最大值	瞬时最小值	关联式值
轴向轮缘密封		0.259	0.287	0.230	0.298
径向轮缘密封		0.718	0.717	0.719	—
斜向轮缘密封		0.892	0.892	0.892	—

由表 6.2 可见，轴向轮缘密封的封严效率计算值接近于关联式值，这主要由于关联式是基于轴向轮缘密封通过理论分析获得的。此外，斜向轮缘密封获得了最高的封严效率，且不存在流动脉动情况；轴向轮缘密封获得了最低的封严效率，且流动脉动异常剧烈；径向轮缘密封的封严效率介于轴向轮缘密封与斜向轮缘密封之间，且几乎不存在流动脉动情况。

结合表 6.2 分析可知，当封严效率为 0.259 时，轮缘间隙区域流动脉动比较剧烈，当封严效率为 0.718 时，流动脉动则比较微弱，而当封严效率为 0.892 时，没有流动脉动现象。这意味着流动不稳定性随着封严效率(或封严冷气量)的增加而逐渐变弱，且当封严效率达到一定程度以后，流动不稳定性将被完全抑制。

总体上，斜向轮缘密封获得了最高的旋转诱导封严效率，且斜向轮缘密封大幅减弱了封严冷气流对主流不利的 Spoiling 效应[3]，因此斜向轮缘密封在最新的实际工程设计中得到采用。斜向轮缘密封的最佳倾斜角取决于特定的涡轮流动参数，且还需进行优化求解。

鉴于斜向轮缘密封结构封严特性方面的研究特别少，本小节还给出了旋转诱导斜向轮缘密封的封严效率随封严冷气量的变化规律，如图 6.16 所示，其中 Atrs_calc 代表轴向轮缘密封封严效率预测值，Ctrs_cfd 代表斜向轮缘密封封严效率计算值，Atrs_cfd 代表轴向轮缘密封封严效率计算值，Rtrs_cfd 代表径向轮缘密封封严效率计算值。由图 6.16 可知，随着封严冷气量的增加，斜向轮缘密封封严效率首先快速增加，随后缓慢增加。当 C_w 为 1000 时，封严效率达到 0.892，已处于基本封严状态。

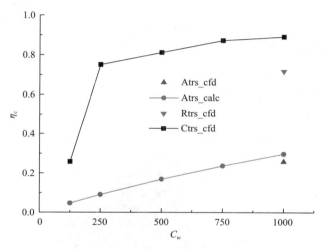

图 6.16　斜向轮缘密封封严效率随封严冷气量的变化规律

6.3　过渡段内流动机理及其与动力涡轮的相互作用

过渡段的内部流场异常复杂，现有有关过渡段的研究还比较少，对于过渡段对下游动力涡轮气动影响的研究更为少见，而过渡段出口流场直接影响动力涡轮来流，进而影响其气动性能，因此有必要开展研究。本节分析了船用燃气轮机过渡段内部流场及损失特性，并着重研究了过渡段与动力涡轮的流动干涉机制，最后探讨了动力涡轮非对称流动干涉控制[7, 8]。

6.3.1　过渡段内三维流动特性

图 6.17 给出了过渡段及其上下游涡轮部件子午轮廓图，流体通过过渡段从低压涡轮斜向上导入动力涡轮。过渡段子午倾斜角大约为 26°，面积比大约为 2.05。过渡段的径向尺寸变化，使得动力涡轮运行在更大的平均半径上，从而可以通过增加圆周速度来降低动力涡轮载荷系数，因而降低总的流动损失。三维计算模型如图 6.18 所示，当前数值研究采用 120°扇形段计算，故而需对原始叶片数进行近似约化，因此当前计算模型采用了 1 个/29 个低压涡轮静/动叶片、1 个大支板、2

个小支板、21 个/1 个动力涡轮静/动叶片。详细的涡轮几何与工作条件参见文献[9]。

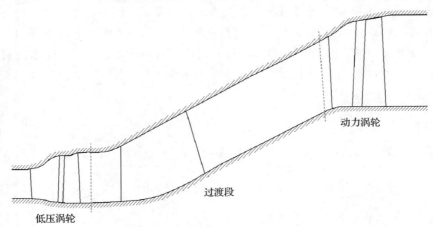

图 6.17　过渡段及其上下游涡轮部件子午轮廓图

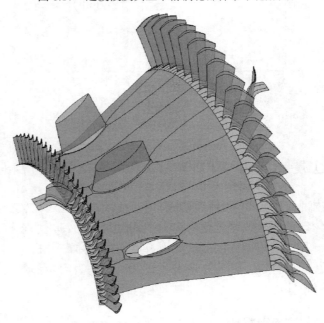

图 6.18　过渡段及其上下游涡轮部件三维计算模型

　　表 6.3 给出了当前数值计算设置，网格划分为结构化网格，表中网格数皆经过了网格敏感性验证。为了研究过渡段流动特性，本节中给出了五种典型的计算算例，其中，算例 A：定常计算，算例 B：过渡段计算，算例 C：过渡段，无支板计算，算例 D：动力涡轮计算，算例 E：非定常计算。

表 6.3　数值计算设置

参数	叶片数					总网格数/万
	低压涡轮		过渡段	动力涡轮		
	静叶	动叶		静叶	动叶	
算例 A: 定常计算	1	29	3	21	1	839
算例 B: 过渡段计算	—	—	1	—		17
算例 C: 过渡段，无支板计算	—	—	1	—	—	29
算例 D: 动力涡轮计算	—	—		21	1	311
算例 E: 非定常计算	—	29	3	21	—	809

　　图 6.19 给出了过渡段进口质量平均无量纲总压沿叶高分布。由于过渡段上游低压涡轮端壁边界层或流动分离的影响，过渡段进口总压略有扭曲，如图中算例 B 所示，并且通过对比算例 B 和算例 A 可知，实际涡轮级环境下过渡段进口总压边界明显异于单独过渡段，这主要由上游低压涡轮动叶片顶部泄漏涡流影响所致。

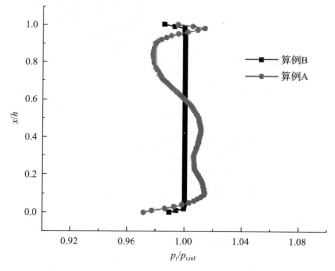

图 6.19　过渡段进口质量平均无量纲总压沿叶高分布

　　图 6.20 给出了过渡段内周向平均静压系数分布，单独的无支板过渡段(图 6.20(a))在进口机匣拐弯区域显示出比较厚的且结构不太清晰的低压区，在该位置流体流动的扩散率是比较大的。根据流场内的径向平衡方程可知，在进口机匣拐弯区域，当流体斜向上折弯时，在该位置将形成一个从机匣低压到轮毂高压的压力梯度，而该压力分布将对端壁区域的边界层特性产生较大影响。在图 6.20(b)中，过渡段中安装有支板，此时过渡段内的压力分布有明显改变。由于支板前缘刚好位于进口机匣拐弯区域，而增加的过渡段内的流动阻塞明显降低了当地流动，这使得当

流体流过机匣拐弯区域时表面压力有明显增加。另外，算例 B 和算例 A 中压力分布并没有明显区别。在流体流过机匣拐弯区域以后，三种算例表现出类似的压力分布。

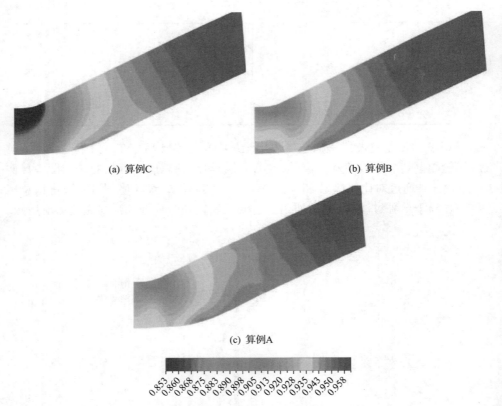

(a) 算例C

(b) 算例B

(c) 算例A

图 6.20　过渡段内周向平均静压系数 C_{ps} 分布

　　图 6.21 给出了过渡段轮毂面与机匣面静压系数流向分布，总体上看各个算例的分布大致相似，压力最小值皆位于相同的轴向位置处，大部分机匣和轮毂区域流动是逆压力流动，且在大约 40%轴向弦长位置的下游区域，轮毂面与机匣面静压基本上保持不变。进口机匣拐弯区域的径向向上压力梯度是比较明显的。当流体流过该区域时，近壁流动沿着机匣明显加速，随后流动遭遇逆压梯度影响，并且一直持续到过渡段出口。在该位置明显的逆压梯度使得流动趋于分离。在轮毂面，在初始段小幅顺压梯度之后，静压突然增加，随后保持基本不变，一直到过渡段出口。在支板的影响下，支板前缘的阻塞导致了机匣区域的静压系数 C_{ps} 从 0.775 增加到 0.895，而在轮毂区域，该静压系数从 0.89 增加到 0.93。然而，真实的进口边界似乎对静压分布仅有微弱影响。

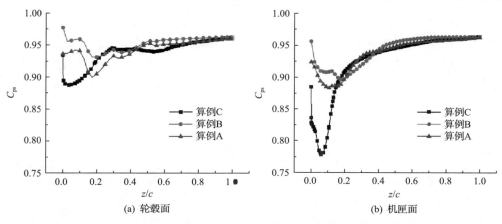

(a) 轮毂面　　　　　　　　　　　(b) 机匣面

图 6.21　过渡段轮毂面与机匣面静压系数流向分布

　　图 6.22 给出了过渡段支板表面静玉系数分布。支板表面静压分布显示出较为明显的压气机流动特性。在图 6.22(a) 中，尽管支板仅仅是一个直叶片，但三个叶高处的静压分布有所不同，且 90% 叶高位置的支板负荷明显高于 50% 叶高位置和 10% 叶高位置，这可能由过渡段进口机匣拐弯区域的流动分离影响所致。在图 6.22(b) 中，通过比较算例 A 和算例 B 可知，在较为真实的进口边界条件影响下，支板负荷得到明显降低，这可能由过渡段支板区域的流动分离明显减弱所致，这将在下面进行深入讨论。

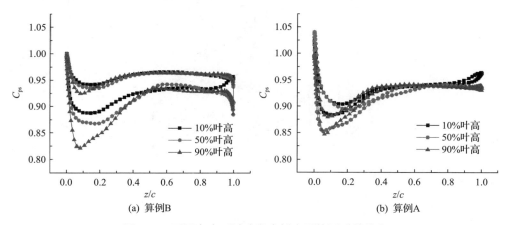

(a) 算例B　　　　　　　　　　　(b) 算例A

图 6.22　不同高度下过渡段支板表面静压系数分布

　　为了了解过渡段内流场的周向分布特性，图 6.23 给出了过渡段三个不同叶高位置的马赫数分布。如图 6.23 所示，对于理想进口，尽管流体流动在三个不同叶高位置是周向对称的，但在支板下游可见一个较为独特的分离区，这可能由过渡段支板设计不佳所致，并且大支板下游的分离区更为明显。需注意的是，该分离区在 10%叶高位置几乎看不到。这意味着过渡段内的分离流动是三维的,并且主要发生在机匣区域。相反地,对于真实进口,大支板下游的分离区明显缩小,不过小支板下游的分离区则几乎没有变化。这可能由进口尾迹和二次流与当地分离流相互干涉所致,因此过渡段区域的当地分离流被有利的复杂非定常流动干涉所削弱。

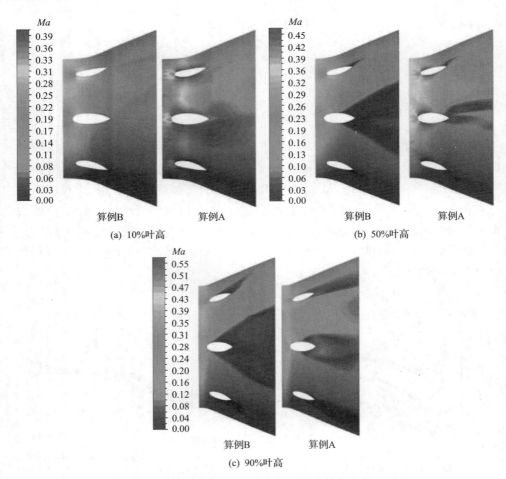

图 6.23　过渡段不同叶高位置的马赫数分布

6.3.2　过渡段内流动损失特性

图 6.24 给出了过渡段内周向平均熵增分布,对于算例 C,随着流动向下游发展,边界层沿端壁面逐渐增厚,并且机匣区域边界层厚度变化更为明显,因此对于算例 C,主要的损失源为流动摩擦损失。对于算例 B,机匣边界层相对于算例

C 变得更厚，且熵增值在支板下游显著增加，这很有可能由流动摩擦和流动分离的双重影响所致，因此对于算例 C，主要的损失源包括流动摩擦损失和流动分离损失，不过流动分离较弱。对于算例 A 需要注意的是，端壁边界层迅速进入湍流状态。因此可以推测出，尽管在图 6.20 中没有看到分离流动存在，但流动可视化结果显示出真实进口边界造成边界层确实发生了分离。通过比较算例 A 和算例 B 可知，端壁区域边界层损失尤其高，主要的损失源是流动分离损失，而流动摩擦损失相对较小。

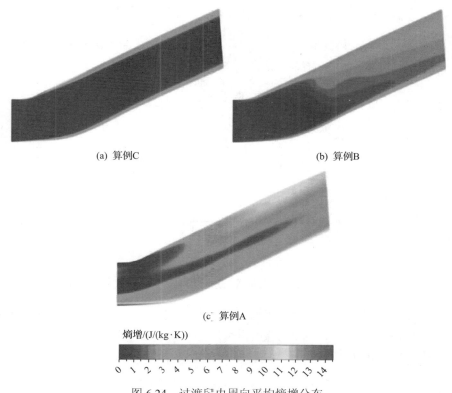

(a) 算例C　　　　　　　　　(b) 算例B

(c) 算例A

熵增/(J/(kg·K))

0 1 2 3 4 5 6 7 8 9 10 11 12 13 14

图 6.24　过渡段内周向平均熵增分布

为了定量评估进口条件带来的影响，图 6.25 给出了过渡段内不同轴向位置质量平均总压损失系数沿叶高分布。从图 6.25 中算例 B 可以看出，初始总压损失分布是均匀的，一直保持到过渡段中间位置，仅在机匣端壁附近微小区域内略有总压亏损，这主要由边界层集聚所致。相似的分布在算例 A 中也可以看到。在 $50\%h$ 到机匣之间的展向区域，随着流动向下游发展，总压损失明显增加，并且算例 A 中的损失大于算例 B。

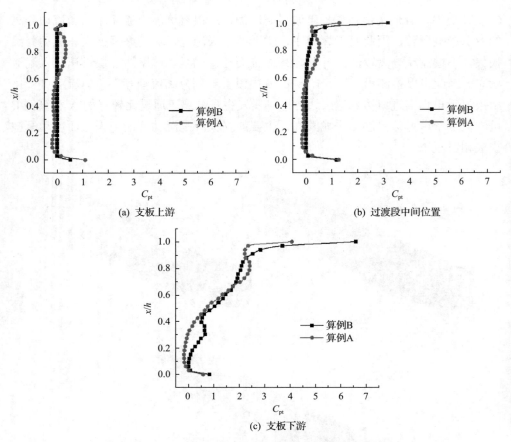

图 6.25　过渡段内不同轴向位置质量平均总压损失系数沿叶高分布

　　三个过渡段算例的总压损失比较结果如表 6.4 所示。从表 6.4 中可以明显看出，在真实的进口边界影响下，过渡段出口损失增加了大约 1.4 倍，而在支板影响下，总压损失仅仅增加了大约 1 倍。

表 6.4　三个过渡段算例的总压损失比较

参数	算例 C	算例 B	算例 A
C_{pt}	0.0639	0.1331	0.3257

　　图 6.26 给出了过渡段出口质量平均出气角沿叶高分布，对于算例 B，出气角分布沿展向较为均匀，出气角沿展向最大变化幅度大约为 3°。然而，对于算例 A，在 78%～100% 叶高区域，存在着明显的气流过偏转现象，这主要由分离涡卷起导致。也正是由于同样的原因，20%～78% 叶高区域存在着明显的气流欠偏转现象。所有这些现象皆对下游动力涡轮流场及损失特性产生显著影响。

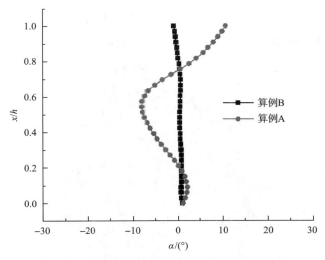

图 6.26　过渡段出口质量平均出气角沿叶高分布

6.3.3　过渡段与动力涡轮的流动干涉

图 6.27 给出了低压涡轮、过渡段与动力涡轮一体化计算下 50%叶高位置瞬时绝对速度分布，可以明显看出瞬时结果完全不同于图 6.23 所示的稳态结果。对于算例 B 和算例 A 的稳态结果，分离区沿圆周方向几乎是对称的，然而，对于当前的瞬时结果，来自于上游低压涡轮的尾迹和二次流与过渡段支板相互干涉，因而支板角区的分离区沿低压涡轮动叶片尾迹流动方向偏斜。随着流动向下游发展，分离流动撞击部分动力涡轮静叶片前缘，并且向静叶片压力侧迁移，因而影响到动力涡轮内部流场及损失特性。

图 6.28 给出了不同时刻下过渡段出口总压瞬时分布，需注意经过一个时间周期 T，动力涡轮动叶片旋转通过三个支板节距。如图 6.28 所示，不同时刻下在轮毂附近的高能区域表现出相似的特性，但是总压值随时间略有变化。另外，在近机匣区域，高损失区域随时间有明显变化，这主要由分离流影响所致。此外，从图 6.28 中也可以看出，在支板尾迹区域，分离流与支板尾迹有着强烈的干涉，这导致当地损失特性有明显改变。随着流动向下游发展，动力涡轮内部流动损失逐渐集聚。

图 6.29 和图 6.30 分别给出了过渡段上/下游一点的非定常表压值频谱分布。如图 6.29 所示，在过渡段上游存在一个较高的压力波动，且频率比大约为 87，刚好是上游低压涡轮动叶片数，这意味着该压力波动是上游动叶片尾迹影响所诱导的。另外，一个较低的压力波动从图 5.29 中也可以看到，这可能由下游支板或者动力涡轮叶片的影响所致。这意味着一个新的扰动频率就此产生。另外，也可以看到，该压力波动频率非常接近于图 5.30 中过渡段下游一点的压力波动频率，不

过过渡段下游一点的压力波动幅值更高，这是因为监测点比较接近下游叶片列，因此下游叶片对上游的势流影响更加明显。

速度/(m/s)

图 6.27　低压涡轮、过渡段与动力涡轮一体化计算下 50%叶高位置瞬时绝对速度分布

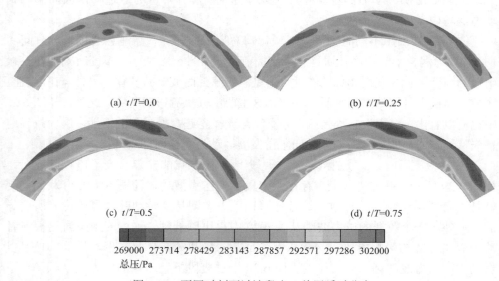

总压/Pa

图 6.28　不同时刻下过渡段出口总压瞬时分布

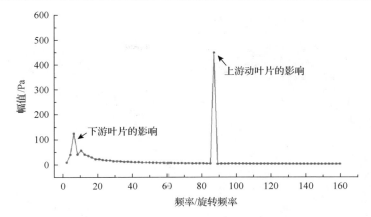

图 6.29　过渡段上游一点的非定常表压值频谱分布

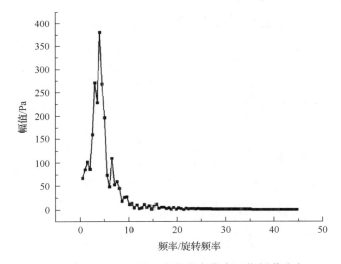

图 6.30　过渡段下游一点的非定常表压值频谱分布

图 6.31 给出了动力涡轮进口静压系数分布。正如预期，算例 D 中给出了均匀的静压分布，且在机匣顶部细长区域内存在着流动分离和边界层影响的低压区，而在算例 A 中，动力涡轮进口静压分布沿周向是明显不均匀的，并且在大支板下游静压相对偏低。

非均匀进口静压和气流角分布明显影响动力涡轮静叶片负荷，并且导致不同的静叶片出现不同的负荷分布。出于简洁需要，本节仅给出了一个动力涡轮静叶片的负荷分布情况作为代表来分析进口条件带来的具体影响，如图 6.32 所示。对于理想进口，在三个不同叶高位置，静叶片是中间加载。作为对比，对于真实进口，在 10%叶高位置，总的静叶片负荷有明显增加，并且在静叶片进口有明显的负冲角；在 50%叶高位置，总的静叶片负荷略有增加，这由正冲角所致；然而，在 90%叶高位置，总的静叶片负荷却有明显降低，并且存在微小的负冲角影响。总体来说，动力涡轮进气冲角的展向分布与过渡段出口气流角分布是一致的。

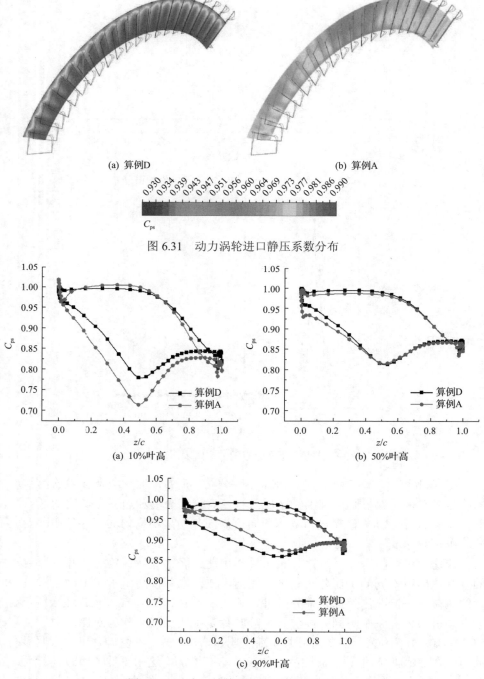

图 6.31　动力涡轮进口静压系数分布

图 6.32　动力涡轮静叶片表面静压系数分布

图 6.33 给出了动力涡轮静叶片出口总压损失系数分布，对于算例 D，在动力涡轮静叶片出口存在着比较清晰的尾迹区域，并且尾迹形状皆比较相似。然而对于算例 A，在动力涡轮静叶片出口存在着比较明显的二次流损失，尤其在大支板正对的动力涡轮静叶片下游区域。此外，算例 A 尾迹强度整体上皆比算例 D 强，这也主要是由于进口条件的影响。相似地，动力涡轮静叶片非均匀出流也影响动力涡轮动叶片气动特性。图 6.34 给出了动力涡轮出口质量平均总压损失系数沿叶高分布，可以明显看出，在 50%叶高到机匣之间的展向区域，存在着一个比较高的损失区域。进口条件对动力涡轮性能的总体影响见表 6.5，由于进口总压扭曲的影响，动力涡轮效率降低了 1.82%。

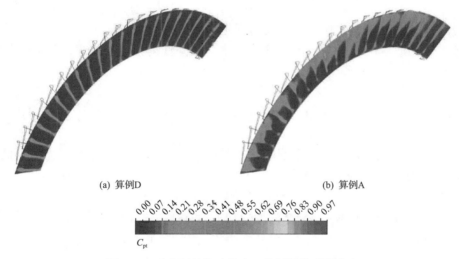

(a) 算例D　　　　　　　　　　　　　(b) 算例A

C_{pt}

图 6.33　动力涡轮静叶片出口总压损失系数分布

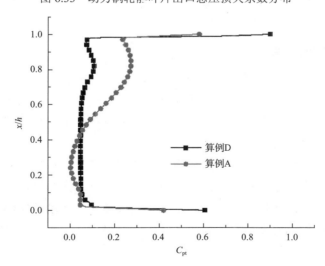

图 6.34　动力涡轮出口质量平均总压损失系数沿叶高分布

表 6.5　有无过渡段影响的动力涡轮等熵效率比较

参数	单独动力涡轮	过渡段+动力涡轮
等熵效率/%	93.88	92.06

6.3.4　动力涡轮非对称流动干涉控制讨论

如上所述，涡轮间过渡段的设计对动力涡轮内部流场及气动特性有明显影响，过渡段设计的好坏直接决定动力性能的高低；加之现代船用燃气轮机动力涡轮过渡段设计为内置大小支板，且为交错布置的形式，动力涡轮来流一般为非对称来流，因此，在动力涡轮的高性能设计中，需树立整体观念，借鉴已有的非轴对称流动控制理念，在对真实动力涡轮内部流场有清晰认识的基础上，采取高效可靠的非对称流动控制方法或技术措施来降低内部流动损失，提高涡轮气动性能。

6.4　排气蜗壳内流动机理及其与动力涡轮的相互作用

船用燃气轮机排气蜗壳是连接动力涡轮和排气系统的重要部件，其对整机性能非常重要。燃气从动力涡轮排出，并在排气蜗壳中膨胀、偏转 90°，然后沿径向排放到排气系统中。动力涡轮和排气蜗壳中的流动是紧密耦合，并且是固有非定常的。动力涡轮和排气蜗壳之间的流动干涉对动力涡轮性能有重要影响，然而现有研究却很少考虑，因此有必要开展研究。本节分析流动耦合下动力涡轮和排气蜗壳内部流场特性，并分析排气蜗壳与动力涡轮的相互干涉，最后探讨动力涡轮非对称流动干涉控制方法[10, 11]。

6.4.1　动力涡轮内部流场特性

图 6.35 给出了动力涡轮和排气蜗壳子午剖面图。动力涡轮为等内径设计，动叶片为带冠叶片，在冠上存在三个篦齿密封结构；排气蜗壳包括环形扩张段和附属的非轴对称排气壳两个组件。在环形扩张段中安置有 9 个径向支板，且支板为对称叶型形式。这些支板也可用来导直动力涡轮出流。

动叶片进口不同叶高位置无量纲静压沿周向分布如图 6.36 所示，在三个不同叶高位置压力分布皆是比较均匀的，并且流体流动基本上是轴对称的。这意味着动力涡轮动叶片上游流场几乎不受下游排气蜗壳非对称流动的影响。需要注意的是，图中静压的周期性变化主要由周期性的动力涡轮内部流场影响所致。

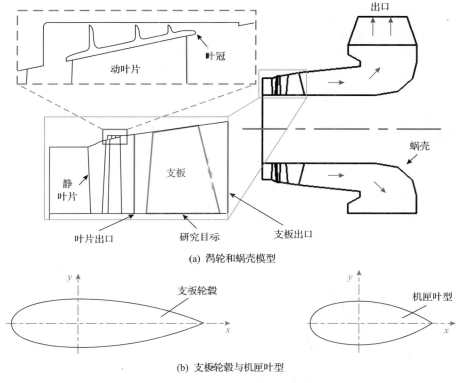

(a) 涡轮和蜗壳模型

(b) 支板轮毂与机匣叶型

图 6.35　动力涡轮和排气蜗壳子午剖面图

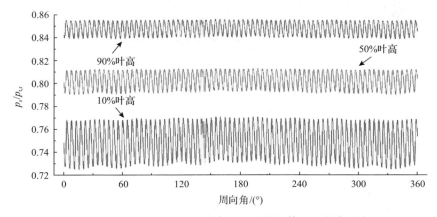

图 6.36　动叶片进口不同叶高位置无量纲静压沿周向分布

图 6.37 给出了动叶片出口表压分布(后视图),旋转角 0°为蜗壳顶部,且以逆时针方向增加。从图 6.37 中可以明显看出沿圆周方向不对称的压力分布,且蜗壳底部静压似乎比蜗壳顶部要高。另外,从图 6.37 中也可以看出叶冠间隙泄漏流对机匣区域流场的影响,这导致了明显的周期性压力波动。动叶片出口中间叶高位

置无量纲静压沿周向的定量分布如图 6.38 所示，静压沿周向存在明显的变化，且由于动叶片与下游非对称蜗壳之间的流动干扰影响，在蜗壳底部的静压是最大的。面积平均动叶片力分布如图 6.39 所示，各个动叶片受力随着周向位置的不同而改变，任一动叶片受力变化与非轴对称排气蜗壳产生的非对称背压变化相符。此外，在蜗壳顶部区域的叶片受力较小，而在蜗壳底部区域的叶片受力较大，这意味着，随着涡轮动叶片转动，任一动叶片受力将会交替性地增加或降低，这将会在下面的非定常研究中进行深入讨论。

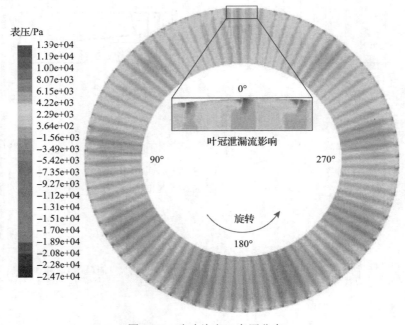

图 6.37　动叶片出口表压分布

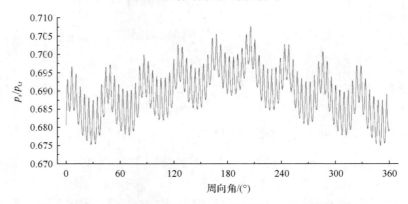

图 6.38　动叶片出口中间叶高位置无量纲静压沿周向的定量分布

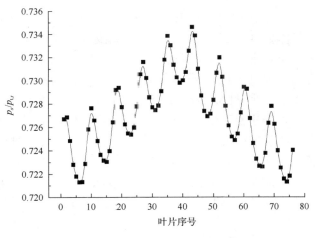

图 6.39　面积平均动叶片力分布

6.4.2　排气蜗壳内部流场特性

图 6.40 给出了排气蜗壳子午剖面瞬时子午速度分布，很显见流动分离似乎发生在蜗壳拐角位置内侧壁面附近。尤其是在蜗壳下部区域，流动分离更加明显。流动分离区明显减小了蜗壳的有效通流面积，因而在某种程度上降低了压力恢复能力。因此，在蜗壳下部区域，流动分离带来了明显的流动分离损失。总体上，蜗壳上部和下部区域流动类型的不同主要是由于不同位置处受到的流动阻力不同。

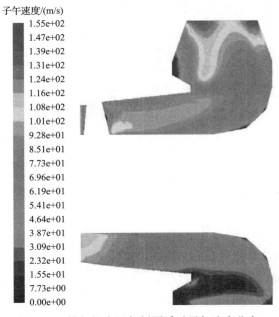

图 6.40　排气蜗壳子午剖面瞬时子午速度分布

　　排气蜗壳通道内不同轴向位置截面的表压分布如图 6.41 所示。在支板上游 11%轴向弦长位置(图 6.41(a)),流动的周向非对称性非常明显,而高压条带分布主要受支板影响。随着流动向下游发展(图 6.41(b)),支板的影响逐渐减弱,然而由于排气蜗壳非对称流动干扰的影响,当前位置流体流动的周向非对称性依然可见。在蜗壳拐角位置附近(图 6.41(c)),当地静压分布与支板下游 61%轴向弦长位置相似,且蜗壳上部静压小于蜗壳下部,不过,在该轴向位置,流动的非对称性更为明显,这主要由排气蜗壳上下非对称结构的影响所致。需要注意的是,排气蜗壳通道内左侧与右侧流动总体上是对称的。上述分析可以从图 6.42 中得到证实。另外,随着流动向下游发展,支板的影响逐渐减弱,而排气蜗壳非轴对称结构带来的影响逐渐占据支配地位,且流动的非对称性随着流动向下游发展而逐渐变得更为明显。

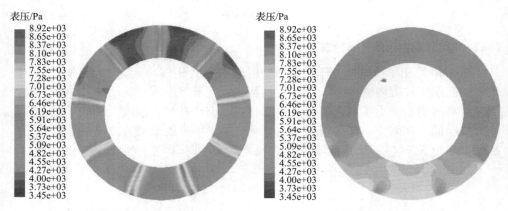

(a) 支板上游11%轴向弦长位置　　　　　　　　(b) 支板下游61%轴向弦长位置

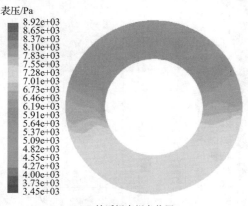

(c) 接近蜗壳拐角位置

图 6.41　蜗壳通道内表压分布

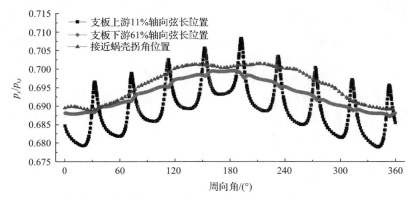

图 6.42 蜗壳通道内支板中间叶高位置无量纲静压沿周向分布

6.4.3 排气蜗壳与动力涡轮的相互干涉

图 6.43 给出了动力涡轮与排气蜗壳耦合非定常计算下的动力涡轮动叶片非定常力时域与频域分布，排气蜗壳非轴对称背压分布造成动力涡轮动叶片受力呈现出低频波动。动叶片与支板的相互干扰导致动叶片受力呈现出高频波动；需注意的是，其频率比大约为 9，恰好是支板数。另外，非定常力低频波动幅值大约是其高频波动幅值的 2 倍，这意味着排气蜗壳带来的非轴对称流动对动叶片力的影响比对动叶片与支板干扰的影响更大。单独蜗壳非定常计算获得的蜗壳出口总压时域与频域分布如图 6.44 所示，蜗壳内的非定常特性并非周期性的，而更像是锯齿轮廓，这不可避免地增加了稳态试验的测量误差。另外，以上的分析也意味着排气蜗壳内的流动是固有非定常的，这被认为是由蜗壳内复杂的流动分离自我诱导所致的。此外，流动分离也造成了一个大约 80Pa 的小幅波动。另外，蜗壳出口非定常总压的特征频率大约是 25Hz，这大约是动力涡轮旋转频率的 1/2。

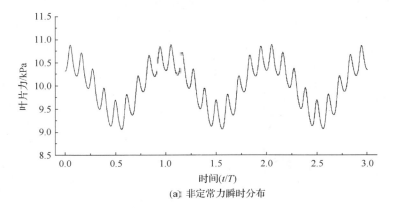

(a) 非定常力瞬时分布

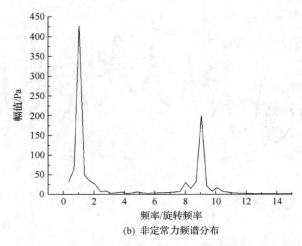

(b) 非定常力频谱分布

图 6.43　动叶片非定常力时域与频域分布

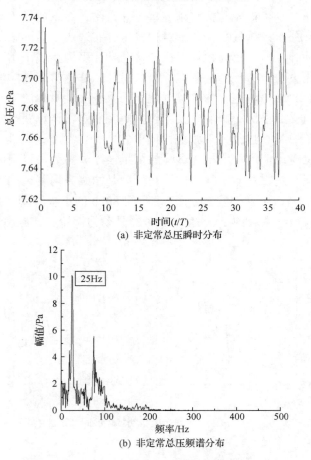

(a) 非定常总压瞬时分布

(b) 非定常总压频谱分布

图 6.44　蜗壳出口非定常总压时域与频域分布

6.4.4　动力涡轮非对称流动干涉控制讨论及验证

动力涡轮与带支板排气蜗壳的流动干涉分析如图 6.45 所示，动力涡轮出口真实流动包括尾迹流、旋涡流、泄漏流等，对排气蜗壳内压力恢复及损失生成施加影响。内部流动分离导致恶化的排气蜗壳性能改变了动力涡轮背压，甚至改变了涡轮工作条件，也因此影响到动力涡轮出口流场。

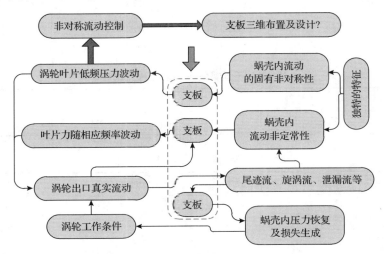

图 6.45　动力涡轮与带支板排气蜗壳的流动干涉示意图

由于排气蜗壳独特的结构特征，排气蜗壳内非对称流场造成动叶片力和静压的低频波动，同时，蜗壳内复杂的流动分离也增强了蜗壳内流动的非定常性，并且对动叶片施加影响，最终导致动叶片力的高频波动。所有这些也影响动力涡轮出口流场。

鉴于排气蜗壳带来的非对称流场对动叶片力的影响比对动叶片与支板干扰的影响更大，未来研究的一个关键方向就是探讨动力涡轮非对称流动干涉控制问题。需注意的是，上述流动现象通过支板产生。鉴于非对称流动自然需要非对称几何来减弱，因此可以设想，动力涡轮叶片气动力波动的进一步改进势必需要依靠支板的三维布置及设计。

为了证实上述设想，本小节通过改变支板的周向布置方式，以期影响动力涡轮与排气蜗壳的流动干扰，进而达到非对称流动控制的目的，如图 6.46 所示。研究结果如表 6.6 和表 6.7 所示，支板的周向最优非均匀布置尽管并未明显减小动叶片受力，但却显著降低了支板受力，并且降低了动力涡轮出口背压，从而增加了涡轮膨胀比和排气蜗壳的膨胀能力，这有助于降低内部流动损失。

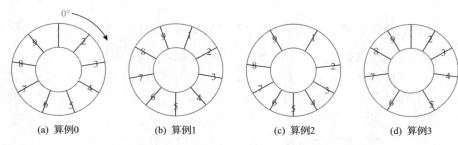

(a) 算例0　　　　　(b) 算例1　　　　　(c) 算例2　　　　　(d) 算例3

图 6.46　排气蜗壳内支板三维布置图
图中 1~9 代表支板序列

表 6.6　不同算例下的动叶片力比较

算例	算例 0	算例 1	算例 2	算例 3
叶片力/Pa	10027.26	10012.87	10071.81	9993.38

表 6.7　不同算例下的支板受力比较

算例	支板力/Pa			
	算例 0	算例 1	算例 2	算例 3
支板 1	2312.37	2337.91	3404.33	2706.14
支板 2	2464.92	2785.89	3665.87	2288.51
支板 3	2979.35	3354.09	3785.29	2141.84
支板 4	3610.37	3643.90	3739.95	2332.15
支板 5	3783.41	3838.04	3589.89	2737.91

6.5　动力涡轮全通流设计计算流程及设计验证

基于对船用燃气轮机动力涡轮真实几何与真实边界带来的影响的深入认识，建立动力涡轮端区密封结构低维模型，定量考虑动力涡轮上下游带来的影响，从而构建全通流动力涡轮多维耦合快速设计方法，并进行设计计算验证。

6.5.1　端区密封结构低维模型的建立

20 世纪以来，许多相关研究人员对各种叶冠封严结构进行了泄漏损失研究，针对不同的涡轮级和叶冠结构提出了各种泄漏损失经验公式与理论模型。其中最著名的是 Martin 等根据试验结果和热力学理论推导的模型，本节随后将采用 Martin 等提出的损失模型和王鹏等[12]在此基础上修改的模型进行全通流计算。

Martin 等的叶冠泄漏量经验公式经后人修改后如下：

$$\dot{m}_{\text{leak}} = KA_g \frac{p_0}{(RT_0)^{1/2}} \left[\frac{1 - \left(\dfrac{p_N}{p_0}\right)^2}{N - \ln\left(\dfrac{p_N}{p_0}\right)} \right]^{1/2} \tag{6.3}$$

式中，K 为经验系数，反映节流收缩等效应；A_g 为齿尖处的几何流通面积；p_0 为进口总压；T_0 为进口总温；p_N 为出口压力；N 为齿数。

Martin 等定义公式(6.3)时，认为叶冠内流动是理想的，即能量完全转换为热量，因此泄漏流流过叶冠的整个过程是等温的，且流速为亚声速。之后，Martin等经过考量认为等温过程并不存在，重新将再热系数考虑进去修改得到公式(6.3)。

在现有的文献中，为了计算的准确性和便捷性，在使用数学公式预测泄漏量时均将篦齿流动简便化，即使用前人的研究结果对篦齿流动进行简单处理，并没有对特定叶冠结构和主流流动特性进行修改。然而，叶冠的存在使得机匣与叶冠前后缘板形成特殊的进出口流动，这会导致普通的篦齿泄漏模型的计算结果出现偏差。特别是叶冠篦齿压力变化使泄漏量计算不准确。在王鹏等的公式修正中，对齿数、进口腔和篦齿均进行了模化，具体参见文献[12]。

公式(6.3)的局限性在于不能用于不同的叶冠结构和不同的涡轮级，优点是对叶冠内的气动换热特征考虑比较周到。因此，需要对特定的主流道和特定的叶冠进行公式修正，将公式(6.3)得到的数值与全三维计算得到的数值作对比。不同主流背压条件下的叶冠间隙泄漏量计算值与公式预测值对比如表 6.8 所示。

表 6.8　叶冠间隙泄漏量计算值与预测值对比

涡轮出口背压/Pa	计算值/(kg/s)	预测值/(kg/s)
162333	0.0162980	0.060539
179975	0.0152863	0.059183
199975	0.0138295	0.057349
209975	0.0130285	0.056481
219975	0.0121935	0.055643
229975	0.0111098	0.054978

因此采用数学归纳法对预测值进行修正以符合真实流动，设置修正系数 $k=0.24$，即所修正的 Martin 等提出的泄漏损失模型如下：

$$\dot{m}_{\text{leak}} = 0.24 KA_g \frac{p_0}{(RT_0)^{1/2}} \left[\frac{1 - \left(\dfrac{p_N}{p_0}\right)^2}{N - \ln\left(\dfrac{p_N}{p_0}\right)} \right]^{1/2} \tag{6.4}$$

基于王鹏等[12]修正的泄漏损失模型,本小节修改过的叶冠泄漏损失模型如下:

$$\dot{m}_{\text{leak}} = 0.24 K A_g \frac{p_0}{(RT_0)^{1/2}} \left[\frac{1 - \left(\dfrac{p_N}{p_0}\right)^2}{N^* - \ln\left(\dfrac{p_N}{p_0}\right)} \right]^{1/2} \tag{6.5}$$

式中,N^*为虚拟齿数。

　　另外,轮缘密封的作用是防止主流燃气入侵,且流入轮缘的冷气将会全部进入主流流道中,因此无法用燃气泄漏量和冷气量来判定轮缘里的损失。目前也尚未见预估轮缘密封损失的低维模型。本小节将在涡轮主流计算中,在轮缘间隙交界面设置流量边界来考虑轮缘间隙冷气量对主流流动及性能的影响。

6.5.2　全通流动力涡轮多维耦合快速设计方法

　　本小节给出一种全通流动力涡轮多维耦合快速设计的计算流程,以期为高性能动力涡轮的快速设计优化提供工具支撑。需注意的是,本小节提出的全通流动力涡轮多维耦合快速设计方法基于现有已知的常规涡轮叶片气动设计循环。图6.47给出了传统设计方法与全通流设计方法设计对比图,从图中可以清晰看出两者的区别。

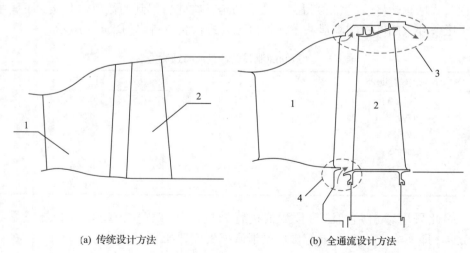

(a) 传统设计方法　　　　　　　　(b) 全通流设计方法

图 6.47　传统设计方法与全通流设计方法设计对象对比

1-静叶片；2-动叶片；3-叶冠结构；4-叶根轮缘密封

　　图6.48给出了全通流动力涡轮多维耦合快速设计流程图。结合图6.48可知涡轮叶片气动设计方法主要包括以下步骤:首先根据总体设计要求开展一维气动分析,主要工作为合理选取涡轮各级的无量纲设计参数,以确定各级叶片中截面的

速度三角形等参数,进而生成涡轮子午流道形式,在此过程中可根据需要在低维度设计空间上对基本气动和几何参数进行合理选择甚至充分优化;然后从二维层面出发,选取合理的扭向规律以得到涡轮级不同叶高截面的速度三角形,并通过反问题计算以得到涡轮各排关键气动参数,进而按照叶片排进出口气流角等参数进行不同叶高截面的叶栅造型,并利用 S_1 数值模拟手段检验叶型设计的合理性;在此基础上开展叶片三维的积叠,并利用 S_2 或准三维数值模拟手段计算获得涡轮部件的总体性能和参数分布,随后进行初步的流动分析和诊断;在设计结果满足要求的情况下,采用全三维数值模拟方法对涡轮内部流场进行更为细致的诊断,综合评估涡轮的总体性能;继而反复修改直至获得满意的设计结果。

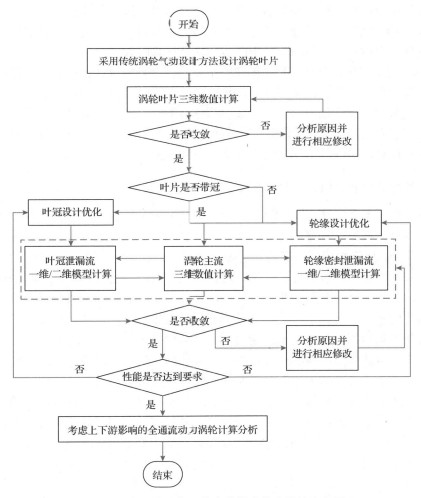

图 6.48　全通流动力涡轮多维耦合快速设计流程图

在一个常规的涡轮气动设计循环之后，得到涡轮主通道静叶片 1 和动叶片 2，见图 6.47。在此基础上还需经过以下步骤(图 6.48)。

(1)利用已知的三维数值模拟方法对涡轮叶片主流流场及流量、效率和功率等总体性能参数进行计算。

(2)如果步骤(1)中的三维数值计算不收敛，则通过修改计算模型等手段，重复步骤(1)，直至步骤(1)中的三维计算收敛。

(3)判断涡轮叶片是否带冠，如果带冠，把叶顶叶冠泄漏流一维/二维数学模型和叶根轮缘密封泄漏流一维/二维数学模型融入涡轮叶片主流三维数值计算中并与其实现多维耦合计算，如果不带冠，仅把叶根轮缘密封泄漏流一维/二维数学模型融入涡轮叶片主流三维数值计算中并与其实现多维耦合计算。

(4)如果步骤(3)中三维数值计算不收敛，则通过修改多维耦合计算模型等手段，重复步骤(3)，直至步骤(3)中的多维耦合计算收敛。

(5)如果步骤(4)中得到的总体性能指标不符合预定设计指标，则通过设计优化叶冠与叶根轮缘密封结构等手段，重复步骤(3)和(4)，直至步骤(4)得到的总体性能指标与预定设计目标相符合，其中总体性能包括流量、效率、功率等。

(6)利用已知的三维数值模拟方法进行考虑上下游影响的全通流动力涡轮全三维数值计算，精细分析涡轮内部流场及总体性能。

6.5.3　动力涡轮全通流设计计算验证

为了验证上述方法，本小节以图 6.47(b)所示的涡轮模型为研究对象进行全通流设计计算。根据图 6.48 所示的流程图可知，在初始流场计算中，对于端区一维理论模型，需要掌握模型中所需几何参数(如叶片数、叶冠篦齿参数和叶顶参数)，这些参数会被用于端区泄漏量理论预测。然后在三维涡轮主流模型中耦合该模型，从而启动无真实叶冠结构的带冠涡轮气动性能模拟，获得的结果包括叶冠与主流交界面间的各类参数。之后，再启动无真实叶冠结构的主流数值模拟计算，交界面边界条件均为泄漏预测模型流量边界，以前面获得的结果作为初始流场，这样每算一步即可认为端区泄漏损失模型与主流计算的耦合迭代进行一次，以此类推，最终获得简化的考虑端区泄漏流影响的涡轮流场及性能结果。

表 6.9 给出了全通流动力涡轮多维耦合快速计算与全三维计算结果的对比。叶冠间隙泄漏量误差约为 9.42%，证明采用此种方法预测泄漏量是可行的，但其他参数(如进出口静压和径向速度)误差偏大，这主要是由于本小节的计算模型仅考虑了一维数值，并未考虑参数的周向非均匀分布特性，从而无法再现真实端区流场。总体上，本小节的初始计算模型对总压损失的预测误差约为 0.022，因此可以在全通流设计的初始阶段采用该方法。此外，通过调研国内外公开发表的文献及基于以往涡轮设计经验可知，采用该方法设计的单级带冠涡轮的气动效率可进

一步提高 0.5 个百分点以上。

表 6.9　全通流动力涡轮多维耦合快速计算与全三维计算结果对比

参数	全通流动力涡轮多维耦合	全三维
主流出口背压/Pa	179775	179775
叶冠间隙泄漏量/(kg/s)	0.0138462	0.0152863
叶冠进口静压/Pa	223081	225581
叶冠出口静压/Pa	203357	182035
叶冠进口总温/K	1060.24	1051.54
叶冠进口径向速度/(m/s)	89.8649	83.0834
轮缘出口总温/K	330.88	325.17
总压损失系数	0.09762	0.1194

6.6　本章小结

本章主要从动力涡轮全通流设计计算的必要性、叶根端区轮缘密封流、上游过渡段和下游排气蜗壳对涡轮内部流场及性能的影响以及动力涡轮全通流设计计算方法及验证等方面进行了详细论述。

本章研究发现，旋转诱导轮缘密封流具有固有不稳定特性，在轮缘间隙区域诱导出一系列开尔文-亥姆霍兹不稳定涡结构，产生了沿周向出流、入流交错的独特非定常物理现象；不过，流动不稳定性随着封严效率或封严流量的提高而逐渐得到抑制。相对于轴向与径向轮缘密封，斜向轮缘密封具有最高的封严效率，且其大幅减弱了封严冷气流对通道主流不利的 Spoiling 效应，其最佳倾斜角取决于特定的涡轮流动参数。

本章研究发现，动力涡轮上下游过渡段与排气蜗壳会带来非轴对称边界流动，进而对其内部流场及性能产生显著的不利影响，因此在动力涡轮的高性能设计中，需树立整体观念，在对真实涡轮内部流场有清晰认识的基础上，基于非定常研究手段，采取高效可靠的非对称流动控制方法或技术措施来降低内部流动损失，提高涡轮气动性能。

本章研究表明，提出的全通流动力涡轮多维耦合快速设计方法能有效提高涡轮效率，并能兼顾计算效率和计算精度，缩短工程设计周期。

参 考 文 献

[1] 高杰, 曹福堃, 褚召丰, 等. 旋转诱导轮缘密封不稳定流动特性及结构优化. 中国科学: 技术科学, 2019, 49(7): 753-766.

[2] Rabs M, Benra F K, Dohmen H J, et al. Investigation of flow instabilities near the rim cavity of a 1.5 stage gas turbine. ASME Paper GT2009-59965, New York, 2009.

[3] Chew J W, Gao F, Palermo D M. Flow mechanisms in axial turbine rim sealing. Proceedings of the IMechE Part C: Journal of Mechanical Engineering Science, 2018, 233 (23-24) : 7637-7657.

[4] Gao F, Chew J W, Beard P F, et al. Large-eddy simulation of unsteady turbine rim sealing flows. International Journal of Heat and Fluid Flow, 2018, 70: 160-170.

[5] Gentilhomme O, Hills N J, Turner A B, et al. Measurement and analysis of ingestion through a turbine rim seal. Journal of Turbomachinery, 2003, 125 (3) : 505-512.

[6] Bayley F J, Owen J M. The fluid dynamics of a shrouded disc system with a radial outflow of coolant. Journal of Engineering for Gas Turbines and Power, 1970, 92: 335.

[7] Gao J, Liu X Z, Xiao W Y, et al. Numerical simulation of ITD flows in the presence of HP blade and LP vane. ASME Paper GT2018-75516, New York, 2018.

[8] Gao J, Liu X Z, Zhao X D, et al. Steady and unsteady numerical investigation of flow interaction between low-pressure turbine blades, intermediate turbine duct and power turbine vane. Proceedings of the IMechE Part C: Journal of Mechanical Engineering Science, 2018, 232 (23) : 4312-4331.

[9] Deng Q F, Zheng Q, Yue G Q, et al. Three-dimensional pressure controlled vortex design of a turbine stage. ASME Paper GT2012-69140, New York, 2012.

[10] Gao J, Lin F, Niu X Y, et al. Flow interactions between shrouded power turbine and nonaxisymmetric exhaust volute for marine gas turbines. ASME Paper GT2017-63043, New York, 2017.

[11] Gao J, Meng F S, Jia X Q, et al. Reduction of aerodynamic forces on turbine blading by asymmetric layout of struts based on flow interaction between rotor-strut-volute. Proceedings of the IMechE Part A: Journal of Power and Energy, 2019, 233 (8) : 974-987.

[12] 王鹏, 邹正平, 邵飞, 等. 带冠涡轮不同维耦合数值模拟研究. 工程热物理学报, 2015, 36 (4) : 733-738.

彩　　图

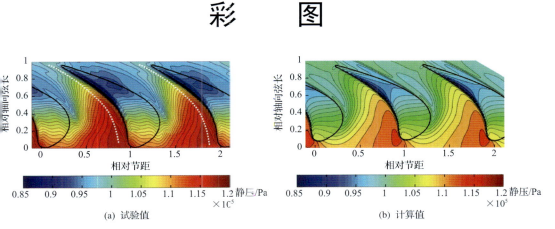

(a) 试验值　　　静压/Pa　×10⁵

(b) 计算值　　　静压/Pa　×10⁵

图 2.26　动叶机匣表面静压分布

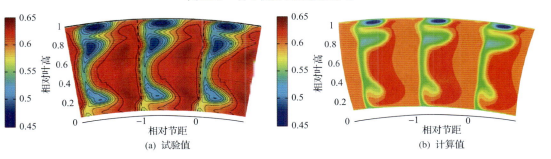

(a) 试验值

(b) 计算值

图 2.27　动叶出口总压损失系数分布

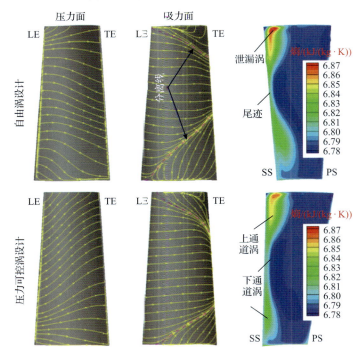

图 3.18　动叶表面极限流线及动叶出口熵分布

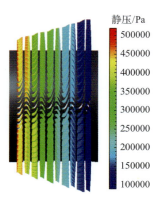

图 3.44 间冷循环五级动力
涡轮叶片表面静压分布

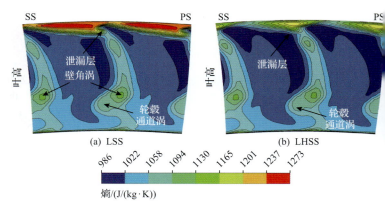

图 4.21 LSS 和 LHSS 算例离动叶出口 6mm 位置处熵分布

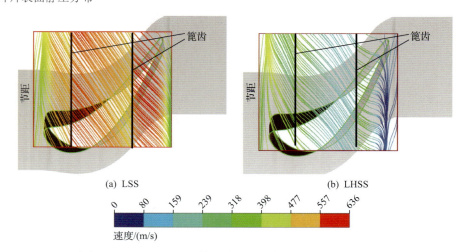

图 4.22 LSS 和 LHSS 算例密封间隙中间面位置处流线分布

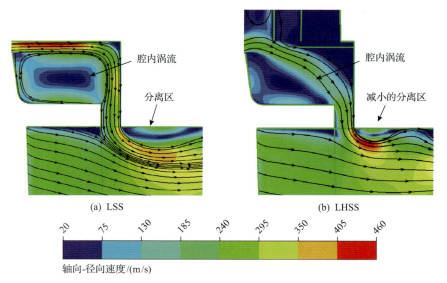

图 4.23 LSS 和 LHSS 算例叶冠出口位置处子午面上流线和轴向-径向速度分布

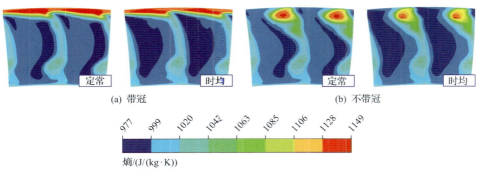

(a) 带冠　　　　　　　　　　　　　　　(b) 不带冠

熵/(J/(kg·K))

977　999　1020　1042　1063　1085　1106　1128　1149

图 4.46　动叶出口定常和时均结果的熵分布图

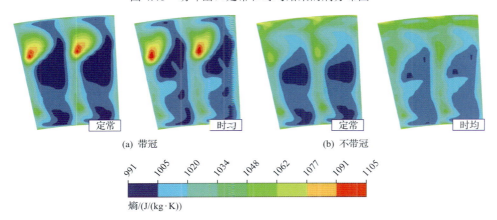

(a) 带冠　　　　　　　　　　　　　　　(b) 不带冠

熵/(J/(kg·K))

991　1005　1020　1034　1048　1062　1077　1091　1105

图 4.47　下游静叶出口定常和时均结果的熵分布图

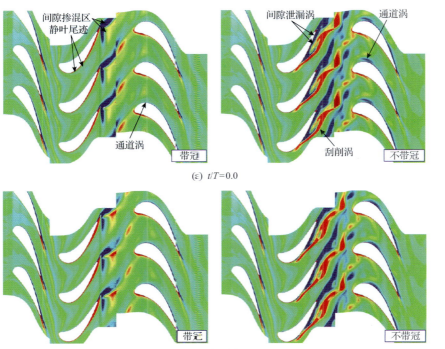

(ε) t/T=0.0

(二) t/T=0.3

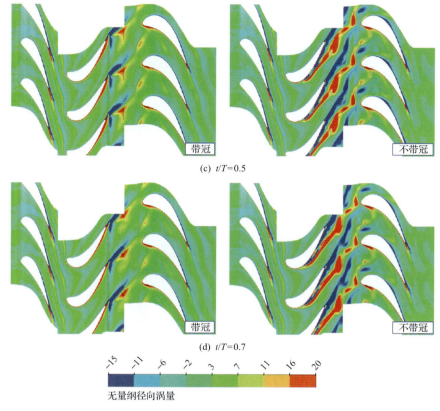

(c) $t/T=0.5$

(d) $t/T=0.7$

-15 -11 -6 -2 3 7 11 16 20

无量纲径向涡量

图 4.52　不同时刻下 90%叶高无量纲径向涡量分布图

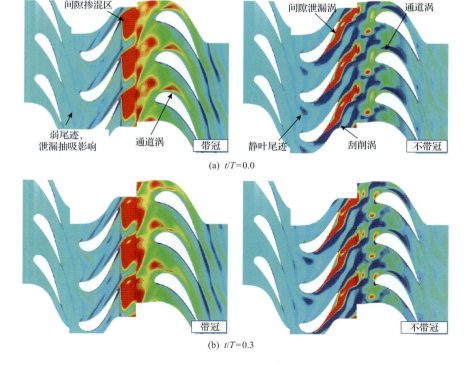

间隙掺混区

间隙泄漏涡　　　　　通道涡

通道涡

弱尾迹，
泄漏抽吸影响

静叶尾迹　　　　刮削涡

带冠　　　　　　不带冠

(a) $t/T=0.0$

带冠　　　　　　不带冠

(b) $t/T=0.3$

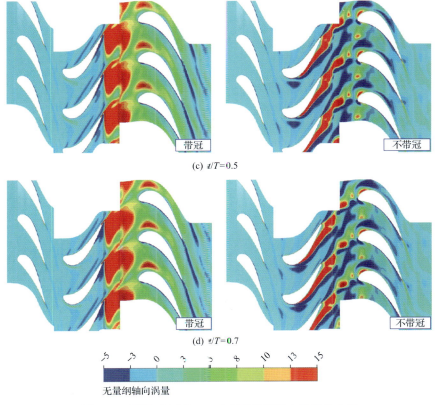

(c) $t/T=0.5$

(d) $t/T=0.7$

无量纲轴向涡量

图 4.53   不同时刻下 90%叶高无量纲轴向涡量分布图

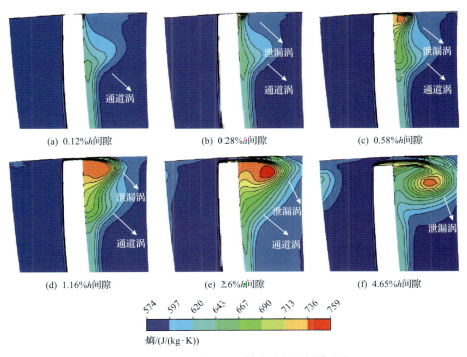

(a) 0.12%h间隙   (b) 0.28%h间隙   (c) 0.58%h间隙

(d) 1.16%h间隙   (e) 2.6%h间隙   (f) 4.65%h间隙

熵/(J/(kg·K))

图 5.5   不同间隙下 90%轴向弦长位置熵分布

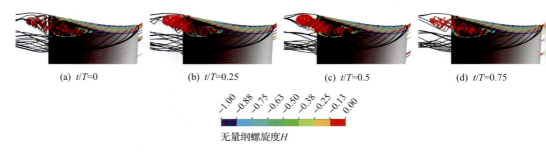

(a) t/T=0   (b) t/T=0.25   (c) t/T=0.5   (d) t/T=0.75

$$-1.00 \quad -0.88 \quad -0.75 \quad -0.63 \quad -0.50 \quad -0.38 \quad -0.25 \quad -0.13 \quad 0.00$$

无量纲螺旋度 H

图 5.12   非定常叶顶间隙泄漏涡核流线及无量纲螺旋度分布

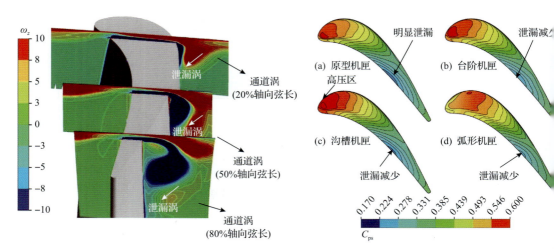

图 5.43   1.12mm 轴向均匀间隙下 20%、50% 和
80% 轴向弦长位置无量纲轴向涡量分布

图 5.63   不同机匣结构下叶片顶部静压系数分

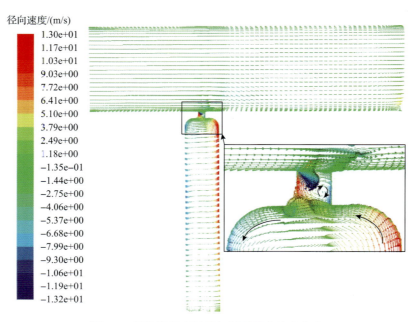

图 6.4   涡轮轮缘密封子午剖面径向速度分布

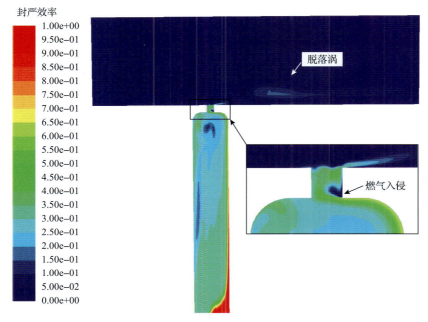

图 6.5　涡轮轮缘密封子午剖面封严效率瞬时分布

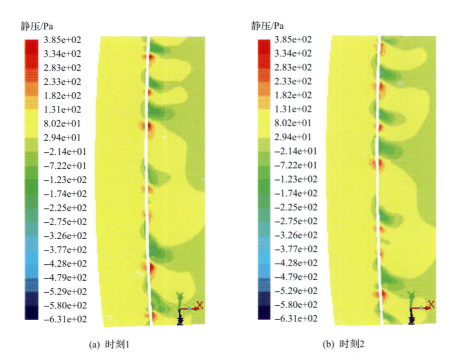

(a) 时刻1　　　　　　　　　　　　　　　(b) 时刻2

图 6.7　轴向轮缘密封静动叶轮毂端壁静压瞬时分布

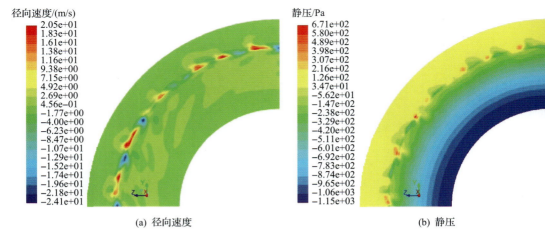

(a) 径向速度

(b) 静压

图 6.8　轴向轮缘密封轴向中截面径向速度及静压瞬时分布

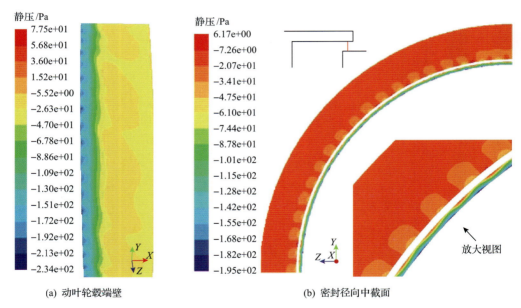

(a) 动叶轮毂端壁

(b) 密封径向中截面

图 6.9　径向轮缘密封动叶轮毂端壁及密封径向中截面静压瞬时分布

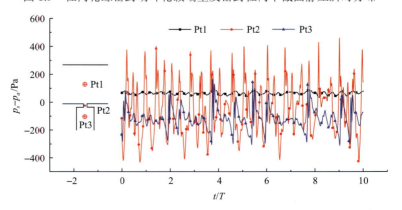

图 6.11　轴向轮缘密封域内主流、密封及腔内三点位置的静压瞬时分布